晋商史研究文库·第一辑

王书华 主编·第四卷

民国时期斌记商行史料与研究

梁娜 著

中国社会科学出版社

目 录

第一章 引言 ……………………………………………… （1）
 第一节 选题目的 ………………………………………… （1）
 第二节 国内外研究回顾 ………………………………… （4）
 第三节 研究内容 ………………………………………… （15）
 第四节 研究思路、创新之处 …………………………… （20）

第二章 斌记商行发展脉络分析 ………………………… （22）
 第一节 斌记商行创办的背景分析 ……………………… （23）
 第二节 斌记商行发展沿革分析 ………………………… （33）
 第三节 小结 ……………………………………………… （47）

第三章 斌记商行组织结构和人力资源管理探析 ……… （50）
 第一节 斌记商行产权主体与组织架构分析 …………… （51）
 第二节 斌记商行人力资源管理分析 …………………… （68）
 第三节 小结 ……………………………………………… （84）

第四章 斌记商行经营和财务管理探析 ………………… （87）
 第一节 斌记商行经营管理 ……………………………… （87）
 第二节 斌记商行财务管理分析 ………………………… （107）
 第三节 小结 ……………………………………………… （122）

第五章 斌记商行技术设备引进运作模式：以风陵渡棉花打包机厂为例 ……（125）
  第一节　斌记商行技术引进背景阐释 ……………………（126）
  第二节　斌记商行打包机引进过程 ………………………（140）
  第三节　小结 ………………………………………………（156）

第六章 结语 …………………………………………………（159）

附件 …………………………………………………………（164）
  附件1　1936年8月至1937年8月斌记商行总行月计表 …（164）
  附件2　1946—1948年斌记商行薪资等级统计表 ………（197）
  附件3　斌记商行所有员工信息统计 ……………………（205）

参考文献 ……………………………………………………（216）

后记 …………………………………………………………（229）

第一章 引言

第一节 选题目的

产业革命为世界经济带来了新鲜的活力,伴随着蒸汽机的发明,大机器生产、劳动效率的提高,以及殖民运动的不断推进,可以说,整个世界在煤炭——这一时期核心能源的驱动下,逐渐联系成为一个有机的整体。中国自1840年被迫纳入资本主义世界生产体系以来,近代工业缓慢发展,从军械到船舶修造再到轻工业的历程中,煤炭储量丰富的山西逐渐进入全国乃至世界的视野。①

中国幅员辽阔,经济核心区位于东部江南一带。明末清初,那一带的纺织业已经完成了手工业工场从向工场手工业的过渡。② 唯一遗憾的是,江南是一个矿产资源贫乏的地区,手工工场的经营者们,很难想象到有朝一日能有一种东西取代了机工们的双手,并且能够给他们带来意想不到的巨大利润。相较西方国家地广人稀,中国近代工业的不发达,与人口密度大,且缺乏大量资本有关。③ 地处中国中部腹地"表里山河"的山西,票号商们却仅勾画着他们汇通天下的野心,很少有人想起在山西这块土地上投资兴办手工业。美国学者彭慕兰在《大分流——欧洲、

---

① 保学汶:《中国近代经济史教程》,中国财政经济出版社2002年版,第87—100页。
② 孙毓棠:《中国近代工业史资料》第1辑,科学出版社1957年版,序言。
③ [美]雷麦:《外人在华投资》,蒋学楷等译,商务印书馆1959年版,第4—6页。

中国及现代世界经济的发展》一书中阐释了英国和中国在第一次产业革命时期走向不同发展道路的一个重要因素——能源产地与经济核心区的距离问题。① 直到清朝灭亡，清政府才开始意识到实业对国家实力的重要作用。此时的山西也才被拉到中国近代化的进程中来。

清政府并不是没有意识到彭慕兰提出的这个问题，解决的方法无非有二：其一，发展交通运输业，将山西的煤炭外销到近代工业发达的地区；其二，在山西当地发展近代工业。清政府更倾向于前者，为此，代表不同国家利益的清政府官员还在山西铁路修筑方向上产生了争执。事实上，早在19世纪末山西的煤炭已经引起了世界的关注，1890年德国地质学家李希霍芬便来到中国考察山西煤炭储量和与煤炭相关产业发展的情况，同时发现了炼铁的能力几乎是无限的。② 日本人也派出考察队到山西大同勘测煤炭储量。福公司购买山西矿权事件发生后③，山西的民族资本家才真正开始崛起。民国时期，山西的近代工业有了较大的起色，伴随着西北实业公司的兴建，纺织厂、面粉加工厂、棉花打包机厂、电灯厂、采矿业、军事工业等轻重工业应运而生④，山西经济从传统开始向现代迈进。

然而，山西的近代化进程与沿海沿江发达地区不同，清代就已经开埠的城市中，外资企业、官办企业、官督商办企业、官商合办和商办企业种类繁多，近代工业的基础比较稳固，从资金来源和管理方式上看，工业化呈多元发展。而山西地处内陆近代工业基础薄弱，近代工业的发展是以政府为主导的。为此，山西省政府设置公营事业董事会等机构，专门负责兴办近代工业。斌记商行便是公营事业董事会下设的一个从事五金机械、交电器材，兼做日用消费品交易的中介机构。⑤

---

① ［美］彭慕兰：《大分流——欧洲、中国及现代世界经济的发展》，史建云译，江苏人民出版社2010年版，第4页。
② 汪敬虞：《外国资本在近代中国的金融活动》，人民出版社1999年版，第201页。
③ 刘存善：《辛亥革命在山西》，山西人民出版社1981年版，第4—19页。
④ ［日］渡赖成美：《山西省西北事业公司概况》，内部资料，第13页。
⑤ 山西省地方志编纂委员会编：《山西通志》第26卷，中华书局1999年版，第10—11页。

第一章 引言

传统五金指的是用铜、铁、钢、铝等金属经过锻造、压延、切割等等物理加工制造而成的各种金属器件。例如五金工具、五金零部件、日用五金、建筑五金以及安防用品等，是工业制造不可或缺的环节。小五金产品大都不是最终消费品，而是作为工业制造的配套产品、半成品以及生产过程所用工具等。① 太原的手工业历史更是悠久。大小铁匠巷、剪子巷一带是制造铜、铁器聚集的场所。② 宣统年间在太原第一家自行车行的开设，正式拉开太原的五交化商业帷幕。也正是因为五金是工业制造的配套产品和半成品这一性质，使得从事五金交易赚取代理差价的斌记五金行几乎与所有山西近代工业产生了关联。

斌记五金行是民国时期山西官营资本控制的具有浓厚官方性质的商业中介机构③，在1927—1949年间山西对内与对外贸易中居于垄断地位④，初步具备现代企业的形态，是中国近代市场发育不完全的经济环境下的特殊产物。

从经营状况上看，在民国时期山西的交通运输业、矿产开发业、军事工业、公共事业、纺织业及相关行业等，都能看到斌记商行的影子。涉及同蒲铁路的修建、风陵渡棉花打包机厂机械设备的购置和厂房建设、西北实业公司下设的西北炼钢厂、西北煤炭第二厂、西北制造厂、西北兴农酒精厂的技术设备购置与产品销售等厂矿企业的多次交易。⑤

同时，斌记商行与天津、上海等经济发达地区的洋行、商行、银行等往来十分密切。据统计，1936年与斌记有贸易往来的商行、洋行、银行、企业等达上百余家，其中有合作关系的达22家。⑥ 与山西省银行、铁路银号、垦业银号、盐业银号、鲁裕银号、亨记银号、晋裕银

---

① 杨道武等：《电化学与电力设备的腐蚀与防护》，中国电力出版社2004年版，第138页。
② 山西省地方志编纂委员会编：《山西通志》第26卷，中华书局1999年版，第79页。
③ 山西省地方志编纂委员会编：《山西通志》第26卷，中华书局1999年版，第80页。
④ 1937—1945年间因战争停办。
⑤ 内容源自山西省档案馆馆藏，西北实业公司档案，档案号B31-3-314。
⑥ 《斌记商行负债目录 民国25年决算》，山西省档案馆馆藏，山西省人民公营事业董事会档案，档案号B30-10-4。

号、会元银号、中国农民银行、中国交通银行[①]等都有资金往来,几乎囊括了当时中国所有大型商业、企业和金融机构。我们将斌记商行当年与礼和、禅臣、新民等洋行的购买合同与现代国际货物购买合同范本相比较发现,斌记商行购买流程、合同文本与现代国际贸易的通例基本吻合。

从内部结构上看,斌记商行委托代理权限的分割、工资薪酬发放等级标准,体现出较浓厚的行政色彩,在为斌记商行从事贸易活动提供便利的同时,也阻碍了企业竞争的进一步发展。值得注意的是,斌记商行已经制定了一套行之有效的养老金制度,在一定程度上满足了近代企业的某些特征。

斌记商行是沟通山西企业和外地、外国企业的桥梁,在为本省企业购置设备、推销产品的过程中,与全国各主要港口城市建立起密切的合作关系,成为山西了解国际国内动态,接受和引进新技术的主要窗口。因此,了解民国时期斌记商行的发展历程、经营状况、内部结构与管理等,对我们深入探讨当时山西经济发展状况、企业社会责任、人民生活水平等有所裨益。能够为我们从另一个视角审视中国近代化进程中存在的问题。通过对这个山西公营事业董事会下设"微不足道"的商行的研究,确乎能够从一个侧面反映出民国时期山西乃至中国近代化进程步履维艰的发展历程。

第二节　国内外研究回顾

一　与商行相关的研究

近代商行的研究,离不开对近代企业、公司、牙行、买办在起源、资本、经营管理、市场营销等方面的研究。而这些研究成果不仅对本书

---

① 《斌记商行负债目录　民国25年决算》,山西省档案馆馆藏,山西省人民公营事业董事会档案,档案号B30-10-4。

研究斌记商行具有一定的借鉴，同时对研究中国商业近代化也具有一定的历史意义和学术价值。

与商行相关研究早民国时期遗留的刊物上就有记载。1931年南开大学统计部发表《在华外侨和商行的数目》，统计了自民国元年至民国十八年（1912—1929）在华的外侨和外侨商行数目。① 《在华英商行名录》以商行为名统计在华英洋行名称。② 《商行中三种人（广州通信）》一文介绍在英、美洋行工作的中国人。③ 姚溥荪《农村金融与商行》介绍了牙行在农村金融机构不健全的情况下的行为。④ 沈光沛《论出口商行》认为我国广东十三公行就具有出口商行之特性。⑤ 从上述所列内容可以看出，实际研究的是洋行和牙行，但在题目的使用上并没有使用"洋行"和"牙行"这两个名词，而是统称为商行。实际上洋商行即为商行，为了清楚区分，后来的学者将外人投资的商行称为洋行，中国人投资的为商行，但不包括华人华侨投资的华行。其实无论是洋行还是牙行，都与商行一样，是中间代理机构，洋行代理的是其所属国家的贸易，而牙行代理的是外国与中国之间的贸易，只不过随着社会发展，牙行逐渐被商行所替代。这种替代从某种意义上讲，可以认为是不同时代使用名词的不同，但实际所起作用还是具有一定的共性。除此之外，民国时期的爱国学者对洋行的研究结合时下政治因素和历史环境进行分析，行文提醒当局，认为在华洋行贸易往来经营情况，隐然有操纵中国贸易之势。⑥ 这些研究都为后来的研究提供了一定的参考。

中华人民共和国成立初期到20世纪80年代末的学者，对商行的直接研究相对比较少，从外国资本和民族资本在中国建立的企业及其发展历程的相关论文研究中，可以追寻到商行存在的踪影。孙毓棠《中日甲午

---

① 常识：《在华外侨和商行的数目》（从民元起到民十八止），《民众旬刊》1931年第7期。
② 《在华英商行名录》，《国际贸易周报》1932年第12期。
③ 《商行中三种人（广州通信）》，《礼拜六》1946年第49期。
④ 姚溥荪：《农村金融与商行》，《农行月刊》1937年第2期。
⑤ 沈光沛：《论出口商行》，《国际贸易导报》1932年第4卷。
⑥ 汪中：《述评：所谓洋行贸易》，《钱业月报》1932年第12卷第7期。

战争前外国资本在中国经营的近代工业》一文提到外国资本向中国推销廉价工业品,并从中国廉价获取原材料和特产,并在中国培植沟通欧美与中国双边贸易的买办阶层。① 聂宝璋《十九世纪中叶在华洋行势力的扩张与暴力掠夺》认为鸦片战争后,在华建立的洋行主要通过暴力扩张和掠夺获取原材料和倾销商品。② 陈纪遥《十九世纪中德贸易往来》介绍了19世纪后半期,德国为了避免经济危机,通过建设洋行,将中国视为资本和商品倾销市场、原料来源地和军事基地。③ 这些文献研究的共同点,均是外国商人通过牙行、买办等中间代理在中国倾销工业商品和获取廉价原材料。19世纪,外国资本在沿海城市大量投资扩张时,民族资本失了先机,但并不影响他们在外资势力扩张过程中的发展。《试论中国近代民族资本主义商业的产生与特点》④《福建民族资本经营的近代工业》⑤ 都是阐述了民族资本以不同于传统社会中的旧式商业企业,以资本主义企业的经营管理方式在逆境中生存发展。

20世纪90年代初,中央经济工作会议反复提出加快深化国有企业改革和发展。受其影响,对近代企业、洋行、买办、牙行等方面的研究又重新成为业界学者研究的重心,研究数量也陡增。笔者从以下几个方面,对这一时期的研究成果进行分类梳理。

(一) 企业史视角

李玉《中国近代企业史研究概述》以年代为时间节点对中国近代企业史的现有研究进行较为完整系统的梳理,认为目前的研究着力于企业的经营史、资本、人事制度、市场营销等方面研究,提出在企业制度

---

① 孙毓棠:《中日甲午战争前外国资本在中国经营的近代工业》,《历史研究》1954年第5期。
② 聂宝璋:《十九世纪中叶在华洋行势力的扩张与暴力掠夺》,《近代史研究》1981年第2期。
③ 陈纪遥:《十九世纪中德贸易往来》,《中国社会经济史研究》1985年第2期。
④ 张寿彭:《试论中国近代民族资本主义商业的产生与特点》,《兰州大学学报》(社会科学版)1986年第3期。
⑤ 张文绮:《福建民族资本经营的近代工业》,《中国社会经济史研究》1987年第2期。

建设方面的研究相对欠缺。① 制度是要求成员公共遵守的准则和章程。商行的制度建设,就是在组织、运营、管理等方面遵守规范的准则。《艰难的变迁——近代中国公司制度研究》一书介绍了近代中国社会传统的企业以公司为核心形成管理制度,结合近代中国的《公司法》进行公司制度演进。② 陈明《洋行的管理制度和推销网络》是对洋行在中国的管理制度和经营模式相结合的研究。③ 刘翔《近代天津的洋行——一份有关美孚洋行的文献考释》主要是通过个案关注洋行在中国进行土地买卖登记制度方面的研究。④

企业的制度不是一成不变的,企业发展到一定阶段就会在结构上发生一定的变化。近代中国企业在晚清时期具有了股份制公司的特点。日本学者大冢久雄《股份公司发展史论》从股份公司的最早起源开始,叙述了17世纪以来"资本集中形态"形成、发展和演变的过程。⑤ 而中国的股份制形成与国际上形成的时间相对向后推移。朱荫贵《从大生纱厂看中国早期股份制企业的特点》一文阐述了中国股份制企业出现的时间是近代晚清。中国企业在创办早期股份制企业时相对艰难,其原因主要来自政府的干涉,这种干涉使得近代中国早期的股份制企业在发展初期无论是从招股还是利益分配上都出现了重大的问题。⑥ 从制度经济学的角度来看,有政府干涉的情况,从某种意义上讲对企业有某种支持和保护作用。但是在实际经营管理的过程中,政府的干涉虽然对追求利润最大化有一定的帮助,但同时会让商人感觉到极大的约束性。

当传统的单一的势力或是家族企业,面对激烈的竞争以及各种势力交错的市场环境时,企业之间为了互壮声威,提高知名度,以广招徕,

---

① 李玉:《中国近代企业史研究概述》,《史学月刊》2004年第4期。
② 张忠民:《艰难的变迁——近代中国公司制度研究》,上海社会科学院出版社2002年版。
③ 陈明:《洋行的管理制度和推销网络》,《武汉文史资料》1997年第4期。
④ 刘翔:《近代天津的洋行——一份有关美孚洋行的文献考释》,《近现代史与文物史研究》2012年第1期。
⑤ [日]大冢久雄:《股份公司发展史论》,胡企林等译,中国人民大学出版社2002年版。
⑥ 朱荫贵:《从大生纱厂看中国早期股份制企业的特点》,《中国经济史研究》2001年第3期。

经营同一行业或相近行业的企业，选择联号的方式，①使企业在市场竞争中更具竞争力。《中国近代股份有限公司形态的演变——刘鸿生企业组织发展史研究》以刘鸿生企业个案的演变为例，介绍了刘鸿生通过学习同时期欧美的模式，组织了同行业联合，特别值得提出的是在抗战时期，还采取了官商合作的特殊方式来保障自身利益。②民国时期，成功的企业，不仅依靠政府，同时还需要一个好的掌舵人。因此业界学者除了对中国近代企业经营史的研究之外，对企业家的研究也颇为关注。因为成功的企业总是在企业家的驱动下发展、增长和繁荣的。刘志成、吴能全的《中国企业家行为过程研究——来自近代中国企业家的考察》一文详细统计了13位在中国近代工商业及棉纺织业等方面，具有重要影响力的企业家，认为企业家的创新能力，学习能力在企业的发展过程中占主导地位，并从统计中得出，早期开始创办企业的企业家大多有海外学习的经历，这为推动当时企业现代化发展起到了很大作用。③

（二）资本组成方面的研究

商行均是从事商品代理销售从中获利的贸易公司。作为代理的中间商，商行并不是最初出现的。买办和牙行均是被委托代理政府、外商和本地商人之间贸易的具有官方性质的商行。在贸易过程中，从中抽取一定的佣金。后期这种抽取佣金的方式不能满足买办和牙行的需求，在外国资本与官营资本的双重压迫下，开始转型。《关于买办和买办制度》就提出了买办通过资本积累，向民族资本进行转化。④

中国近代企业的生产、发展源于民族资本企业的崛起，但自中国民族资本企业出现以来，由于其投入资金数量有限，形成企业的规模相对

---

① 张晓辉：《中国近代华资联号企业释义》，《广东社会科学》2007年第6期。
② 江满情：《中国近代股份有限公司形态的演变——刘鸿生企业组织发展史研究》，华中师范大学出版社2007年版。
③ 刘志成、吴能全：《中国企业家行为过程研究——来自近代中国企业家的考察》，《管理世界》2012年第6期。
④ 汪熙：《关于买办和买办制度》，《近代史研究》1980年第2期。

较小，一直受到外国资本和官营资本的倾轧和排挤。费维恺（Albert Feuerwerker）在《中国早期工业化——盛宣怀（1844—1916）和官督商办企业》一书中通过盛怀宣掌控下的官督商办企业的经历分析中国早期工业化，将中国近代化与日本的近代化做比较研究，从日本近代工业化的成功过程中和中国近代工业化的艰难过程中，得出中国早期工业化的致败原因。① 此书以清末民初的商行为主体，且研究时间跨度相对比较大。《北洋时期官办企业透视》时间跨度相较前者比较小，且通过个案对中国1912—1928年间的中央和地方政府经营的官办、官督商办、官商合办的企业，经过区分行业进行论述，发现具有官办性质的企业发展势头良好。② 郑会欣《战后中国的"官办商行"》主要通过个案进行分析，从"官办商行"形成背景、资本来源、经营特点以及与政府之间的关系出发，进行深入的分析，进而证明了在官营资本的投资建设下，商行发展占垄断地位。③ 戴一峰《旅日华商泰益号经营网络结构剖析》分析了民国时期除了官督商办的对外贸易的商号外，还有华侨经营的家族式的商号。④ 这种商号的经营网络是建立在庞大的复杂的人际关系网络上的，而这种人际关系网络连接家族、宗亲、乡亲和其他华商，使商行在不稳定的民国时期，可以通过这个人际关系网获得最新的消息和最大的商业帮助。不仅促进了华商商行之间的合作联系，也维护、稳定和发展了本地的对外贸易。

（三）从地域方面的研究

在所有与商行研究相关的文章中，或多或少都提到所建洋行、企业、公司，包括买办和牙行的发源地，都集中体现着一个共同的特点，

---

① ［美］费维恺：《中国早期工业化——盛宣怀（1844—1916）和官督商办企业》，虞和平译，中国社会科学出版社1990年版。
② 张复纪：《北洋时期官办企业透视》，《学术月刊》1994年第2期。
③ 郑会欣：《战后中国的"官办商行"》，《民国档案》2014年第1期。
④ 戴一峰：《旅日华商泰益号经营网络结构剖析》，《中国社会经济史研究》1997年第4期。

就是地处交通便利的沿海城市或是五口通商口岸。

在清末民初，买办和牙行在沿海地区红极一时。牙行和买办为交易前互不了解的交易双方，成功搭建了需求者和供应者之间的中间媒介，不仅推动了交易顺利进行，还从代理销售的过程中赚取一定的差价。商行也具有此种特性，因此与牙行、买办之间存在着一种天然的联系，从某种意义上讲，可以认为商行是牙行、买办的进一步的延伸。白慕申（Christopher Bo Bramsen）《和平与友谊——丹麦与中国的官方关系（1674—2000）》书中通过图文简单介绍了 1720 年在广州负责外国商人与清政府和当地商人之间，具有广州商会性质的公行。在没有成为通商口岸前，其优势的环境，使各国商人在广州划分了各自的势力范围，形成了广东十三行。① 鸦片战争爆发之前，通过广州与内地的茶叶、丝绸、瓷器等的贸易量逐渐增大，林庆元、黄国盛《鸦片战争前广州英商洋行的起源与演变》就讲述了广东基本取代香港成为两广内河各港口货物集散中心，进出口货物不完全都要经过香港，就因为作为通商口岸，拥有更为便利条件。②

从地理位置上看，成功的洋行和华行主要集中在沿海地区及内地的通商口岸，这与河海便利的交通条件密不可分。上海、天津、广州等沿海城市吸引着大量外国商人来华建行。1933 年《上海进出口商行要览》出版，是一本中英文混编之作，将关于上海商业组织及进出口方面各项法规、进出口商行名录和商品分类进行统计整理，供国内外关心国际贸易者用以参考。③ 除沿海城市外，内地长江流域的通商口岸也因便利的交通业，商业贸易往来也随之兴旺。《抗日战争前汉口的洋行和买办》各国洋行在汉口的兴起和发展的条件，在于不平等条约所规定的各项有关贸易的特权，通过买办制度使洋行垄断中国对外贸易，推销洋货的同

---

① ［丹麦］白慕申：《和平与友谊——丹麦与中国的官方关系（1674—2000）》，林桦英译，亚洲研究所出版部 2000 年版，第 15—23 页。
② 林庆元、黄国盛：《鸦片战争前广州英商洋行的起源与演变》，《中国社会经济史研究》1993 年第 1 期。
③ 《上海进出口商行要览》，The Bureau of Foreign Trade Ministry of Industry, Shanghai, 1933 年。

时对土货进行廉价收购。①

洋行不仅控制了沿海城市和通商口岸的对外贸易，还通过买办、牙行渗透进入中国的腹地市场，李晓英《近代天津洋行在西北地区的运行机制——以羊毛贸易为中心的考察》具体分析了参与羊毛收购业务的具体的天津洋行和内地分行，显示近代西方资本主义国家是通过子口税单这种在近代中国的特权，透过买办控制西北地区羊毛的出口。② 而与斌记商行最为相似的是青海地区的贸易中介机构——歇家牙行。歇家牙行存在源于西北地区接壤中东地区和欧洲板块，在特殊的地理环境和民族文化因素下，政府授予一定权力，代理了官方与蒙藏人民和外国洋行之间的贸易往来。③ 二者相比较，共同点都位于内陆，不是沿海城市，且都是具有官方性质，且搭建起内地与外国之间的贸易往来。因此对斌记商行的研究具有一定借鉴意义。

二 斌记商行的研究概况

公营事业董事会在政治的庇护下成立并发展，一定程度上无法否认少数有权势的官营支配的问题。④《民国时期山西省各种组织机构简编》涉及了公营事业董事会下设的各家商行。⑤ 斌记商行隶属公营事业董事会，遗憾的是没有将斌记商行收录旗下。

本书研究 1927—1949 年间，斌记商行的发展演变、经营管理方式和企业组织结构。在发展演变方面，斌记商行建立的时间、地点、筹建

---

① 彭雨新：《抗日战争前汉口的洋行和买办》，《江汉论坛》1959 年第 2 期。
② 李晓英：《近代天津洋行在西北地区的运行机制——以羊毛贸易为中心的考察》，《思想战线》2010 年第 36 卷。
③ 胡铁球：《"歇家牙行"经营模式在近代西北地区的沿袭与嬗变》，《史林》2008 年第 1 期。
④ 姜明喜：《20 世纪 30 年代山西省的公营体系与国防经济建设》，中国社会科学院近代史研究所民国史研究室、四川师范大学历史文化学院编：《1930 年代的中国》，社会科学文献出版社 2006 年版。
⑤ 史法根、许来明、董维民：《民国时期山西省各种组织机构简编》，山西省地方志编纂委员会办公室 1983 年版。

资金、归属等在已有的研究中较集中地进行论述。地址设在太原钟楼街47号，由山西省经济委员会拨给开发资金678330.5元作为资本，这是阎锡山官营资本经营的13家商号中最大的一家。① 但是抗日战争结束之后，重建斌记有限公司的时间、地点、股东、投资资金及经营管理者等没有相关研究。在经营管理方面，主要以西北实业公司和同蒲铁路建设为出发点，涉及了斌记商行在进出口贸易方面的经营情况。《山西近代经济史（1840—1949）》提到斌记商行的存在方式是一种政府的买办。它存在的目的就是成为阎锡山军事贸易的代理商，国民政府修建同蒲铁路的时候，斌记商行负责与外国洋行合作，为同蒲铁路局提供修建铁路所需的钢轨、枕木、车辆、器械等。② 《阎锡山与同蒲铁路》中讲到了同蒲铁路的修建过程中，斌记商行作为中介，从国外购进了大量的钢轨和机车等机器设备和原材料，从而进一步扩大了外贸业务。③ 而斌记商行组织结构方面，没有研究显示斌记商行具体以什么样的组织结构形成企业。

最多还是对阎锡山经营思想的研究，《阎锡山的经济谋略与诀窍》提到为了让企业自己开拓业务，以斌记商行为例，通过依靠经理贾继英的信誉度从银号调集资金，从而解决了在进出口贸易中流动资金的问题，并且从中抽取手续费得到盈利。④ 《中外学者论张学良杨虎城和阎锡山》提到了阎锡山为了提高企业效益，降低成本节约资金，斌记商行在帮助西北炼钢厂购买相关机器设备的过程中，在阎锡山的指挥下，让想大捞一笔的外国洋行相互挤对，最终大大降低了购买机器设备的成本。⑤

斌记商行作为对外贸易商行，文史资料委员会编撰的《文史资料选辑》中也提及，阎锡山垄断山西军需的过程中，是在斌记商行的帮助下与国外购买大量的建造武器的机器设备。正是这样一种购销的过

---

① 山西省地方志编纂委员会编：《山西通志》第1卷，中华书局1999年版，第351页。
② 刘建生、刘鹏生：《山西近代经济史（1840—1949）》，山西经济出版社1995年版。
③ 景占魁：《阎锡山与同蒲铁路》，山西人民出版社2003年版。
④ 刘存善、刘大明、刘晓光：《阎锡山的经济谋略与诀窍》，山西经济出版社1994年版。
⑤ 相从智：《中外学者论张学良杨虎城和阎锡山》，人民出版社1995年版。

程，逐渐确立了斌记商行在山西进出口外贸的地位。① 孔祥毅《民国山西金融史料》中收录了斌记商行划归山西省人民公营事业董事会时的营业报告书记录和归入后制定的公司章程。② 据笔者所知中国社会科学院近代史研究所《中国民国史资料丛稿》是目前为止唯一对斌记商行同帝国主义洋行进行贸易产生的负债总数和细数提出具体数据的研究，遗憾的是此书在提出数据的同时，也提及因资料的限制，所提出的总数和细数存在误差。③

纵观现有研究成果，迄今为止业界学者从企业史、洋行史、对外贸易史、官办企业、官督商办企业、商办企业等方面，研究了沿海地区、通商口岸，西北地区的洋行、买办、牙行，或通过商行的某种特点或通过个案分析通观全局。无论是哪一种研究视角，都只能说明在商行方面的间接研究成果相当丰富，但直接研究具有区域性特点的商行或个体案例的文献相对较少。

山西作为中国中部地区，即不能像东部发达地区濒临河海，成为通商口岸，也不如西部地区直接与欧洲土地接壤，直接贸易往来。即便如此，自辛亥革命结束到抗日战争爆发前，尤其是正太铁路正式通车之后，交通便利，伴随这种情况的出现，带来了山西本土更多与外进行贸易往来的机会。事实上，这段时间也是山西的商业贸易发展最繁盛的时期，仅在省会太原，资本主义、官营资本主义、民族资本主义等各方势力不断扩张。外国洋行纷纷建立太原分行、办事处，民族资本企业这一时期也较为兴旺，两种势力相结合，向山西市场大量倾销生活消费品，源源不断的洋货充斥着山西本土的土产。除日用生活消费品外，还为山西近代工业的兴起，引进矿山机械、机车车辆、汽车及配件、化工原

---

① 中国人民政治协商会议全国委员会文史资料研究委员会编：《文史资料选辑（合订本）》第 17 册，中国文史出版社 1986 年版。
② 孔祥毅主编：《民国山西金融史料》，中国金融出版社 2013 年版，第 377—380 页。
③ 中国社会科学院近代史研究所中华民国史研究室：《中华民国史资料丛稿——阎锡山和山西省银行》，中国社会科学出版社 1980 年版，第 102 页。

料、光学仪器乃至兵工原材料。① 对于这些方面的研究，现有文献的共同特点，都是以非晋企业、商行为研究对象，以点带面介绍外来商品在山西地区的经销。对这个时期山西本土商行对外或对内的贸易经营则没有研究。

为了防止外来洋行势力冲击挤压山西本土市场，山西官营资本商业迅速发展起来。凭借山西省政府的力量，推行商业统治政策，阎锡山制订了"十年造产计划"，建立了山西省人民公营事业董事会后，积极建设修建了同蒲铁路。但将同蒲铁路早期铺设成窄轨，将身处腹地本就没有便捷的海上交通的山西，彻底困在了太行山脉、吕梁山脉之间，切断了本不发达的陆路交通。但这种方式限制了外来势力在山西的进一步发展，但没有阻碍山西官营资本走出去。在山西省政府的扶持下建立了一系列的对外贸易机构，斌记商行就是在这样困难的交通环境下成立。这种困难的交通环境反而给斌记商行带来商业契机，作为具有官方性质的中介机构，在上海和天津两地成立各自的办事处，顺利同各方势力、各种类型的商行贸易往来。经营、收购军需物资、机械设备、日用品、粮食农副产品及进口物资的采买。但作为公营事业董事会旗下，经营时间最长，经营范围最广，获利最多的斌记商行因为资料稀缺，目前的研究集中停留在斌记商行的起源上，对于其经营情况，只有在研究山西西北实业公司、同蒲铁路局等方面时略有涉及。即便有资料显示了斌记商行在经营方面的盈利数据，但也因资料不全，使得数据出现误差。

斌记商行对外推销了山西建设项目，对内引进了国外先进设备技术，参与了山西在这一时期修建铁路、兴建工厂等事业，经营钢铁金属、小五金、建筑材料、油漆、燃料、机器设备及配件，甚至还左右部分日用消费品，成为官营资本控制山西经济的贸易组织之一。本书将通过在山西省档案馆、太原市档案馆和天津市档案馆，论述作为典型代表之一的斌记商行在山西近代工业发展中的作用，以及对近代化的影响。

---

① 山西省地方志编纂委员会编：《山西通志》第26卷，中华书局1999年版，第10—11页。

第三节 研究内容

从 1900 年庚子赔款到 1907 年正太铁路通车,山西传统封闭的经济格局被打破,"洋货"逐渐在太原蓬勃发展起来。时至民国,太原出现了多家经营洋货的本地店铺和外地洋行的办事处,开化寺一带逐渐形成具有近代化特征的商业区。近代商业的巨额利润也引起了阎锡山的关注,为振兴山西经济以备不时之需,山西省政府着手兴办了太原斌记五金行。除第一章绪论和第六章结论外,本书分四个部分对斌记商行进行分析说明。

第二章内容主要介绍,斌记五金行自 1927 年成立后,从一个简单经营五金店的小商行,经历了近三十年风风雨雨之后,逐渐发展成了一个集生产、经营、销售于一体的有限公司。这样一家商行,建立之初既不属于清政府利用私人资本创办的近代民用工业企业,也不完全属于官方出资创办经营的商行。在其筹办之初,国民政府并没有按照议定完全出资,只是支付了大约三分之一的资金。① 在资金不足的情况下,商人贾继英被委托为斌记商行的总经理,通过其个人信誉、期货期款和赚取手续费三种方式获利。这个时期的斌记商行是一家带有官方性质的商行。阎锡山在 1932 年推行"十年造产运动",根据其指令,太原斌记五金行 1933 年改名为斌记商行,并被授权扩大经营范围。② 根据太原市档案馆、山西省档案馆和天津市档案馆搜集的大量资料显示,斌记商行在 1936 年阎锡山成立山西省人民公营事业董事会后被并入,同太原绥靖公署、平民经济执委会等成为山西对外贸易机构组成的一部分。1945 年阎锡山将山西人民公营事业董事会更名为山西全省民营事业董

---

① 刘存善、刘大明、刘晓光:《阎锡山的经济谋略与诀窍》,山西经济出版社 1994 年版。

② 周彦文、刘工践、贺雄飞:《鱼龙混杂——形形色色的官商巨贾》,中国商业出版社 1993 年版。

事会，① 于 1946 年筹备重建事宜，并将斌记商行更名为斌记有限公司仍归其管辖。② 重组后的斌记股份有限公司除正式签订合同外，在大部分与山西全省民营事业董事会（简称民营事业董事会）和一般性往来贸易函件中仍然习惯使用"斌记商行"，没有对其名称在函件中进行具体明显的区分。本书按照现存档案资料中函件的习惯，将书名定为"斌记商行"。在正式行文中，除了必要之时会区分"斌记五金行""斌记商行""斌记有限公司"外，整体行文主要以"斌记商行"这个名称为主。

第三章分析了斌记商行在归入公营事业董事会前，提交了1936—1937 年商行月计划表及相应月份的经常费月报表和营业费月报表。从现有分类中显示出的负债类和资产类，经过计算，结合现代会计记账的方式要求"资产＝负债＋所有者权益"，体现此时的记账方式已粗具现代会计记账的雏形。通过对负债、资产和损益三个类别提供的具体项目可以初步推测出斌记商行在这一时期的财务状况、经营成果和现金流动的情况。综合经营费月报表和营业费报表二者进一步分析，显示出斌记商行在经营过程中，除支付维持正常经营物资买卖和提供工人工资外，按一定比例支付相关其他费用。通过刊登广告推广斌记商行，扩大经营规模，寻找合作伙伴。

从 1932—1937 年斌记商行和 1945—1949 年斌记有限公司相关人员登记档案可以看出，由于中间经营时间的断层，导致斌记商行领导层和员工层发生了人员变化。有些主要公司骨干在斌记商行重建后返回，有些人员离开，同时也有新的人员通过老乡介绍、亲戚介绍、朋友介绍的方式进入斌记商行。员工因地缘、血缘和业缘关系形成了新的社会群体，建立起新斌记商行组织，这些行为都具有现代化企业的特点。

根据对斌记商行历年员工的情况统计分析，来斌记商行的员工大部

---

① 山西省档案馆编：《山西省档案馆指南》，中国档案出版社 1996 年版，第 47 页。
② 《函报本公司已奉准备案请将斌记商行改为有限公司由》，山西省档案馆馆藏，山西省人民公营事业董事会档案，档案号 B30－10－12。

分都有在家务农的经历。① 但是他们放弃种地,进入城市,成为斌记商行的一员,靠领取薪金养家糊口。而斌记商行职员,受教育程度相对比较高,务农经验较少,且有不同程度的城市工作经验。② 学历、工作经验及社会关系,决定了他们在斌记商行中担任的职务以及薪金等级。受国内政治、经济因素影响,抗日战争之后物价飞涨影响,1946—1948年斌记商行执行民营事业董事会所属各产业机关职员工资薪饷和生活补助供给标准。在不足两年的时间内,供给标准中最高等级工资上涨4000多倍,最低等级工资上涨10000多倍。③ 斌记商行员工的薪金等级的划分直接影响了斌记商行员工的生活水平,间接反映山西经济状况。

第四章分析了斌记商行的经营管理状况。民国时期,天津和上海的洋行、商行、华行、银行等各种商业机构、工厂数目繁多,且经营的行业种类也相对集中。为彼此之间,商品贸易往来提供了有利的市场经济环境。斌记商行创建之初,就在天津和上海两地建立了办事处,将天津、上海的商业与山西腹地的商业紧密地联系在一起。1936年与斌记商行有贸易合作往来的商行、公司、洋行、银号、工厂、个人多达上百家。其中有合作关系的洋行达16家,主要长期合作洋行是礼和洋行、禅臣洋行、新民洋行。④ 山西省档案馆资料显示,透过办事处,斌记商行不仅为山西的棉纺织业的发展,因地制宜,引进了先进的棉花打包机设备,也为山西的化工行业、机器制造业等重工业引进了最先进的机器设备。仅1937年西北实业公司下设单位西北炼钢厂与斌记商行就有七宗合同。⑤ 除

---

① 《斌记商行员工自述书》,太原市档案馆馆藏,山西全省民营事业董事会档案,档案号J6-1-240;《斌记公司职员名册》,太原市档案馆馆藏,山西全省民营事业董事会档案,档案号J6-1-151;《职员履历登记表》,山西省档案馆藏档案,晋绥边区第十、十一专署档案,档案号A127-5-95。
② 《斌记公司职员名册》,太原市档案馆馆藏,山西省人民公营事业董事会,档案号J6-1-151。
③ 《山西全省民营事业董事会及所属各产业机构职员暂行给与表》,山西省档案馆馆藏,山西省人民公营事业董事会档案,档案号B30-1-308。
④ 《斌记商行负债目录 民国25年决算》,山西省档案馆馆藏,山西省人民公营事业董事会档案,档案号B30-10-4。
⑤ 《西北实业公司炼钢厂急需款项报告表》,山西省档案馆馆藏,西北实业公司档案,档案号B31-3-148。

此之外，与西北实业公司、西北煤矿第二厂、西北机车厂、西北制造厂、西北兴农酒精厂等均有贸易往来。① 西北实业公司建立的目的就是全力发展山西经济，间接使斌记商行为山西经济和近代工业的发展作出了不可估量的贡献。

除了斌记商行经营五金交化外，同时期还有其他商行也在经营同类商品，但受公司性质的制约，不能得到政府全力支持。因此同行业中其他商行在参与近代化技术、机器、设备引进方面，是无法与斌记商行进行比较和竞争的。在公营事业董事会的支持下，斌记商行通过大量订单合同，产生了数目巨大的资金流动，因此不仅与公营事业董事会下设的金融业机构，山西省银行、铁路银号、垦业银号、盐业银号有资金往来，还与鲁裕银号、亨记银号、晋裕银号、会元银号、中国农民银行、中国交通银行等有资金往来。②

因为战争原因，斌记商行在抗日战争爆发后随国民政府撤离山西停止经营，将公司现有物资移交城防司令部保管并使用。③ 直至抗日战争胜利后，随国民政府重回山西，重新改组建立公司新章程，制订新的业务计划，在原有业务的基础上拓展，在五金部的基础上增加了生产部和用品部。④ 斌记商行为了尽快摆脱由于战争带来的经营不善的情况，积极筹措为公家及各公营机构之非营利性质办理委托代销或是代购所需及所售的器材，其中就有为了建设山西城市基础建设提供了急需公用事业器材。⑤ 其主要目的是斌记有限公司为了适应时代需求在谋求新的出

---

① 根据山西省档案馆馆藏，山西省人民公营事业董事会档案，档案号 B30-10-4 里的内容整理可知。

② 《斌记商行资产目录 民国 25 年决算》，山西省档案馆藏档案，山西省人民公营事业董事会档案，档案号 B30-10-4。

③ 《关于送长官部，绥晋公署，省政府提用物资表的函》，山西省档案馆藏档案，山西省人民公营事业董事会档案，档案号 B30-3-286。

④ 《斌记公司 37 年度业务计划》，山西省档案馆藏档案，山西省人民公营事业董事会档案，档案号 B30-1-518。

⑤ 《山西省急需公用事业器材复原计划》，山西省档案馆藏档案，山西省人民公营事业董事会档案，档案号 B30-1-468。

路，并将这一年的年度业务计划为生产与购销同时进行。斌记商行的更名和复建计划相对成功，从1949年5月后，太原市军管局的接管资料中可以显示出，1945年后在物资相对紧缺的环境下，斌记的复建情况总体良好。目前没有直接相关资料显示，斌记商行在1937—1945年间，在中国其他地区以斌记商行的名义进行经营。

第五章通过具体个案进一步分析了斌记商行对实际业务经营的管理状况。随着斌记商行正式归入山西省人民公营事业董事会后，在国民政府的扶持下，商业贸易迅速发展，频频参与公营事业董事会其他下设企业、工厂的建设、发展、投资项目。以风陵渡棉花打包机厂的筹建为例。民国时期，山西政府积极响应国民政府在山西晋南地区大力推广更适合机器加工的美棉的种植和培育。棉花种植业发展带动了棉花加工业的发展。经实地考察，山西省人民公营事业董事会决定在风陵渡筹建棉花打包机厂，并将筹建工作中机器设备的引进工作交付由斌记商行完成。前期的询价过程中，最终由山西省人民公营事业董事会决定，斌记商行负责执行。因此形成了斌记商行以第三方的身份，相当于一家中介机构参与了风陵渡棉花打包机厂的打包机机器设备的引进。在整个过程中，按照山西省人民公营董事会筹建的要求对所需求的商品从产品质量、价格和性能方面进行考察。最终虽不是作为真正合同的签订方，但是被公营事业董事会全权委托负责合同前期和后期的工作。合同完成后，斌记商行通过抽取佣金的方式获利。这种经营业务的方式属于斌记商行经营业务的范围，也是一种现代企业经营中较为常见的方式，也体现出斌记商行其经营管理的近代化特点。

综上所述，对斌记商行1927—1949年间的研究，体现出在不成熟的市场经济环境下，具有官办性质的商行已初具现代企业的形态，活跃在山西腹地与沿海城市之间，搭建起与外国洋行、企业等之间的经济贸易往来。通过对国民政府控制下的官办斌记商行的经历，廓清民国时期山西对外经济贸易情况，研究山西近代工业化，填补山西近代化进程研究中的缺陷。

第四节 研究思路、创新之处

本书以民国时期山西省对外贸易机构斌记商行为研究对象，在研究的过程中通过宏观与微观相结合。联系当时中国与山西经济社会发展的状况，廓清斌记商行发展历史脉络，探究斌记商行在山西近代棉纺织业、交通业、化工业等轻、重工业发展中发挥的作用以及与山西近代化之间的关联。进而通过经营情况、财务状况、人力资源、战后重建和解放后的清算等细节问题的研究，结合个案分析，厘清斌记商行经营过程中所体现出的近代化特征。

在研究方法上，主要使用文献研究法，将笔者从山西省档案馆、太原市档案馆、天津市档案馆查找获得的与斌记商行经营、管理、发展相关的资料进行整合梳理。通过个案研究法，将具有代表性的斌记商行经营案例通过定性和定量的方法进行研究。揭示出斌记商行在山西近代化进程中的作用。

在经济学和历史学方法相结合的基础上，运用会计学中的企业财务报表分析斌记商行资产负债表、经营费表和营业费表；管理学中的人力资源管理分析斌记商行人员组织结构和薪酬待遇，从工业、商业和城市三个方面折射出山西省近代化进程。

本书的创新之处体现在：

第一，史料创新。通过山西省图书馆、山西省档案馆、太原市档案馆、天津市档案馆搜集大量与斌记商行相关文档，大约五十卷。包含斌记商行签订的合约、经营资产损益负债表、与贸易伙伴往来函件等，结合其他相关资料，可以反映出山西商业、工业、城市近代化程度。

第二，廓清斌记商行的发展演变过程，商行性质，归属单位。斌记商行参与山西棉纺织业、交通业等轻工业和重工业的建设，将先进的科学技术、机器设备引进山西，提高了整体区域的发展水平，推进了山西近代的进程。

第三，从商业中介机构的视角，考察民国时期山西近代化进程。斌记商行的整体商业运营、直线职能制组织结构设置都具有现代公司的雏形。经营管理费用支出，包含项目种类繁多。捐款涉及社会福利事业。固定抽取一定红利支付员工养老保险，均体现着民国时期官办商行的社会责任。也让广大农业劳动者有真正的择业、择地自由，打破把农民固定在土地上的人为枷锁，完善社会保障体系。

第二章 斌记商行发展脉络分析

明清时期,山西商人通过恰克图独占了对俄贸易,并通过恰克图几乎垄断了整个通往欧洲的贸易。① 鸦片战争的爆发致使晋商的边境贸易急转直下,各国商业势力由此侵入中国市场。到了民国时期,外国商业资本一边大量收购原材料,一边倾销其国家的商品,从价格、质量和数量上挤压中国本土商品,对外贸易逆差加剧,白银大量外流。德国地质学家李希霍芬在考察山西后曾表示,"1870年前后,我们看到了早年山西的富源就是铁的生产,山西铁曾供应大部分地区销用;如今欧洲五金货物的竞争,限制了这种贸易。……像针这样微细的物品,物美价廉的洋针的输入,使得山西制针业几乎已经绝迹"②。作为内陆省份的山西也同样面临这种状况,为了抵制外国商品的倾销,保护本地土产物资贸易,由政府出资成立了一系列的对外贸易机构。1927年成立的太原斌记五金行就是其中之一。太原斌记五金行自创办之日起,前后历时近三十年,经历了从最初的经营不善到中期的垄断性经营到战后重建。

---

① 渠绍淼、庞义才,山西省地方志编纂委员会办公室:《山西外贸志》上(初稿),1984年,第32页。

② [德]费迪南·冯·李希霍芬:《来自河南和山西的报告》,见《1870年6月李希霍芬致上海商会主席书》。

第一节 斌记商行创办的背景分析

美国学者托马斯·罗斯基认为:"中国的企业与外国的企业在中国土地上的相互竞争制造出了政治与经济两个方面的问题。"[①] 两次鸦片战争的失败带给清政府的是签订了一系列不平等条约,使得外国资本企业在中国获得了免税权。外国资本企业在各自政府的支持下,利用充足的资金、先进的技术、有效的管理,在中国扩展企业规模、提高市场占有率。反观中国近代企业在20世纪初期并没有机会像外国资本企业一样,拥有各种优越的条件对自身进行建设。[②]

在这种情况下,德、美、英、日等外国企业纷纷深入中国内陆城市山西,大到进口外国机械军需,小到本土生产的火柴针线,几乎垄断了山西的进出口贸易。再加上军阀混战,社会动荡不安,无法提供一个安稳的市场环境,致使外国商品泛滥,山西对外贸易逆差增大。为了帮助山西摆脱此种状况,阎锡山认为必须振兴山西对外贸易机构。

一 经济环境变化

山西地处中国腹地,东依太行山,西邻吕梁山,同时与陕西、河南、河北、内蒙古等省(自治区)紧密相依,素有"八分山丘两分田"的说法。山西省的地理环境以山丘为主,占全省面积的80.3%,平川仅占19.7%。[③] 中国虽是农业大国,但因土地资源所限,山西省农业发展整体落后。北部地区土地贫瘠,农田不足,即使是土地较为肥沃的晋

[①] [美]托马斯·罗斯基:《战前中国经济的增长》,唐巧天、毛立坤、姜修宪译,浙江大学出版社2009年版,第20页。

[②] Cheng and Yu-Kwei, *Foreign Trade and Industrial Development of China*, Washington, D. C.: University Press of Washington, D. C., 1956, p.41.

[③] 马志正、万淑贞、许赤民、张毓庄:《自然·环境与农业》,海洋出版社1991年版,第29页。

南地区,"人稠地狭,本地所处之粟,不足供居民之用"①。丰年之时,粮食也相对匮乏。尤其是在民国时期,除部分本地耕种外,主要粮食来源依靠平、津等地的运输补给。②窘困的自然环境,迫使很多人为了维持生计选择外出经商。山西这种以经商为主,农耕为辅的行为,自古就有解释,"晋俗以商贾为重,非弃本而逐末,土狭人满,田不足以耕也"③。

山西商人为了生存,走西口、贩茶叶、办票号,明清时期山西曾一度成为整个中国商业贸易和金融的中心。以恰克图为交易市场,晋商通过收购福建、湖南等地生产的茶叶,以对外贸易的方式,通过出口将茶叶贩卖到欧洲各个国家。在整个贸易的过程中,山西商人承担的角色既不是茶叶的生产者也不是消费者,而是贩卖茶叶的中间商。由此可以看出,山西商人很早就懂得规避自然资源本身所带来的缺陷,同时利用自身地理优势发展对外贸易。随着鸦片战争的失败,中国的海上开埠口岸相继无条件打开,传统的中国与欧洲大陆的陆路交汇地恰克图逐渐失去了贸易优势。

清末民初,战争的失败、清政府的退让政策,割地赔款,不仅使各地政府背负了巨额赔款,也彻底将中国的商业门户打开,为外国企业进入中国甚至是深入中国腹地提供了便利条件。第二次鸦片战争后中国签订了《天津条约》《北京条约》《中俄陆路通商章程》等一系列不平等条约,条约中的优惠政策打破了晋商垄断长达两百余年的中俄恰克图的对外贸易,从此晋商透过恰克图对欧洲的茶路贸易一落千丈。④此外,《辛丑条约》中规定的赔款金额已经使得贫穷的清政府无力赔偿,并要求山西每年负责摊派赔款116.3万两。⑤巨额赔款金额为已经处于商业

---

① 孙嘉淦:《孙文定公奏疏》卷3《请开汆楚省疏》,出自四库未收书辑刊编纂委员会《四库未收书辑刊》第1辑,北京出版社2000年版。
② 《民国物价 生活费 工资史料汇编》第7册,长沙商情导报社1949年版,第406页。
③ 徐继畬:《五台新志》卷2《生计》,光绪五年至十年,凤凰出版社1990年影印本。
④ 刘建生、刘鹏生等:《晋商研究》,山西人民出版社2005年版,第499页。
⑤ 张玉勤:《山西史》,中国广播电视出版社1992年版,第241页。

萎缩状态的山西经济又加上了一道沉重的枷锁。由此证明，良好的社会经济状况和国家经济政策是发展对外贸易的外部社会环境中的重要因素之一。

（一）洋行和洋货挤占山西市场

辛亥革命之后，代表着各国利益的驻中国沿海地带的各家洋行纷纷将在华的发展目标深入中国腹地。山西是新发展目标之一，在山西纷纷建立洋行、分行或办事处，或透过驻上海、天津、北京、青岛等地方以各种渠道与山西进行贸易往来。

表2-1　　　　　　　与山西有贸易往来的外国企业①

公司名称	国别	公司名称	国别
德威洋行	德	公懋洋行	美
德孚洋行	德	欧维克夫洋行	美
德意洋行	德	密烘公司	美
德盛洋行	德	卫利韩洋行	美
德丰洋行	德	安利洋行	美
克罗克纳公司	德	慎昌洋行	美
雅礼洋行	德	美孚油行	美
谦信洋行	德	德士古油行	美
恒昌洋行	德	华德隆洋行	美
西门子洋行	德	谦益洋行	英
孔士洋行	德	太古洋行	英
礼和洋行	德	快利洋行	英
新民洋行	德	鹰立求钢厂	英
天利洋行	德	怡和洋行	英
百禄洋行	德	亚细亚油行	英

---

① 根据《斌记商行负债目录　民国25年决算》，山西省档案馆馆藏，山西省人民公营事业董事会档案，档案号B30-10-4；渠绍淼、庞义才，山西省地方志编纂委员会办公室：《山西外贸志》上（初稿），1984年，第176—177页统计。

续表

公司名称	国别	公司名称	国别
美最时洋行	德	德惠洋行	法
地亚士洋行	德	祥昌洋行	瑞士
泰来洋行	德	新通洋行	瑞士
信昌洋行	德	斯柯达工厂	捷克
维特阔维茨钢铁厂	德	文德公司	瑞典
泰和洋行	德	卜内门洋碱有限公司	北欧
禅臣洋行	德	铝业有限公司	德
三井洋行	日	杉浦铁工所	日
金山洋行	日	华东贸易公司	日
鸟羽洋行	日	岛津制作所	日
三昌洋行	日	松木盛药房	日
月岛机器会社	日	立本铁工所	日
日立制作所	日	亚细亚商会	日
日本打字机公司	日	永田商会	日
三菱公司	日	山武商会	日
田村铸造铁工厂	日	林植洋行	日
协兴洋行	日	惠安洋行	日
公兴洋行	日	大仓洋行	日

据不完全统计，该时期共有66家外国企业与山西有贸易往来，以德、日两国企业在山西贸易最为频繁，分别占到全部企业34.8%和33.3%。德、日两国有如此之多的企业在山西进行贸易，根本的目的是推销本国生产过剩的产品，通过商品倾销的方式将国内的经济危机转嫁给中国，与此同时在倾销过程中获得高额利润。外国企业推销的洋货品种大到机械设备小到针线，涵盖了山西省经济发展和人民生活的方方面面。外国企业出口到山西的商品种类有，日本企业推销的主要是棉纺织品、人造丝、五金、杂货、车辆、纸张、金属制品、化工染料、海产品、化妆品、玩具等；德国企业推销的主要是五金、化学产品、燃料、机械工具、车辆等；英国企业推销的主要是棉纺织品、五金、纸制品、化工原料等；美国企业推销的主要是五金、煤油、汽油、石蜡、烟草、

汽车等。①

各外国企业除主动向山西倾销商品，还透过买办商人或具有官方色彩的民营企业向山西倾销洋货。1916年，孔祥熙为了充实个人经济力量在太谷成立"祥记公司"，主要贩售美孚公司的洋油。②

由于山西大量进口洋货，自1920—1927年间的不完全统计可以看出，山西的进出口额一直处于贸易逆差状态，并且在逐年加深。

表2-2　　　　1920—1927年山西省输出和输入商品价值③　　（单位：元）

年份	输出总值	输入总值	入超额
1920	15926691	26405753	10479062
1921	17348659	23622343	6273684
1922	24231168	27745400	3514232
1923	25385808	26859782	1473974
1924	23989764	37272480	13282716
1927	28105325	48611809	20506484

通过表2-2可知，1927年入超额最高，为20506484元；1923年最低，为1473974元。即使是入超金额最少的年份，也没有影响到外国资本对山西进出口贸易维持入超的状态。事实上，山西历年的进出口总值远远不止山西省政府统计的数字。"自民国以来，日用品、奢侈品无不大量增加，毒品每年流入省城达四五千万元之巨。"④ 山西白银大量外流，企业缺乏经营资本，更加没有能力与外国洋行进行贸易竞争，

---

① 山西省地方志编纂委员会编：《山西通志》第28卷，中华书局1999年版，第76页。
② 山西省地方志编纂委员会编：《山西大事记（1840—1985）》，山西人民出版社1987年版，第103页。
③ 山西省政府统计：《山西省第一次经济统计续集》民国八年（1919），第3—4页；山西省政府统计：《山西省第三次经济统计正集》民国十年（1921），第3—4页；山西省政府统计：《山西省第四次经济统计正集》民国十一年（1922），第3—14页；山西省政府统计：《山西省第五次经济统计正集》民国十二年（1923），第3—14页；山西省政府统计：《山西省第六次经济统计正集》民国十三年（1924），第3—14页；山西省政府统计：《山西省第九次经济统计正集》民国十六年（1927），第3—14页。
④ 阎锡山：《晋绥社会经济调查》，转引自渠绍淼、庞义才，山西省地方志编纂委员会办公室《山西外贸志》上（初稿），1984年，第197页。

从而进入一种怪圈。年年大量进口洋货,年年贸易逆差。为了摆脱这种束缚,恢复山西经济发展,就需要建立可以维护自身利益的对外贸易企业。

(二) 复兴战略

20世纪初的山西,洋货泛滥、白银外流、连年贸易逆差、外贸赤字日益加剧,在这种情况下,山西政府终于意识需要复建山西省对外贸易。外国洋行在山西货物的倾销种类几乎覆盖生活中的各个层面,抵制洋货的第一步就是要有足够数量和质量的国货可以替代对洋货的需求,这就需要建设大批量的工厂进行生产,保证省内对基本生活物资的需求。在政府支持下,阎锡山制订了"十年造产计划",以西北实业公司为主体成立了生产煤炭、钢铁、工业机械、农业用具、化工原料、电力能源、酿酒和加工棉纺织品等从生活用品到工业器具的各类工厂,经过一段时间的发展,对抵制洋货在山西的倾销起到了一定积极作用。

复兴山西对外贸易战略的第二步就是政府对所有出入境的货物实行了严格管控,对进口物资除征收统税外,还加征落地税,即按海关价格抽税2.5%,[①] 除此之外还规定:

1. 斟酌供给需要关系,对于输出入货物加以奖励或限制。

2. 在重要城市,公营大规模之"国营商店",并于各村镇组织"国货消费合作社",使其互相联络,布成营业网,以期发展最大效能,渐次达到商公办之目的。

3. 规定本省重要物产价格,以免奸商乘机抬高物价,阻碍省货之推销。于必要时,并由公营商店收集货物,以调剂供需,平抑

---

① 刘建生、刘鹏生:《山西近代经济史(1840—1949)》,山西经济出版社1995年版,第675页。

物价。

4. 关于奢侈品，或本省特种产物，实行政府专卖事项。

5. 省外设立贸易机关，并规定奖励输出方法，以重对外贸易之发展。①

外国商品的生产因先进的工业技术，成本较低，生产量大，加之其倾销方式均不是刚起步山西工厂所生产出的商品所能匹敌的。为了保证山西工厂生产出的商品的销售，山西政府提出保护政策，认为需要通过"贸易统制"来维护自身的利益。

复兴山西对外贸易战略的第三步就是推行土货。20世纪初，全中国开展了抵制洋货的运动，山西省也同全国其他省份一样。1915年，袁世凯签订了"二十一条"后，由北京学生组织最先开启了抵制日货的运动。1919年五四运动爆发，太原大中学生积极响应北京学生爱国运动，在太原举行了五六千人的示威游行，抵制、查封、焚烧日货，并自筹资金开办"国货商店"。1920年，"太原市青年会"成立"节制日货会"。1925年以上海为中心爆发了席卷全国的工人运动，为声援"五卅运动"，山西省学生成立联合会，抵制倾入晋的日、英进口商品。②

事实上，抵制洋货，推行土货的运动就是一种政府干预市场的行为。通过行政手段规避市场规律，挽救山西经济。根据渠绍淼、庞义才在《山西外贸志》中计算可知，在政府行政干预下，人均输入洋货额从1927年的4.000元到1935年时降到了3.387元。③ 以山西人口1927年11980千人；1935年11328千人，④ 计算可以得出洋货输入总额1927

---

① 全国经济委员会编辑：《山西考察报告书》，全国经济委员会，1936年。
② 山西省地方志编纂委员会编：《山西大事记（1840—1985）》，山西人民出版社1987年版，第108—125页。
③ 渠绍淼、庞义才，山西省地方志编纂委员会办公室：《山西外贸志》上（初稿），1984年，第195页。
④ 张启耀：《民生维艰：田赋负担与乡村社会变迁——以二十世纪前期的山西为范围》，转引自严中平、徐义生、姚贤镐等编《中国近代经济史统计资料选辑》第一种，科学出版社1955年版。

年约为47920000元，1935年约为38367936元。虽然1927年的计算结果与山西省第九次经济统计略有差距，但并不影响对政府干预市场后结果的判断，的确扩大了土货营销覆盖面，从一定程度上遏制了洋货在山西倾销的势头。

二 行业结构的变化带来的历史契机

19世纪末到20世纪初，无论是中央还是地方，财政都处于穷困状态，急需建设国家资本。① 中国的商业资产在外国资本和工业的冲击下，在1900年前后开始发展起来。② 根据杜恂诚对1911—1927年间全国开办的民用工矿、航运及新式金融等45个行业的统计，新增官办企业56家，商办企业2734家，合办企业69家。其中山西开办各类性质的企业共计45家，占全国开办企业总数的1.57%，开办的企业涉足15个行业，仍然主要集中在纺织业、食品加工业、水电业、燃料业和金融业，由于山西没有丰沛的水域资源，此时期并没有航运业或与航运业相关的五金机械等行业的企业成立。③ 这种由于行业结构的缺失，也再次决定了山西省不仅要组建属于自己的对外贸易企业，还需要组建专门从事五金机械等产品的对外贸易企业。

到了1916年中国进入军阀割据时代，各地区军事势力开始争相增强军备力量，中国的商业资产受战争因素的引导最先发展的就是满足军需物资的贸易。而这个时期，中国军工业的发展并不能完全满足各军阀势力的需求，由此刺激了各省、地区的工业发展。1917年，阎锡山任山西省省长一职，集山西军政大权于一身，④ 从此开始了垄断经营山西

---

① 许性初：《民生主义的经济政策》，《星期评论：上海民国日报附刊》1929年第3卷第24期。
② ［法］谢和耐：《中国社会史》，耿昇译，江苏人民出版社1995年版，第487页。
③ 杜恂诚：《民族资本主义与旧中国政府（1840—1937）》，上海社会科学院出版社1991年版，根据附录统计。
④ 白寿彝总主编，王桧林、郭大钧、鲁振祥主编：《中国通史》第12卷《近代后编（1919—1949）下》（第2版），上海人民出版社2013年版，第990页。

军事、政治和经济之路。阎锡山在北洋政府的支持下扩充军队,一边通过日、美、英、德洋行购买进口武器装备,[①] 一边建设工厂、银行为购买进口设备提供资金和研究学习武器装备技术环境。外国资本为了在山西地区抢占市场份额,趁此时机先后成立了17家洋行的办事处或分行。除此之外,还有50余家洋行、公司、工厂透过在上海、天津、北京、汉口、青岛等地的办事处以各种渠道与山西省政府进行贸易往来。[②]

军阀通过战争的方式掠夺资源,军事力量在这个过程中显得尤为重要。外国洋行在各自外交机构的支持下竞争销售军需用品,都不能完全满足对军用物资的需求,这就促使了军工业在中国的发展。[③] 山西省在这个时期也不例外,大批量购买军需物资所需费用较大,为了降低购买成本,在1920年于太原成立了军人工艺实习厂,并逐渐完善山西军工体系。[④] 在这个过程中,生产加工技术、设备和原材料成为各洋行在山西省的新的贸易业务,并从中赚取较大利润。

根据山西省公署统计处统计可知,自1921年起,山西五金业输入量和价值呈逐年递增的趋势。

1927年,国民政府曾提出"国际开发中国"。[⑤] 意味着鼓励利用外国资本发展本国所需行业。仅1927年一整年,山西省进口货物金额就达4861万元,其中以使用品类下的木料类、五金类、花布类、皮毛类、服用类、食用类等占输入总额的74%。[⑥] 面对如此大的进出口量和利润空间,山西省政府决定组建属于自己的对外贸易机构,于1927年投资

---

① 山西省地方志编纂委员会编:《山西大事记(1840—1985)》,山西人民出版社1987年版,第106页。
② 渠绍淼、庞义才,山西省地方志编纂委员会办公室:《山西外贸志》上(初稿),1984年,第175—180页。
③ Chi, H. S., *Warlord Politics in China, 1916—1928*, Stanford University Pr., 1976, pp. 118-119.
④ 渠绍淼、庞义才,山西省地方志编纂委员会办公室:《山西外贸志》上(初稿),1984年,第179页。
⑤ [美]柯伟林:《德国与中华民国》,陈谦平等译,江苏人民出版社2006年版,第16页。
⑥ 刘泽民等主编,雒春普、景占魁等著,山西省史志研究院编:《山西通史》卷7《辛亥革命至第二次国内革命战争卷》,山西人民出版社2001年版,第430页。

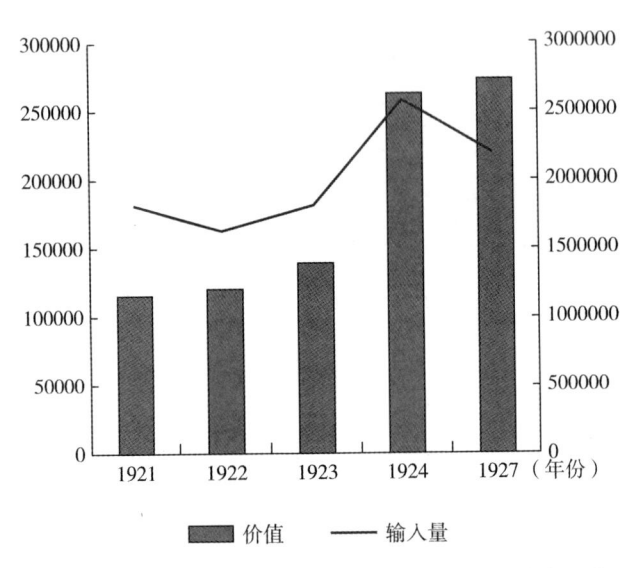

图 2-1 1921—1927 年山西省五金业输入量与价值（单位：斤、元）①

成立了斌记五金行，② 主要经营进口五金电料、机器设备等。③ 1933 年，更名为斌记商行；④ 1936 年，奉阎锡山命令斌记商行被纳入山西省人民公营事业董事会。⑤ 1946 年，战后重组为斌记有限公司。⑥ 从最初的单一进口贸易逐步发展成一家产、供、销一体化经营的贸易商行。⑦

---

① 山西省政府统计：《山西省第一次经济统计续集》民国八年（1919），第 308 页；山西省政府统计：《山西省第三次经济统计正集》民国十年（1921），第 308 页；山西省政府统计：《山西省第四次经济统计正集》民国十一年（1922），第 306 页；山西省政府统计：《山西省第五次经济统计正集》民国十二年（1923），第 300 页；山西省政府统计：《山西省第六次经济统计正集》民国十三年（1924），第 308 页；山西省政府统计：《山西省第九次经济统计正集》民国十六年（1927），第 306 页。
② 《山西省急需公用事业器材复原计划》，山西省档案馆馆藏，山西省人民公营事业董事会档案，档案号 B30-1-468。
③ 刘存善、刘大明、刘晓光：《阎锡山的经济谋略与诀窍》，山西经济出版社 1994 年版，第 175 页。
④ 《斌记商行职员名册》，山西省档案馆馆藏，山西省人民公营事业董事会档案，档案号 B30-1-12。
⑤ 山西省档案馆编：《山西省档案馆指南》，中国档案出版社 1996 年版，第 47 页。
⑥ 《山西斌记有限公司章程》，山西省档案馆馆藏，山西省人民公营事业董事会档案，档案号 B30-10-11。
⑦ 《斌记公司民国 37 年度业务计划》，山西省档案馆馆藏，山西省人民公营事业董事会档案，档案号 B30-1-518。

第二节 斌记商行发展沿革分析

哥德纳（J. W. Gardner）曾表示，"企业和人及其他生物一样，也有生命周期"[1]。斌记商行经历了约三十年的经营后，从成立到结束，大体历经了初建期、发展期、重建期三个阶段，形成了属于其特有的企业生命周期。一般的企业生命周期波动是由于内部劳动生产率的提高或降低导致企业经营发生变化，从而促使企业生命周期向着与经营变化同一方向发展。斌记商行与一般的企业不同，影响其生命周期变化的除了来自企业内部环境的变化外，同时受到来自外部环境的冲击，使得斌记商行在其发展的三十年中从企业性质、归属、人员构成等方面都发生了巨大的变化。

一　太原斌记五金行

阎锡山政府为了打破外国洋行在五金、机械等物资方面对山西进口的垄断，下令由山西省经济委员会出资，[2] 成立了专门以经营五金器材为主的企业，并命名为"太原斌记五金行"（简称"斌记五金行"）。1927年，在太原市帽儿胡同[3]正式成立，[4] 山西省人民公营事业董事会任命阎锡山的侄子阎志伋为经理，[5] 负责商行的一切事务，主要经营业务为五金电料。[6] 斌记五金行与1926年成立的山西军、省两署采运处共同组成了山西省最初省营对外贸易机构。山西军、省两署采运处负责

---

[1] Gardner, J. W., "How to Prevent Organizational Dry Rot", *Harper'-s Magazine*, No. 231, 1965, pp. 20 – 26.
[2] 山西省地方志编纂委员会编：《山西通志》第1卷，中华书局1996年版，第351页。
[3] 山西省地方志编纂委员会编：《山西通志》第26卷，中华书局1999年版，第80页。
[4] 《山西省急需公用事业器材复原计划》，山西省档案馆藏，山西省人民公营事业董事会档案，档案号 B30 – 1 – 468。
[5] 《斌记有限公司原有人员调查了解表》，山西省档案馆藏，晋绥边区第十、十一专署档案，档案号 A127 – 5 – 95。
[6] 刘存善、刘大明、刘晓光：《阎锡山的经济谋略与诀窍》，山西经济出版社1994年版，第175页。

预定进口设备和材料的估计、付款、收货和运输，斌记五金行负责各项业务的具体操作。①

```
                        ┌── 山西军、省两公署采运处
山西对外贸易机构 ──────┤
                        └── 太原斌记五金行
```

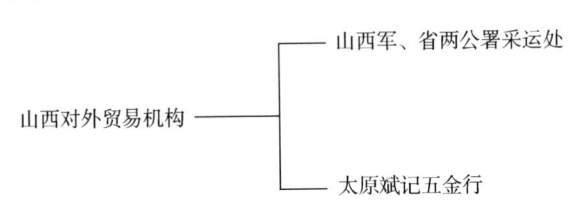

图 2-2　民国初年山西省对外贸易机构②

至1932年，"山西军、省两署采运处"和"太原斌记五金行"两个机构共同处理机械、设备、原料等进口业务，③在阎锡山授意下，得到了来自山西省银行在资金上几乎无条件的支持。④尽管经营范围较为单一，但由于两个机构都属于山西省营企业，在业务经营上不受外国洋行和企业的制约，反而为山西本土其他企业的进口物资需求提供了便利条件。

（一）成立时间

斌记五金行作为山西省早期建立的对外贸易机构之一，其真正成立的时间一直以来备受争议，现有研究成果显示均不相同。对于成立的时间主要有以下几种观点：

1. 1921年，阎锡山在太原开设斌记五金行。⑤

2. 1923年，晋胜银行结束，原班人马于1924年开设斌记五金行，贾继英仍任经理。⑥

---

① 徐月文主编，张郑生等撰：《山西经济开发史》，山西经济出版社1992年版，第555页。
② 山西省地方志编纂委员会编：《山西通志》第28卷，中华书局1996年版，第69页。
③ 刘泽民等主编，雒春普、景占魁等著，山西省史志研究院编：《山西通史》卷7《辛亥革命至第二次国内革命战争卷》，山西人民出版社2001年版，第429页。
④ 《山西文史资料》编辑部：《山西文史资料全编》第5卷第50—60辑，1999年，第1038页。
⑤ 中国人民政治协商会议全国委员会文史资料研究委员会编：《文史资料选辑（合订本）》第17册，中国文史出版社1986年版，第211页。
⑥ 山西省地方志编纂委员会编：《山西通志》第48卷，中华书局1999年版，第223页。

第二章 斌记商行发展脉络分析

3.1924年,晋胜银行结束,原班人马于1926年设立了"斌记五金行",继英任经理。①

4.1921—1927年,境内先后又有凤鸣、利亿、广裕兴、晋源兴、双星公司和官办的斌记五金商行开业。②

斌记五金行究竟是什么时候正式成立的?究竟晋胜银行与斌记五金行有着何种关联?为什么现有研究几乎都提到斌记五金行是在晋胜银行的基础上成立起来的?

1948年斌记有限公司在企业内部开展"肃伪"调查,员工梁致荣的自述书中提道:

> 梁致荣现年六十二岁,山西文水县思贤村人。
> 十三岁,私塾三年。
> 十六岁,在祁县城内三成义做饭八年。
> 二十四岁,来太原晋胜银号做饭,后改斌记五金行。
> 自民国二十六年,事变到北平做饭两年后,又回文水原籍九年。
> 民国三十六年正月,到董事会公库做饭,现任斌记公司厨夫,住新民北街五号。
>
> 梁致荣
> 三月二十四日③

根据梁致荣的自述可知,晋胜银行的确改换门庭,成为省营对外贸易企业斌记五金行,由此说明晋胜银行的结束时间将会影响斌记五金行正式成立的时间。

北洋政府财政部档案显示,1922年6月,财政部统计各省官银发

---

① 山西省榆次市志编纂委员会编:《榆次市志》,中华书局1996年版,第1051页。
② 王若愚主编,太原市南城区地方志编纂委员会编:《太原市南城区志》,红旗出版社2000年版,第108页。
③ 《斌记商行员工自述书》,太原市档案馆馆藏,山西全省民营事业董事会档案,档案号J6-1-240。

行纸币数目时,晋胜银行成为山西地区唯一一家发放官银的银行。① 由此可以推测出,1921 年不是斌记五金行成立的时间。

晋胜银行作为一家具有官办性质的银行,② 其经营的业务不会因宣布银行结束而马上全面停止,必定需要经过一定时间进行处理。广裕公司第二支店和富山水利公司分别于 1927 年 8 月 25 日和 1927 年 9 月 5 日偿清所欠晋胜银行的债务,并订立契约合同以兹说明,晋胜银行方面的负责人依旧是总理贾继英。③ 同年《银行月刊》清楚刊登了山西财政部对晋胜银行的具体指令:

> 据呈乙悉,该行现经停业清理,所有结束详情,仍仰该监理官查明随时呈报,以凭核办,此令。④

这则指令明确要求晋胜银行上报停业后清理业务的一切事宜,由此可知 1924 年和 1926 年这两年均不可能成为斌记五金行成立的时间。1927 年,晋胜银行终于在宣布结业后完成了所有业务的清算,也为斌记五金行的正式成立提供了时间契机。事实上,战后山西省为恢复经济提出的复原计划书中,简单清晰地对战前公用事业情况进行概述"斌记自民国十六年成立"⑤。除此之外,在阎志伋的个人履历登记表的工作经历中陈述道:

---

① 中国第二历史档案馆编:《中华民国史档案资料汇编》第 3 辑金融 1,江苏古籍出版社 1991 年版,第 541 页。
② 许涤新、吴承明主编:《中国资本主义发展史》第 2 卷,社会科学文献出版社 2007 年版,第 646 页。
③ 《晋胜银行与广裕公司的合同书》和《晋胜银行与富山水利公司的合同书》,山西省档案馆馆藏,契约汇集档案,档案号 B33-1-20。
④ 财政部指令:《指令山西晋胜银行监理官呈报晋胜银行停业日期仰将结束详情随时呈报办理文(三月二十六日)》,《财政月刊》1927 年第 14 卷第 160 期。
⑤ 《山西省急需公用事业器材复原计划》,山西省档案馆馆藏,山西省人民公营事业董事会档案,档案号 B30-1-468。

银行服务十五年至斌记服务二十余年。

民国三年至十五年在晋胜银行，

民国十六年至现在为本公司经理。①

由此可以清楚地认定，斌记五金行正式成立的时间为 1927 年。从晋胜银行的结束到斌记五金行的成立经历了一段比较长的时间。晋胜银行和斌记五金行是两个完全不同的行业，前者是金融行业，后者是对外贸易行业。晋胜银行在停业前是一家官办银行，设立的分行多，② 经营办理汇兑、存放款等业务较多，涉及金额较大。③ 行业之间的变换和处理遗留业务致使晋胜银行宣布停业后并没有马上成立斌记五金行。

（二）管理者

斌记商行受社会经济的影响经历了三次较大的变革，企业的管理者除了在成立之初因企业结构的调整有些变化外，此后每一次变革时几乎都没有发生太大的变化。斌记五金行的历任经理都是阎志伋，在其个人履历登记中写道，先服务于晋胜银行，在其结束后又直接就任斌记五金行经理。④ 阎志伋（字述先），系阎锡山族侄，依靠姑父曲清斋获得阎锡山的信任。⑤ 阎志伋曾接受了中等教育，工作经验主要以从事金融行业为主，⑥ 并不擅

---

① 《斌记公司职员履历登记表》，山西省档案管馆藏，晋绥边区第十、十一专署档案，档案号 A127-5-95。

② 姜建清：《近代中国银行业机构人名大辞典》，上海古籍出版社 2014 年版，第 231—232 页。

③ 《晋胜银行与广裕公司的合同书》和《晋胜银行与富山水利公司的合同书》，山西省档案馆馆藏，契约汇集档案，档案号 B33-1-20；两个合同中涉及金额 32447.668 元和 38741.148 元。

④ 《斌记公司职员履历登记表》，山西省档案管馆藏，晋绥边区第十、十一专署档案，档案号 A127-5-95。

⑤ 中国人民政治协商会议山西省委员会文史资料研究委员会编：《山西文史资料》第 60 辑，1988 年。

⑥ 《斌记有限公司原有人员调查了解表》，山西省档案馆馆藏，晋绥边区第十、十一专署档案，档案号 A127-5-95。

长五金行业。斌记五金行建立初期，在经理阎志伋的主持下，五金行的业务发展状况并不如意。① 在这种情况下，阎锡山通过其叔丈徐一清的关系，聘请原晋胜银行行长贾继英担任斌记五金行总理。②

史料阙如无法直接证明贾继英在斌记五金行成立之时就出任经理一职。如果贾继英的确在斌记五金行开办之初就担任了经理一职，斌记五金行真正的责任者同时又是阎锡山直系亲属的阎志伋又该担当何种职务。这种矛盾的出现虽不能完全解释贾继英真正到任时间，但是可以廓清贾继英与阎志伋在斌记五金行所担任的职务和职权。贾继英担任总理一职，负责五金行的谋划发展；阎志伋担任经理一职，负责五金行的具体业务经营管理。③

贾继英在商界是一位颇有名气且极具中国传统晋商特色的商人。在斌记五金行经营不善的情况下，就任初期通过个人信用直接从银行借取现金，解决贸易经营中资金短缺问题；④ 不断开拓新业务，通过斌记五金行驻津办事处，与其个人有良好关系的外商洽谈生意，一边供应山西省内所需机械设备，一边将日用百货进口转销，同时还兼做外汇买卖，在贾继英的出谋划策下，斌记五金行获得不菲的利润，⑤ 同时也为斌记五金行今后的发展创建了一个良好的口碑。

二 斌记商行

对山西再次掌权的阎锡山集中一切力量积极发展山西经济建设，制订了"山西省政十年建设计划案"，为了确保经济成果不被国民政府征

---

① 中国人民政治协商会议全国委员会文史资料研究委员会编：《文史资料选辑（合订本）》第17册，中国文史出版社1986年版，第211页。

② 山西省政协《晋商史料全览》编辑委员会、晋中市政协《晋商史料全览·晋中卷》编辑委员会编：《晋商史料全览·晋中卷》，山西人民出版社2006年版，第361页。

③ 中国人民政治协商会议全国委员会文史资料研究委员会编：《文史资料选辑（合订本）》第17册，中国文史出版社1986年版，第63页。

④ 刘存善、刘大明、刘晓光：《阎锡山的经济谋略与诀窍》，山西经济出版社1994年版，第42页。

⑤ 中共山西省委调查研究室：《山西省经济资料》第4分册，山西人民出版社1963年版，第14页。

用，1933 年以维护山西人民事业的名义，^①建立了山西省人民公营事业董事会，同年由公营事业董事会投资 100 万助斌记五金行重组并更名为斌记商行，入驻太原最繁华的街区钟楼街。^②

重组后的斌记商行员工共计 80 人，其中 76 人是山西籍员工，分别来自 23 个县，剩余 4 人是非山西籍员工，来自天津和山东。^③商行的管理层五人组直接由阎锡山和监察会任命和委派，监察徐一清系阎锡山的叔丈人，^④总稽核阎志孔和经理阎志伋均系阎锡山族侄，^⑤协理曲荣静系阎锡山五台县同乡。^⑥贾继英作为商行总理本应该负责斌记商行一切事务，^⑦但由于其既不是阎锡山的亲属也不是阎锡山的同乡，因此只是负责拓展商行业务。^⑧斌记商行真正的决策人是经理阎志伋，其他三人负责协助、监督、审查。从职能分工来看，斌记商行管理层五人的职能由与阎锡山的关系远近决定，由此也就决定了斌记商行并不是一家产权独立自主经营的企业。

在山西省政府的扶持下，1936 年斌记商行正式归由山西省人民公营事业董事会管理，^⑨从民国初年时以依靠"山西军、省两署采运处"获得业务经营单一的对外贸易机构变成了拥有占据全省民营五金行业总投资的 24 倍和最大外贸机构公营事业董事会支持的企业。^⑩

---

① 《山西省民营董事会组织规程》，山西省档案馆馆藏，山西省人民公营事业董事会档案，档案号 B30-1-68。
② 山西省地方志编纂委员会编：《山西通志》第 28 卷，中华书局 1999 年版，第 73 页。
③ 《斌记商行职员名册》，山西省档案馆馆藏，山西省人民公营事业董事会档案，档案号 B30-1-12；鼓楼街指现今山西省太原市食品街。
④ 孔祥毅主编：《民国山西金融史料》，中国金融出版社 2013 年版，第 395 页。
⑤ 中国人民政治协商会议山西省委员会文史资料研究委员会编：《山西文史资料》第 60 辑，1988 年；《山西文史资料》编辑部：《山西文史资料全编》第 2 卷，1999 年。
⑥ 《斌记商行职员名册》，山西省档案馆馆藏，山西省人民公营事业董事会档案，档案号 B30-1-12。
⑦ 《斌记商行职员名册》，山西省档案馆馆藏，山西省人民公营事业董事会档案，档案号 B30-1-12。
⑧ 雒春普：《阎锡山和他的幕僚们》，团结出版社 2013 年版，第 249 页。
⑨ 《斌记商行函送月计表经费表简章及职员花名册请查取》，山西省档案馆馆藏，山西省人民公营事业董事会档案，档案号 B30-1-12。
⑩ 山西省地方志编纂委员会编：《山西通志》第 28 卷，中华书局 1999 年版，第 80 页。

```
                    ┌── 太原绥靖公署 ── 采运处
                    │
                    │                    ┌── 西北实业公司
                    │   山西省人民公      │
                    ├── 营事业董事会 ────┼── 实物准备库
对外贸易机构 ──────┤                    │
                    │                    └── 斌记商行
                    │
                    │                    ┌── 大同矿业公司
                    ├── 省营业公社 ──────┤
                    │                    └── 晋通花店
                    │
                    │                    ┌── 太原土货商场
                    └── 直属官营资本 ────┤
                                         └── 太原营记公司
```

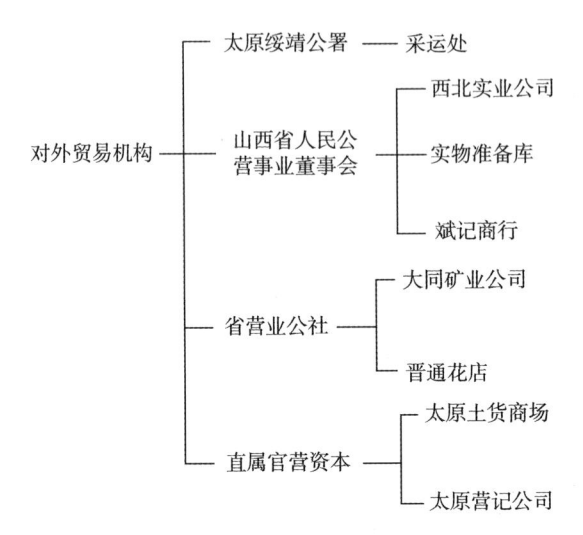

图 2-3　1933—1937 年山西省政府对外贸易机构①

由图 2-3 可知，除山西省人民公营事业董事会下设斌记商行外，还有 7 家对外贸易企业，其中包括同属公营事业董事会的西北实业公司和实物准备库。前者建立特产部负责羊毛、羊绒、大黄、枸杞、甘草、黄芪、胡麻、核桃仁等土特产收购和出口，经营过程中逐步将此项业务转交太原土货商行和实物准备库经营，转而专职本公司所需物资的进口；后者主营出口粮食、棉花农副产品。太原绥靖公署采运处主要负责进口重要军需物资；大同矿业公司负责煤炭出口；晋通花店负责棉花收购和出口运销；太原土货商场负责推销西北实业公司各厂产品，向外出口本省土产；太原营记公司负责推销石油并经营长途汽车业务。无论是从企业的规模还是实力上看，1933—1937 年间山西省对外贸易机构下设的任何一家企业都不比斌记商行规模小。

面对这种经营状况，通过对斌记商行 1933—1937 年现存资料的梳理，②

---

① 山西省地方志编纂委员会编：《山西通志》第 28 卷，中华书局 1999 年版，第 71 页。
② 主要从山西省档案馆馆藏，山西省人民公营事业董事会档案，档案号 B30-1-12、B30-1-660、B30-2-137、B30-2-138、B30-2-139、B30-2-140、B30-2-141；天津档案馆馆藏，浙江兴业银行天津分行档案，J0204-1-001477、J0204-1-001478、J0204-1-001486 等体现出来。

笔者发现斌记商行的业务主要内容围绕山西省人民公营事业董事会、西北实业公司、同蒲铁路管理局和风陵渡棉花打包机厂等企业、工厂对所需五金、机械设备进行咨询、问价、订货、运送等方面。斌记商行以中间商的身份代理与禅臣洋行、新民洋行、孔士洋行等成功签订了合同。① 具体经营项目涵盖钢铁金属、各种工具、小五金、管道零件、机器设备及配件、建筑材料、各种灯具、收音机、自行车、油漆、染料以及搪瓷用品等产品进出口业务的斌记商行并没有受到其他实力强于它的对外贸易机构的影响。② 仅 1936 年斌记商行获利 269165.82 元，③ 这段时期不仅使斌记商行没有受到其他外贸机构的挤压，反而因其良好的经营使企业发展呈上升趋势。对比其他 7 家外贸企业主营业务可以发现，斌记商行不仅与剩余 7 家企业在经营种类上没有重叠交叉，反而彼此之间紧密连接形成贸易往来。

尽管在这一段时期存在像实物准备库等实力强大的对外贸易机构，但由于山西省政府清楚划分 8 家企业负责的产业，在覆盖工业、农业、矿业、交通业、日用品业等行业的同时又不相互影响。为斌记商行从企业竞争的层面上剔除了潜在的威胁。尤其是在 1936 年正式成为山西省人民公营事业董事会下设对外贸易机构后，几乎垄断了西北实业公司和同蒲铁路管理局两个机构对五金、机械等进口物资需求的贸易。因此这段时间成就了斌记商行在其整个企业生命周期内最辉煌的时刻。由此也为斌记商行成为山西省唯一一家省营经营进口五金、机械设备的企业提供了发展空间。

三 斌记有限公司

1945 年，阎锡山将山西省原人民公营事业董事会更名为山西全省

---

① 《斌记商行负债目录 民国 25 年决算》，山西省档案馆馆藏，山西省人民公营事业董事会档案，档案号 B30-10-4。
② 山西省地方志编纂委员编：《山西通志》第 30 卷，中华书局 1996 年版，第 71—74 页。
③ 《斌记商行损益计算表 民国 25 年决算》，山西省档案馆馆藏，山西省人民公营事业董事会档案，档案号 B30-10-4。

民营事业董事会。① 战后在民营董事会的引导下，筹建复业的机构有西北实业公司、同蒲铁路管理局、实物准备库、铁路银号以及斌记有限公司等，均因战争遭受极大的破坏，为了及早复业，山西全省民营事业董事会向社会贤达发出了"以资借镜"的邀请。② 斌记商行顺应时代的发展，招募股东，重组建立，1947年正式在山西省经济管理局备案，更名"斌记有限公司"，重新正式回归山西全省民营事业董事会。③

```
                              ┌─ 采运处
                ┌─ 太原绥靖公署 ─┤
                │              └─ 同记公司
                │
                │                  ┌─ 西北实业建设有限公司
                │  山西全省民营    │
山西对外贸易机构 ─┼─ 事业董事会 ───┼─ 实物准备库
                │                  │
                │                  └─ 斌记股份有限公司
                │
                │              ┌─ 晋兴企业股份有限公司
                ├─ 中纪董事会 ─┤
                │              └─ 山西贸易公司
                │
                └─ 平民经济执委会 ─ 输出部
```

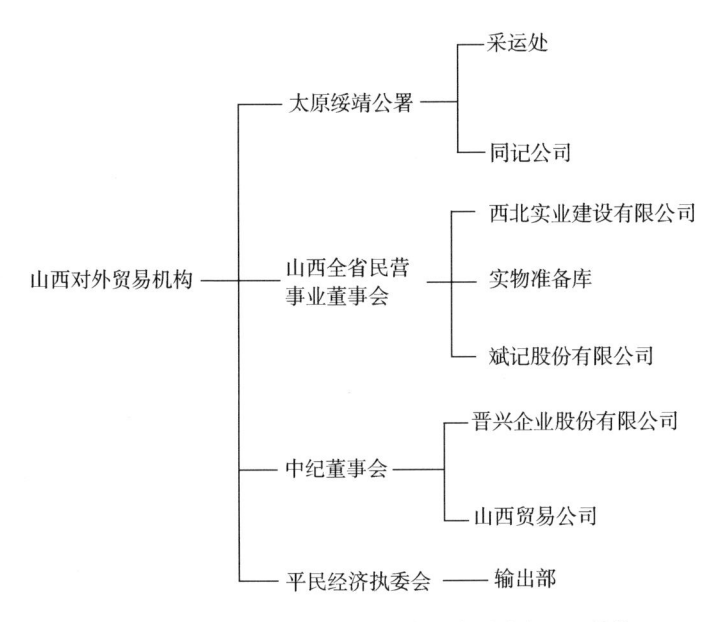

图 2-4　1945—1949 年山西省政府对外贸易机构④

战后，山西省政府在恢复战前原有对外贸易机构基础上，增加了新的对外贸易机构。太原绥靖公署同记公司，主要负责医疗药品的进口；⑤

---

① 山西省档案馆编：《山西省档案馆指南》，中国档案出版社1996年版，第47页。
② 《山西全省民营事业董事会的起源及现状》，山西省档案馆馆藏，山西省人民公营事业董事会档案，档案号B30-1-7。
③ 《函报本公司已奉准备案请将斌记商行改为有限公司由》，山西省档案馆馆藏，山西省人民公营事业董事会档案，档案号B30-10-12。
④ 山西省地方志编纂委员会编：《山西通志》第1卷，中华书局1999年版，第353页。
⑤ 《山西文史资料》编辑部：《山西文史资料精选阎锡山垄断经济》，山西高校联合出版社1992年版，第294页。

平民经济执委会输出部负责棉纺织品等原料的进口;① 中纪董事会晋兴企业股份有限公司和山西贸易公司,前者负责饮料加工,业务较为单一,后者涉及纱布、药材、皮毛、木材、食盐、油脂、棉花、文具颜料、五金、粮食、日用品等进口,② 山西贸易公司涉及种类多且杂,略有涉及五金方面的进口。而作为主营五金行业起家的斌记有限公司,随着公司性质的变化,经营业务也发生了变化,在维持原有经营业务的基础上,收复了战争中被占用的太原公库等地,扩大了代销、代购和销售的业务,从而提供了更多工作岗位。

(一) 下设机构

随着斌记有限公司的复业,原有驻上海办事处、驻天津办事处、太原公库以及小东门外第一分库都陆续回归,同时还增加了两个新的办事处。

1947年斌记有限公司制定了新的公司章程,提出经营以下业务:

1. 购销国内外所产五金电料。
2. 购销国内外所产建设修理制造各项机器工具及材料。
3. 购销国内外交通通讯器材。
4. 输出国产皮毛、油类及其他原料品。
5. 运销本省各工厂土产成品。
6. 购销国内外所产油脂。

复业经营过程中,除可与太原各洋行分行及办事处直接发生贸易外,亦须通过建立在上海和天津两地的办事处与更多国家的洋行进行广泛的联系和询价。《山西外贸志》中提出斌记有限公司复业后,上海办

---

① 山西省经济管理局:《山西平民经济辑要》,山西省经济管理局,1947年,第82页。
② 山西省地方志编纂委员会编:《山西通志》第1卷,中华书局1996年版,第353页。

事处地址在慈昌里 33 号，负责人为曲敦化；天津办事处在四平道 131 号，负责人为赵行庵。① 据 1948 年斌记有限公司送交警宪指挥处名册显示，斌记有限公司复业的同年，总行派曲敦化、武树藩、高瑞生、李贵民 4 人赴天津恢复办事处，并非如《山西外贸志》提到的天津办事处的负责人是赵行庵。史料阙如，无法得知上海办事处的具体情况。但通过战前与战后天津办事处的比对，战后驻派天津办事处人员数量较战前略有减少，从人员组成结构上看，总行选派的 4 人各有特点。负责主持工作的曲敦化和有会计工作经验的武树藩均为山西五台籍，高瑞生虽为山西晋源人，但在天津有十年经商经验。② 此团队虽小而精，有助天津办事处尽快恢复业务。

复业后的斌记有限公司下设机构并不像其新建章程中所显示的只有天津和上海办事处，实际上，除延续驻原有办事处外，又增加了西安和平遥两个新办事处，其中西安办事处仅派驻两人，所设办事处规模很小；③ 平遥办事处因资料所限并未能确定具体人数。无论两个新增办事处规模大小，都不影响斌记有限公司对本省土产成品的收购外销。

除此之外，位于霸陵路东侧，小东门路西侧，④ 战争中被日军占领的太原公库也在山西全省民营事业董事会的裁决下重拨归斌记有限公司所有，作为复业资金，于 1947 年 1 月起对所有五金器材使用情况上报正式立案。⑤

该库地址是由伪斌记五金行于 1927 年开始占有的。抗日期间，

---

① 渠绍淼、庞义才、山西省地方志编纂委员会办公室：《山西外贸志》上（初稿），1984 年，第 277 页。
② 《斌记公司职员名册　民国三十七年三月　送警宪指挥处名册》，太原市档案馆馆藏，山西全省民营事业董事会档案，档案号 J6 - 1 - 151。
③ 《斌记公司职员名册　民国三十七年三月　送警宪指挥处名册》，太原市档案馆馆藏，山西全省民营事业董事会档案，档案号 J6 - 1 - 151。
④ 《关于傅嗣平应如何到库交代请函示宪兵司令部办理的公函》，山西省档案馆馆藏，山西省人民公营事业董事会档案，档案号 B30 - 10 - 8。
⑤ 《关于总务组为董事会成立公库的提案》，山西省档案馆馆藏，山西省人民公营事业董事会档案，档案号 B30 - 10 - 7。

由日寇1824部队古川部队木材厂（类似后勤部）侵占，建筑库房等95间。

日寇投降后，由伪斌记五金行收回占用，又建筑库房等54间，水塔1个，薰菜房60间，养鸡房6间，喂猪房4间及岔道，并大修日寇建筑之房45间。

四九年太原解放后，由轻重工业管理处接收，又新建库房10间。四九年冬奉令完全移交本厅接管，所有房地产等，均按资产呈报中央在案。

根据以上情况，该库产权在解放前，当属伪斌记五金行所有，解放后，由工业管理处接收移交本厅，其产权应归本厅所有。[①]

《本厅太原公库历史沿革》记录了太原公库的发展变化，清楚阐明了1947—1949年间斌记有限公司对太原公库的产权情况。

太原公库是斌记有限公司位于太原市城内的一个大型仓库。此外，在太原小东门外还设有一个面积达94379.6平方米[②]的第一分库，其规模尤在太原公库之上。1947年经由大同贩售回的物资因数量巨大，仅卸货需雇佣苦力60余人。[③] 此仓库不仅规模大，同时还因在仓库内修建了直通同蒲铁路的Y形岔道而形成了独立的仓储运输体系。[④]

（二）员工情况

战后重建的斌记有限公司增加了企业职员编制和扩大了企业组织结构，由此提供了更多的工作岗位，也使斌记有限公司人员组成结构较为

---

① 《本厅太原公库历史沿革》，山西省档案馆馆藏，山西省工业厅档案，档案号C6-4-1578。
② 根据斌记商行小东门外货运站及第一仓库全场地图所绘数据得出。
③ 《大同运回五存放小东门外仓库》，山西省档案馆馆藏，山西省人民公营事业董事会档案，档案号B30-10-8。
④ 《函请核示本公司接受产权办法以资办理手续由》，山西省档案馆馆藏，山西省工业厅档案，档案号C6-4-1578。

复杂。因"肃伪"对每一个员工进行了详细履历登记,据统计 1948—1949 年间员工人数达 149 人。① 通过对员工履历登记的梳理,发现这个时期斌记有限公司雇佣的员工的籍贯辐射面积扩大,涉及山西省 23 个县 91 个村,非山西省 11 个县 13 个村。斌记有限公司的员工构成主要是以"血缘—地缘"为主,但实际从事的职务并不完全依赖这种传统方式,而是通过受教育程度的高低、擅长的专业以及对工作的熟练程度基本实现了人岗匹配。到差前,这些员工从事过各种各样的工作,接受了不同程度的教育培训,其中有农务经历的 61 人;有过经商经验的 35 人;从事过银行工作的 11 人;从事过教师工作的 6 人;有从军经历的 17 人;当过工人的 13 人。大部分人主要从事其中一种工作,但有 11 人表示有从事三种及以上工作经历,占全部人数的 7.4%。② 斌记发展近三十年,人员来来往往,涉及人数最多时近 200 人,无论他们之前从事何种行当,最后都在斌记找到了较匹配的岗位和工种。

斌记有限公司在保障员工基本生活水平的前提下,实行了薪资等级制度。短时期内对促进员工工作积极性起到了一定程度的有效作用,但由于战后山西社会因素,除本省生产一小部分外,主要依赖平津各地运入供给,因交通不畅,物资短缺,通货膨胀严重,③ 这种薪资等级制度的变化的速度赶不上物价变化的速度。斌记有限公司员工没有多余的钱支付房租,除 32 人住在太原市内八区外,④ 13 人住公司本部,87 人住在太原公库和小东门外第一分库。⑤ 1948 年粮食价格指数 233220.20

---

① 这个时期斌记有限公司人数并不是一直完全没有变化,但总体人员变化不大。
② 《斌记商行员工自述书》,太原市档案馆馆藏,山西省人民公营事业董事会档案,档案号 J6-1-240;《斌记公司职员名册》,太原市档案馆馆藏,山西省人民公营事业董事会档案,档案号 J6-1-151;《职员履历登记表》,山西省档案馆馆藏,晋绥边区第十、十一专署档案,档案号 A127-5-95。
③ 《民国物价 生活费 工资史料汇编》第 7 册,长沙商情导报社 1949 年版,第 406 页。
④ 太原市地方志编纂委员会编:《太原市志》,山西古籍出版社 1999 年版,第 41 页。
⑤ 《斌记商行员工自述书》,太原市档案馆馆藏,山西省人民公营事业董事会档案,档案号 J6-1-240;《斌记公司职员名册》,太原市档案馆馆藏,山西省人民公营事业董事会档案,档案号 J6-1-151;《职员履历登记表》,山西省档案馆馆藏,晋绥边区第十、十一专署档案,档案号 A127-5-95;剩余 17 人中,因工作需要 4 人住天津,2 人住西安,11 人没有记录。

（以 1936 年为基期），① 同理，1948 年 1 月至 3 月太原公务员房租类生活指数分别为 301587.30、362433.87、762511.65。② 斌记有限公司工资发放依据《山西全省民营事业董事会及所属各产业机关职员给与表》，1948 年 1 月至 3 月工资金额没有变化，但支付房租费用却因通货膨胀以 20.2% 和 101.4% 的速度增长，房租上涨的速度远远超过了工资上涨的速度。所以导致 70% 的职工选择住在太原公库和小东门外第一分库，斌记商行提供太原公库即新民北街 5 号可用房产 63 间，第一分库即小东门外仓库可用房产 224 间，基本满足了斌记商行基层员工的住宿问题。③

第三节　小结

斌记五金行是山西省经济委员会④在原晋胜银行的基础上于 1927 年投资筹建，⑤ 主要经营五金电料、机器设备等进出口贸易，⑥ 由阎锡山的族侄阎志伋任经理负责斌记五金行一切事务。⑦ 1933 年，山西省人民公营事业董事会投资鼓楼街重组更名为斌记商行。⑧ 除阎志伋继任经理外，任命贾继英为总理，徐一清为监察，曲荣静为协理，阎志孔为总稽查，以阎志伋为主要负责人，其他人辅助其共同经营管理。⑨ 1936 年

---

① 山西省地方志编纂委员会编：《山西通志》第 27 卷，中华书局 1999 年版，第 76 页。
② 《民国物价　生活费　工资史料汇编》第 7 册，长沙商情导报社 1949 年版，第 456—472 页。
③ 《斌记有限公司接管物资统计表》，山西省档案馆藏，晋绥边区第十、十一专署卷宗，档案号 A127-5-99。
④ 山西省地方志编纂委员会编：《山西通志》第 1 卷，中华书局 1999 年版，第 351 页。
⑤ 《山西省急需公用事业器材复原计划》，山西省档案馆藏山西省人民公营事业董事会卷宗，档案号 B30-1-468。
⑥ 刘存善、刘大明、刘晓光：《阎锡山的经济谋略与诀窍》，山西经济出版社 1994 年版，第 175 页。
⑦ 《斌记有限公司原有人员调查了解表》，山西省档案馆藏，晋绥边区第十、十一专署卷宗，档案号 A127-5-95。
⑧ 《山西全省民营事业董事会所属各单位一览表》，山西省档案馆藏山西省人民公营事业董事会卷宗，档案号 B30-1-7。
⑨ 《斌记商行职员名册》，山西省档案馆藏山西省人民公营事业董事会卷宗，档案号 B30-1-12。

奉阎锡山命令，斌记商行正式归山西省人民公营事业董事会管辖。① 参与同蒲铁路、风陵渡棉花打包机厂等项目的筹建，负责与外国洋行洽谈购买进口设备、钢铁、器材等。② 1937年全面抗日战争爆发，斌记商行暂时歇业，并将库存物资交城防司令部统一支配使用。③ 1945年，战争结束山西省政府恢复山西省人民公营事业董事会并更名为山西全省民营事业董事会。④ 在民营事业董事会资助和吸纳社会贤达资金的情况下，1946—1947年，斌记商行经筹备后重建，更名为斌记有限公司，从性质上从原有的官办省营企业发展为一家省营控股公司，续聘阎志岋为经理在原址复业。⑤ 复业后的斌记有限公司重组内部机构，在恢复天津、上海两地办事处的基础上，新增西安和平遥两地办事处。在政府主持下接收战时被占领的太原仓库和小东门外第一分库。⑥ 既满足了对山西本地土产的收购和外埠与各国洋行的贸易，也为复业后斌记有限公司大宗货物买卖提供了后勤仓储运输保障。直至1949年被太原军管会接手改编，⑦ 斌记商行才结束了近三十年的经营。

斌记商行随着其企业生命周期的变化而变化。从最初的筹建成立到第一次改组更名再战后的复业重建，在每一个不同的时期，都由不同的机构、个人进行投资助其发展。这三个时期最显著的变化就是每一个时期企业的名称都不同，从斌记五金行—斌记商行—斌记有限公司。从名称变化上可以看出，不仅企业的规模由小变大，最重要的是企业的性质

---

① 山西省档案馆编：《山西省档案馆指南》，中国档案出版社1996年版，第47页。
② 《太原斌记商行民国二十五年度决算表》，山西省档案馆藏山西省人民公营事业董事会卷宗，档案号B30-10-4。
③ 《退出太原移交三十五军城防司令部货物明细表》，山西省档案馆藏山西省人民公营事业董事会卷宗，档案号B30-3-286。
④ 山西省档案馆编：《山西省档案馆指南》，中国档案出版社1996年版，第47页。
⑤ 《山西斌记有限公司章程》，山西省档案馆藏山西省人民公营事业董事会卷宗，档案号：B30-10-11。
⑥ 《本厅太原公库历史沿革》，山西省档案馆藏山西省工业厅卷宗，档案号：C6-4-1578；小东门外指现今山西省太原东站一带。
⑦ 《原有人员调查表》，山西省档案馆藏晋绥边区第十、十一专署卷宗，档案号A127-5-95。

也从最初的"独资"发展到"合资"。这里的独资指的既不是我们平常提到的个人投资行为，也不是现代企业中所讲的外资，而是借用这个名词来表示斌记商行所有资本来源均有政府提供，其产权也全部归政府所有；合资指的也不是将几个企业合并在一起分配股权和责任共同经营，依然是借用这个名词来区别斌记商行的投资者已经由政府独立投资转变为个人与政府共同投资。这种"合资"方式表现在政府控股，拥有最终的决策权和利益分配权，将经营权和管理权转让给个人投资者。

1949年中华人民共和国成立之时，位于钟楼街47号的斌记有限公司被太原市军管局全面收编。[①] 成立于在外国资本和本国经济压力的双重冲击下的斌记商行在经营近三十年后正式结束了。斌记商行在几经波折又几番改变，有过经营不善的时期，也有过生意辉煌的时期。作为一家山西省政府支持及发展对外贸易进口业务，实际为阎锡山发展军工业提供便利的对外贸易进出口公司，既成功地垄断山西省五金行业进口贸易，同时又从未摆脱过山西省政府对其的控制。然而，即使这样，也不能完全抹杀斌记商行在山西工业、棉纺织业、交通业等行业建设方面的功力，它的出现在很大程度上减少外国企业通过商品倾销对山西造成的贸易逆差。从山西省内企业竞争的层面，斌记商行的垄断行为阻碍了其他民营五金行业的发展；从外国企业在华因不平等条约获得的优势地位的层面，斌记商行的垄断冲击了外国企业在山西对外贸易行业形成的壁垒，在一定意义上保护了山西的对外贸易。因此对斌记商行的研究既可以反映出1927—1949年间山西对外贸状况，同时也折射出山西近代化发展变化。

---

① 山西省地方志编纂委员会编：《山西通志》第31卷，中华书局1999年版，第132页。

第三章　斌记商行组织结构和人力资源管理探析

民国以降，中国现代工业企业是基于内在发展动力不足、主要依靠外来技术发展起来的。中国工业经济发展逐渐从企业数量和种类的增加逐渐转向以国家宏观政策和企业微观管理制度的变革上来。西方式的企业管理体制也由最初的拒绝接受过渡到后期极力模仿。企业管理制度现代化进程呈现出内部结构二元化、区域发展不平衡的特征。内地新兴的工业企业起步较晚，受现代企业管理体制的影响，呈现出传统与现代交织的二元性特征。

意大利学者费德里科指出："体制在长期中能够灵活地适应技术进步的变化。"① 机器大生产的引进，要求山西等内地企业管理制度发生相应的变化，从而适应新生产力所引起的社会变革。在传统企业向近代企业发展的过程中，沿海与内陆的城市在投资主体、公司制度、组织架构、人力资源配置等发展路径方面都呈现出了不同的特征。当沿海及通商口岸城市中民营或外资投资的企业已经完成了股份制的转型，并具备一定市场竞争能力时，内地企业还在依据《公司法》《特种股份有限公司条例》，以政府投资经营为主。然而山西作为内陆省份，企业的发展遵循着近代中国公司制度发展的潮流，但在大潮流中又独具特点，既不

---

① ［意］乔瓦尼·费德里科：《养活世界——农业经济史（1800—2000）》，何秀荣译，中国农业大学出版社2011年版，第182页。

像临海城市，以某一个家族为中心形成私人资本为主体的民营企业，也不同于其他内陆城市，在抗战前就基本完成了公司股份制改革，甚至在企业人力资源管理中的员工选拔方面都颇为不同。企业在人员聘用方面弱化多重亲缘的地缘关系，更加注重员工素质与岗位匹配的实际情况。通过制定薪酬激励机制，在保障员工的基本生活的基础上，刺激企业内部的合理竞争。现代企业管理模式的融入，促使内地企业治理机制的不断完善，使得企业利益从传统的家族利益最大化逐渐向企业自身利益最大化转移。

第一节　斌记商行产权主体与组织架构分析

生产的规模，企业内部组织及管理同样是中国近代化问题的重要组成部分。20世纪90年代，受中国经济发展和现代企业制度建设的影响，近代中国企业发展和内部组织结构方面的问题引起了学术界的广泛关注。目前的成果主要集中在，对晚清时期的官办、官督商办、官商合办企业关于"官利"制度的研究，以及清末民国时期股份制有限公司的起源及发展方面的研究。

张忠民认为，"自20世纪50年代以来，对洋务运动、洋务企业的研究以及史料的发掘比较有基础，对于20世纪20年代以后公司制度的变化，无论是研究基础还是史料的开掘和把握，都比较困难，从而研究也相对薄弱"[①]，而对于民国时期内地企业史的成果更是凤毛麟角。一直以来，山西民国企业史的研究主要集中在山西省地方政府维持本地经济发展的大企业——西北实业公司上，鲜有直接涉及山西省与外省间的贸易乃至进出口贸易问题的成果。而斌记商行作为山西一家从事贸易的企业，搭建起省内企业与省外、国外企业间贸易的桥梁，成为民国时期

---

① 张忠民：《近代中国公司制度研究的回顾与展望——有关文献介绍和评述》，中国企业史研究会主编：《中国企业史研究的成果与课题》，汲古书院2007年版，第47—57页。

山西经济发展与近代化进程中不可或缺的重要环节。

一 产权主体的变化

山西近代企业起步较晚，20世纪初私人资本通过购买官办企业实现了山西历史上第一家机器生产的近代工厂。阎锡山政府主政山西后，大力推行造产救国运动，通过把持银行，投资整合山西境内较大的企业，形成了以西北实业公司为龙头的垄断组织，成为当时山西经济增长的主要支柱。并成立山西省人民公营事业董事会，以"公营"的形式，直接管理各企业的发展，实现了政府对企业物权和债权的绝对控制。抗战期间，在其他内地省份企业开始推行股份制改革，"以股份制的形式将分散的私人资本和其他形式的资本集中起来",[1] 完成企业私有化和股权化时，作为主战场和沦陷区，山西企业大都停业或被日本占领军所控制。1945年后，在企业恢复生产和重新组建的过程中，股份制改造成为无法回避的首要问题。这一点可以从1927年成立[2]、1936年并入山西省人民公营事业董事会[3]、1946年筹备复业重组实行股份制[4]的斌记五金行——斌记商行——斌记股份有限公司这一名称上的变化看出端倪。然而，在长期省营并占据绝对垄断地位的前提下，山西股份制改造呈现出与其他内地企业不同的特征。

（一）省营官方投资经营模式的确立与发展

当沿海及开埠地区企业外资、民营、官营等多元投资经营模式相对

---

[1] 朱荫贵：《试论近代中国国家资本股份制企业的三种形式》，刘兰兮主编：《中国现代化过程中的企业发展》，福建人民出版社2006年版，第1—26页。

[2] 《山西省急需公用事业器材复原计划》，山西省档案馆馆藏，山西省人民公营事业董事会档案，档案号B30-1-468。

[3] 《斌记商行函送月计表经费表简章及职员花名册请查取》，山西省档案馆馆藏，山西省人民公营事业董事会档案，档案号B30-1-12。1936年山西省人民公营事业董事会成立，抗战时期董事会及所属单位相继撤离；1945年在太原恢复，1946年更名为山西全省民营事业董事会。

[4] 《山西全省民营事业的起源及现状》，山西省档案馆馆藏，山西省人民公营事业董事会档案，档案号B30-1-7。

成熟时，民国以降，内地大中企业的企业制度才开始了从官营向民营转变的历程。尽管与沿海企业从官督商办、官商合办到股份制改制的时间相比，对于经济欠发达的内地来说，这种转变并不具备充分的后发优势。而山西在这一变迁过程中显现出了更多的迟滞性特征。为了保证落后省份经济的有序、稳定发展，山西省政府采用类似计划经济的方法，通过"山西省十年造产计划"全面布局，把控经济命脉，促进经济发展，因此，"省营"成为民国时期山西近代大中企业兴办与建设的首选。

首先，通过明确产权主体，不断扩大经营种类，保障政府收益与投资建厂资金使用效率最大化。1907年以来，随着交通运输业的发展，太原商业也随之兴盛，一大批外省和外国商行、企业、洋行纷纷入驻山西，以钟楼街为中心，形成了繁华的商业贸易区，为山西发展对外贸易提供了便利条件。为保障经济建设的顺利进行，掌握对外贸易的主动权，20世纪20年代山西省政府经济委员会投资约60万元成立斌记五金行，在钟楼街47号安家落户，主要负责联系外国厂商，为山西各工厂建立购买进口设备、器材，[1]筹措五金类商品。

斌记商行成立之初，由于政府所筹启动资金不足，斌记的资金通过三种方式来解决：一是依靠总理贾继英的个人信誉做担保，通过向银号贷款支付所需款项，盈利后即刻归还，纯利则归五金行；二是采用期货期款办法，充当贸易掮客，用甲的款，替乙进货，从中抽取5%的手续费；三是垄断政府机器设备和各种物资的采购，抽取手续费。[2]

山西省政府提出"十年造产运动"后，斌记五金行几乎垄断了西北实业公司和同蒲铁路管理局等单位对五金、钢材、机械等设备。随着经营规模扩大，斌记五金行于1933年4月进行改组，更名为太原斌记商行。[3]

1935年，太原经营五金的商行共计12家，分别是日进五金行、三利电料行、利亿五金行、厚记五金行、协和五金行、晋明五金行、晋和

---

[1] 山西省地方志编纂委员会编：《山西通志》第28卷，中华书局1999年版，第69—70页。
[2] 刘存善等：《阎锡山的经济谋略与诀窍》，山西经济出版社1994年版，第42页。
[3] 山西省地方志编纂委员会编：《山西通志》第28卷，中华书局1999年版，第73页。

五金行、晋泰兴五金行、斌记商行、裕兴五金行、聚和五金行、丰明五金行。① 除斌记商行是政府投资经营外,其余 11 家均为私人经营。其中,日进五金行和协和五金行是两家资本相对雄厚的私营商行,前者经营进口大小五金、化工原料、汽车材料,② 后者则经营省内小五金、管道零件、工具、室内电料器材。③ 而斌记商行在政府的扶持下,已经由原来经营钢铁金属、各种工具、小五金、管道零件、机器设备及配件、建筑材料、各种灯具、收音机、自行车、油漆、染料以及搪瓷用品,逐步转向钢铁、煤炭、军火、机械等工业方面。④ 据《中国经济年鉴》记载,1936 年,斌记商行依据省内企业建设、发展的需求向多国洋行订购价值法币 380 万元的货物,并从中获得纯利 80 万元。⑤ 这些都是私营资本无法与官营资本匹敌的。

其次,保证省属企业资产产权的独立性。斌记商行作为山西省政府官营资本经营的 13 家商号中最大的一家,⑥ 是山西省政府利益和经济建设的重要组成部分。在高额利润的趋势下,绥靖公署在斌记五金行更名斌记商行制定新章程时,提出投资 100 万元⑦,意图改变产权主体,将斌记商行纳入中央政府控制之下。为避免斌记商行产权外落,1936 年 7 月山西省政府在阎锡山的主持下,组建山西省人民公营事业董事会,⑧ 遂发函要求改组更名后的斌记商行划归下设管理,所需资本由山西省人民公营事业董事会直接拨给,⑨ 以确保斌记商行产权归山

---

① 北平民社:《太原指南》,京城印书局,民国二十四年版,第 175 页。
② 天津市档案馆编:《天津市档案指南》,中国档案出版社 1996 年版,第 256 页。
③ 山西省地方志编纂委员会编:《山西通志》第 28 卷,中华书局 1999 年版,第 80 页。
④ 山西省地方志编纂委员会编:《山西通志》第 28 卷,中华书局 1999 年版,第 80 页。
⑤ 实业部中国经济年鉴编辑委员会编:《中国经济年鉴(1936)》,商务印书馆 1937 年版,第 141—143 页。
⑥ 山西省地方志编纂委员会编:《山西通志》第 1 卷,中华书局 1999 年版,第 350 页。
⑦ 《斌记商行函送月计表经费表简章及职员花名册请查取》,山西省档案馆馆藏,山西省人民公营事业董事会档案,档案号 B30-1-12。
⑧ 山西省地方志编纂委员会编:《山西通志》第 28 卷,中华书局 1999 年版,第 70 页。
⑨ 《关于送修正太原斌记商行章程抄同原章程请鉴核》,山西省档案馆馆藏,山西省人民公营事业董事会档案,档案号 B30-10-1。

西省政府独自所有。9月1日斌记商行正式并入山西省人民公营事业董事会①，规定商行每年"资本红利，半数拨交董事会保管之"②。

最后，从产业布局来看，山西省人民公营事业董事会下属各企业间形成供需产业链。1932年，西北实业公司筹建，涉及经营业务为矿产、化工、纺织、土特产等行业，对五金、机器设备及配件有极大需求。斌记商行归属山西省公营事业董事会，为省营建设各企业定购国外机器设备。1933年，西北实业公司正式成立，同蒲铁路同时也宣布正式开工，斌记商行的经营范围也随两大企业进一步扩大，举凡西北实业公司各厂所需设备、原料军需和防空器材；建设同蒲铁路所需的钢轨、枕木、车辆、器械等，由该行一手包揽，与外商签订购买合同。以1937年8月为例，西北实业公司炼钢厂与斌记商行签订的购物订单占全部订单的15%，涉及金额达法币24658.16元，约占全部订单金额的40%。③

1936年7月，山西省人民公营事业董事会成立，在保障山西省政府对西北实业公司、实物准备库、山西省银行、斌记商行等工厂、商行、银号、企业的绝对产权的前提下，在董事会内部或是山西省管辖下的企业间形成相互依存的供需产业链。政府将订单提供给自己投资经营的企业或商行承办，从而获取巨额利润的模式，是民国时期山西省政府推动经济发展的主要手段之一。支柱企业的建设从布局规划到建设运营过程中的每一个环节都由山西省政府掌控，实现了政府把持主要资源的配置权，与计划经济相类似，因此，我们将这一时期这类企业定义为省营企业。

（二）产权主体多元化时期的特征

事实上，山西的西北实业公司曾经作为一个省营公司的典范，在

---

① 山西省地方志编纂委员会编：《山西通志》第28卷，中华书局1999年版，第73页。
② 《关于送修正太原斌记商行章程抄同原章程请鉴核》，山西省档案馆藏，山西省人民公营事业董事会档案，档案号B30-10-1。
③ 《西北石油公司炼钢厂急需款项报告表》，山西省档案馆藏，西北实业公司档案，档案号B31-3-148。

20世纪30年代一度成为内地企业模仿的一个范本。云贵地区的企业参考西北实业公司的模式改造本省企业,抗战初期已经基本完成了省营、私营等多种产权主体形式的企业制度。① 国民政府于1940年颁布的《特种股份有限公司条例》就是以法律的形式承认了这些企业的省有(省资控股)和私有化的合法性。山西企业的股份制改造出现在抗战结束之后,斌记商行等山西企业在重组过程中,体现出了两个与其他内地企业股份制不同的特征。

首先,企业私有化改造的破灭,企业产权主体由政府资本向官营资本的转化。抗战结束后,在原斌记商行的基础上筹建斌记有限公司。山西全省民营事业董事会董事长张馥荄、原斌记商行经理阎志侅等8人于1947年1月"按照《公司法》第五章有限公司之规定"② 筹资5亿元,"由股东全部缴足"③,其中张馥荄出资8000万元,阎志侅等7人各出资6000万元,向山西省经济管理局提请成立完全由私人投资经营的股份制企业。④ 从最初提交的公司章程上看,公司设股东代表会,公司董事会为最高决策机构,各股东均有表决权,机构设置、员工报酬、预决算及盈余分配等均由董事会根据实际情况制定。如盈余分配上,股东分红利60%,执行业务股东及全体员工奖励金分20%,共计134194880元,预计股东红利占全年纯利的64%左右。因此,私有企业是斌记有限公司改造重组时的初衷,产权主体为各股东。

然而,尽管经历停业,斌记商行从没有摆脱省营企业的帽子,在斌记有限公司筹建者将提案呈送到直接对阎锡山负责⑤的山西省政府经济

---

① 莫子刚:《贵州企业公司研究(1939—1949)》,贵州人民出版社2005年版,第6—7页。
② 《函登该公司组织章程希达照由》,山西省档案馆馆藏,山西省人民公营事业董事会档案,档案号B30-1-1166。
③ 《关于呈送章程及营业概算书的函》,山西省档案馆馆藏,山西省人民公营事业董事会档案,档案号B30-10-11。
④ 《315次会议决议》,山西省档案馆馆藏,山西省人民公营事业董事会档案,档案号B30-10-11。张馥荄是山西全省民营事业董事会董事长,边延淦、张豫和、靳瑞萱、田玉霖、耿步蟾、张金是山西全省民营事业董事会董事。
⑤ 山西省档案馆编:《山西省档案馆指南》,中国档案出版社1996年版,第43页。

管理局时，立刻遭到否决，要求斌记有限公司冠以由原公营事业董事会改组形成的"山西全省民营事业董事会"的名称。① 于是，斌记有限公司筹建者转而向山西全省民营事业董事会提出复业重组申请。根据国民政府1940年3月21日发布的《特种股份有限公司条例》中，允许中央政府或是各省成立控股型的"企业公司"或省营"企业公司"一款，②斌记有限公司在原有个人投资基础上，增加山西全省民营事业董事会拨付资金一项。③ 组建理由为"购销各项工业、器材，发展本省工业建设，适应社会需要"④。尽管由于史料阙如，山西全省民营事业董事会具体投资金额及所占股份已无从考证，但斌记有限公司投资主体已较斌记商行时期有了显著变化，由原来的官方独资经营，转变成为官方控股，私人参股并经营的股份制有限公司，省营企业完成了向省有企业的转化。

值得注意的是，斌记有限公司产权结构中官营资本和政府资本相结合的特征十分明显。从八个投资人的身份上看，其中投资最多的张馥芙系山西全省民营事业董事会董事长；田玉霖、张金、边廷淦、耿步蟾、靳瑞萱、张豫和均为民营事业董事会董事⑤；阎志伋任民营事业董事会公库主任，⑥ 这是典型的官营资本投资的企业。无论是私营还是山西省政府控股，都无法改变这一特质。而一旦以这一模式实现企业私有化改造，在利益的驱使下，内部决策外部化的情况难以避免，资源配置不仅不能掌控在政府手中，同时还会对市场资源配置功能构成致命的影响。

---

① 《587决议》，山西省档案馆馆藏，山西省人民公营事业董事会档案，档案号 B30-1-1166。
② 魏淑君：《中国公司法史上的〈特种股份有限公司条例〉》，《理论学刊》2013年第6期。
③ 《函登该公司组织章程希达照由》，山西省档案馆馆藏，山西省人民公营事业董事会档案，档案号 B30-1-1166。
④ 《函登该公司组织章程希达照由》，山西省档案馆馆藏，山西省人民公营事业董事会档案，档案号 B30-1-1166。
⑤ 《山西文史资料》编辑部：《山西文史资料全编》第2卷，1999年。
⑥ 《斌记有限公司原有人员调查了解表》，山西省档案馆馆藏，晋绥边区第十、十一专署档案，档案号 A127-5-95。

因此，从这个意义上讲，政府以控股的方式介入斌记有限公司重组复业，明确了政府配置资源的职能，能够在一定程度上降低制度变迁带来的成本。

其次，从省营企业向省有企业的转化。在斌记有限公司筹建过程中，山西全省民营事业董事会督理委员会曾多次复函明确斌记有限公司董事会与山西全省民营事业董事会的区别，在斌记有限公司的组织章程中将斌记有限公司董事会称为"董事会"，而将民营事业董事会简称做"本会"。经理由公司董事会选拔、民营事业董事会聘任，其余副理、秘书、股长等均由经理推荐，报公司董事会聘任。① 山西全省民营事业董事会聘任阎志伋为经理，综理本公司及所属各部门一切事项，荐请公司秘书、股长等；同时，斌记有限公司的董事会委托其为执行业务股东，"对通常事务得单独执行"②。尽管这种投资并没有完全摆脱政府的影子，但是个人投资，稀释了政府对企业的绝对控制权，政府参与企业经营决策的程度日趋减弱，初步完成了资本与经营的分离。

由于山西在抗战时期是沦陷区，原公营事业董事会所属各企业大都停业或迁移，因此，1946—1947年间不仅斌记有限公司一家重组复业，其他工厂、企业也开始逐步恢复与重建。罹乱之后，山西省政府资金有限，私人资本对原省营企业的投入成为加快战后重建的重要资金来源。除斌记有限公司外，山西省营业公社总资产国币40万元，分为80股，由热心公益者担任之。③ 在这一前提下，政府组织经营已经不能适应资本运作的需求，山西省政府从原来的执行者转变成为幕后的操控者，原来单一的产权主体变为政府和个人共同投资，自然人负责经营，双方共同分割债务和获得收益的多元化结构，政府对企业的控制也从物权、债

---

① 《函登该公司组织章程希达照由》，山西省档案馆馆藏，山西省人民公营事业董事会档案，档案号B30-1-1166。

② 《315次会议决议》，山西省档案馆馆藏，山西省人民公营事业董事会档案，档案号B30-10-11。

③ 刘存善等：《阎锡山的经济谋略与诀窍》，山西经济出版社1994年版，第169页。山西省营业公社下属企业有太原面粉厂、晋裕银号、晋益当、裕源布庄、裕丰商行。

权逐渐转到股权上来。

1944年，国民政府提出："第一期经济建设，凡由全国性和独占性，以及人民力量不易举办的事业，如全国铁路、钢铁工业、大规模水电事业等，应归国营，此外一切经济事业均可归之民营。"① 摆出姿态欢迎民营资本参与轻工业等产业上进行投资经营。战后，国民政府收购日伪遗留的物资、产业，直接变成国营资产，壮大了国营企业的发展，而民营企业因战争原因，物资损失严重。在这种情况下，政府从维系国家财政支出、强化国有经济的现实需要出发，大力扶持国有经济，国营企业迅速膨胀、发展，挤压了恢复中的民营企业，致使国营企业和民营企业之争日趋白热化。②

在这样的前提下，任何新进入市场的民营企业都会面临更多的竞争风险。抛开斌记有限公司等官营资本的身份可能会导致的公器私用对政府收益和经济增长的影响，长期政府资源倾斜的扶植下形成的垄断企业一旦转变身份变成民营企业参与日趋扩大的市场竞争，面对外资企业和民营企业的双重挤压，原本的优势丧失殆尽，政府也面临失去省营公司垄断经营时期的高额利润。客观地看，战后山西省政府由政府投资经营转向控股，准许其他资本参与投资并主导经营的企业股份制改造模式，一定程度降低了因制度变迁可能会导致的原省有企业转型过程中可能出现高额成本。

二 企业组织架构的变化

企业组织构架的复杂程度应与企业规模呈正相关关系，业务部门和事务部门的设置应相互协调，事务部门应能够很好地配合业务部门开展经营活动，业务部门是企业盈利的支撑点，因此如何协调好事务部门和业务部门的关系，是企业组织架构合理与否的关键。随着产权主体、业

---

① 刘仲廉：《论国营工业让售民营问题》，《商业月报》第23卷第4号（1947年4月）。
② 张忠民：《艰难的变迁：近代中国公司制度研究》，上海社会科学院出版社2001年版，第219页。

务范围以及外部环境等的嬗变,斌记公司内部组织构架经历了从简单的直线制结构——复杂的职能制四边形结构——稳固的金字塔式的直线—职能型结构。

(一) 职能制架构的雏形

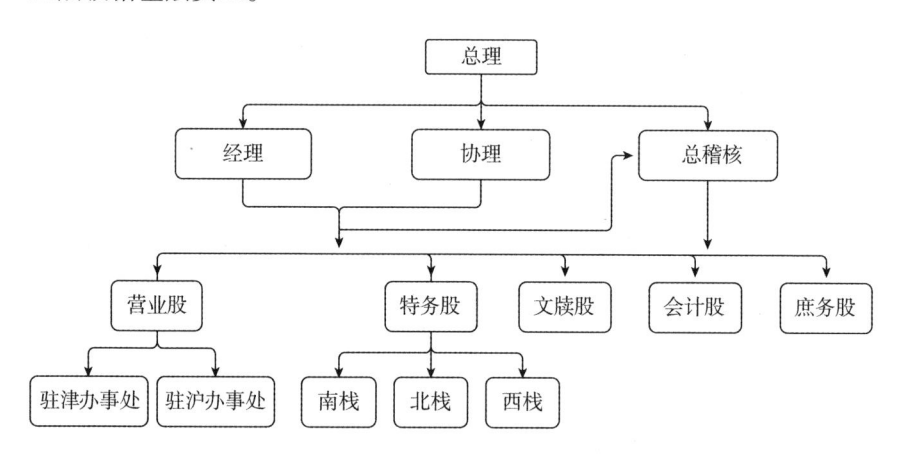

斌记五金行成立之初,管理机构呈三层五级直线型模式,三层即管理层主要有总理、协理、经理、总稽核;中间层有营业股、特务股、文牍股、会计股、庶务股;基层为南栈、北栈、西栈和驻津办事处、驻沪办事处。监察游离于三层之外,监察纠正全行事务。① 五级分为决策层级主要是总理;核心执行层级是经理、协理、总稽核;中间管理层级是营业股、特务股等的股长及副股长;骨干员工层级为各股股员;主要员工层级指基层员工。

图 3-1 斌记五金行时期管理层级②

斌记五金行实行总理领导下的经理负责制。总理通过协理掌控全行业务与事务,企业发展方向、利润分配等均由总理决策,并通过总

---

① 《关于送修正太原斌记商行章程抄同原章程请鉴核》,山西省档案馆馆藏,山西省人民公营事业董事会档案,档案号 B30-10-1。
② 《斌记商行职员名册》,山西省档案馆馆藏,山西省人民公营事业董事会档案,档案号 B30-1-12。

稽核（内部审计）监管企业各项开支。作为总理的贾继英实际只是负责拓展业务，① 真正对斌记五金行行使决策的具体执行者是经理阎志佽，负责处理企业经营和管理的各项工作，对外开拓市场、购销商品，扩大经营规模，对内处理往来函件、账目和企业办公所需各项用品等。

表 3-1　　　　　　　　1936 年斌记商行管理层名册②

职务	姓名	年龄	籍贯	履职年月
监察	徐一清	67 岁	五台	1933 年 4 月
总理	贾继英	62 岁	榆次	1933 年 1 月
协理	曲荣静	62 岁	五台	1933 年 1 月
经理	阎志佽	43 岁	五台	1933 年 1 月
总稽核	阎志孔	53 岁	五台	1933 年 1 月

斌记五金行共设五个股，营业股与特务股隶属企业业务部门。营业股下设驻津、沪办事处，主要经营为政府经济建设代购五金、机器设备等业务。在保证销路的前提下，营业股驻津办事处、驻沪办事处再与国内外商行接洽，将山西企业所需机械设备、五金件等转手交付，从中抽取佣金，因此营业股是斌记五金行利润收益的核心部门。1930 年起山西修筑同蒲铁路，机电设备需求陡然增加，其中很多设备需要从国外购买，斌记五金行作为省营企业负责代理与各洋行交易。各洋行须先向斌记五金行报价，然后在报价的基础上，斌记五金行增加利润提成。③

由于斌记五金行主要从事对内对外贸易业务，购置的机器设备、五金器件需要存放，因此，在太原小东门外设货栈，由特务股管理。除存放本行货物外，还对外经营存储业务，是斌记五金行又一收入来源。同时，栈的建立体现出斌记五金行供销一体化模式，在具备一定规模交易

---

① 雒春普：《阎锡山和他的幕僚们》，团结出版社 2013 年版，第 249 页。
② 《斌记商行职员名册》，山西省档案馆馆藏，山西省人民公营事业董事会档案，档案号 B30-1-12。
③ 《〈纵横〉精品丛书》编委会编：《民国政要百志》，中国文史出版社 2002 年版，第 138 页。

量的情况下,这一模式可以减少中间环节,不仅可以降低企业运营成本,节约中转、储藏费用,而且能够对外经营,增加企业收入,根据1936年斌记五金行归入山西省人民公营事业董事会前进行的损益计算表统计,堆栈费仅占总损耗的3%左右。① 虽然所占比重不大,但也存在一定风险。文牍股、会计股和庶务股是斌记五金行的事务部门,负责企业运营过程中往来文书函件、财务状况统计等。

归入山西省人民公营事业董事会更名为斌记商行后,从行政上明确了省营资产的上级管理部门,管理层总理、协理、经理、总稽核、监察均由山西省人民公营事业董事会聘任。总理负责综理处理全行一切事务,协理辅助总理,经理秉承总、协理执行事务,总稽核负责稽核和传达执行业务给各股长,监察职责不变。② 三层五级组织构架没有发生根本性变化,在对业务—事务层的部门名称进行了微调的同时增加了监察一职。

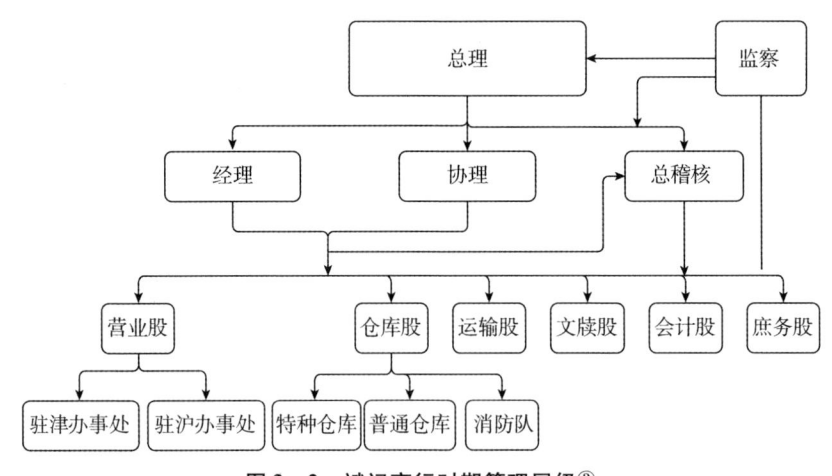

图3-2 斌记商行时期管理层级③

---

① 《斌记商行损益计算表》,山西省档案馆馆藏,山西省人民公营事业董事会档案,档案号B30-10-4。
② 《关于送修正太原斌记商行章程抄同原章程请鉴核》,山西省档案馆馆藏,山西省人民公营事业董事会档案,档案号B30-10-1。
③ 《斌记商行函送月计表经费表简章及职员花名册请查取》,山西省档案馆馆藏,山西省人民公营事业董事会档案,档案号B30-1-12。

第三章 斌记商行组织结构和人力资源管理探析

1936年斌记商行管理层分别由徐一清、贾继英、曲荣静、阎志俍和阎志孔共计五人担任。除总理贾继英外，其余四人均是阎锡山的族人。① 这种以血缘关系形成的管理层，并不意味着该企业是阎氏家族所把控的，事实上使用族人和本地人作为企业管理者和员工，是山西企业的一个传统。晋商票号为了规避道德风险便采取利用地缘和血缘关系构建无限责任公司两级委托代理关系信用制度的，这对于从明代开始兴起的山西商人来说，几乎是一个惯例。② 但对于具体负责经营管理的总理贾继英而言，这种决策层对其是一种无形的束缚和监督。当总理决策有利于官营资本时，经理与协理会协助总理完成；当总理决策不能反映官营资本利益时，四人组会通过行使各自的权利加以干涉或阻挠，从而保障了官营资本对斌记商行经营管理权和收益权。

监察一职由山西省人民公营事业董事会负责纠察机关委派，游离于斌记五金行三层五级的管理机构之外，负责纠正全行事务，③ 监察人员的选派极为严苛，首先对年龄、工作经验、任职期限都有要求，然后通过一定的考试选拔才能成为监察，④ 增加额外成本，聘用监察对企业进行监督，其目的并不是要干扰企业的正常经营，而是希望通过层层选拔出来的人真正担负起政府对省营企业内部经营管理和各层级职责、职能、资源、流程等的有效监管。徐一清是山西省人民公营事业董事会派驻斌记商行的第一任监察，他不仅与阎锡山有血缘关系，更重要的是有创办企业和经营管理方面丰富的经验。

业务—事务层在原来的基础上，将特务股的职能分解为运输股和仓库股。为了便于各种货物的储藏，仓库股还细化为特种仓库和普通仓库两种。斌记商行在山西省人民公营事业董事会的扶持下，业务扩张，由

---

① 徐一清是阎锡山的叔岳丈，曲荣静是其表兄，阎志俍、阎志孔是其族侄。
② 刘建生等：《晋商信用制度变迁研究》，山西经济出版社2008年版，第461—463页。
③ 《关于送修正太原斌记商行章程抄同原章程请鉴核》，山西省档案馆馆藏，山西省人民公营事业董事会档案，档案号B30-10-1。
④ 刘存善等：《阎锡山的经济谋略与诀窍》，山西经济出版社1994年版，第155—157页。

最初的仅涉及五金业延伸到工业事业所需原料及一切用品。① 公营事业会购买的特殊物品，需要特种仓库来保存，因此特设消防队以保证物品储藏安全。② 在保持供销一体模式的基础上，将仓储和运输分离出来，成立专门的管理机构和辅助机构。随着商行业务扩张，管理也愈加专业化。

（二）直线—职能制的初步形成

抗战结束，斌记商行以股份制有限公司的形式复业重组，虽依然保持三层五级模式，但内部的具体组成发生了变化。管理层由经理、协理、秘书组成；业务—事务层由营业股、会计股、业务股组成；基层依旧为驻津、沪办事处。

首先是"两极"与"两级"委托—代理关系的形成。从职业经理人的聘任上看，经理协理等须由包括山西全省民营事业董事会在内的斌记有限公司董事会聘任，其形式为公司董事会从各董事中选拔一名精通经营者作为股东代理负责具体经营事项。从监管的方式上看，复业后，由斌记有限公司董事会承担起对公司经营管理的监督责任，民营事业董事会不再以聘任专职人员的方式对斌记的日常经营管理进行监管，而是通过年终总决算的方式呈报。③ 这里提及的董事会并不是山西全省民营事业董事会，④ 是指由股东组成的董事会。二者虽然都名为董事会，但权责并不相同，斌记有限公司的人员任命不是由董事会负责，它仅负责审查斌记有限公司年终决算表册，包括营业报告书、资产负债表、财产目录、损益计算书、盈余分配表等，审查的最终结果需呈请本会。只有

---

① 《关于送修正太原斌记商行章程抄同原章程请鉴核》，山西省档案馆馆藏，山西省人民公营事业董事会档案，档案号 B30-10-1。

② 《关于送商行章程请察收的函》，山西省档案馆馆藏，山西省人民公营事业董事会档案，档案号 B30-10-1。

③ 《函登该公司组织章程希达照由》，山西省档案馆馆藏，山西省人民公营事业董事会档案，档案号 B30-1-1166。

④ 战前为山西省人民公营事业董事会，战后更名为山西全省民营事业董事会。为了区别董事会，山西全省民营事业董事会简称为"本会"。

涉及经营不善，亏损资本达到二分之一时，董事会才需呈报民营事业董事会核办。[①] 形成了民营事业董事会和公司董事会"两极"委托代理关系，公司董事会自行处理各项事务，但同时肩负着一定的责任，及时向民营事业董事会报告公司发展的情况，而民营事业董事会，在企业发展势头良好的情况下，只负责提供业务源，参与企业分红，而更多时候负责处理企业债务和经营不善等问题。

公司选拔的股东代理再选拔协理、秘书等公司高级管理人员，报民营事业董事会颁发聘书并备案。中层职员及基层员工由公司内部自行选拔。形成了"两级"委托代理关系。

其次，直线管理与经理辅助部门的设立。斌记有限公司的经营由管理层具体执行，"经理1人、副理2人由本会（本会即民营事业董事会）聘任之，承本会之命，综理本公司及所属各部门一切事项，协理协助经理处理一切事项"[②]。管理层人员数量减少，致使经、副理的职权也发生了变化。一是，经理和副理的负责管理业务的职权扩大，减少经营过程中上报审批的环节，使管理更加灵活、自由。二是，还具备了部分人事权，通过经理推荐的秘书及各股股长，可以直接报本会履行聘任手续。

尽管斌记从兴办到重组在产权、组织架构、经营项目等经历了三次较大变化，但上海、天津两地办事处始终是斌记主要的基层业务部门，是公司利润的主要来源。两个办事处在斌记有着较为超然的地位，相当于太原斌记在沪、津两地的分公司。1936年，赵检和王侃为两地办事处的负责人，[③] 斌记商行授权处理总行与沪、津本地商行和外国洋行之间的贸易往来。战后，继续维持两地办事处，并针对开展经营业务拓展

[①] 《函登该公司组织章程希达照由》，山西省档案馆馆藏，山西省人民公营事业董事会档案，档案号B30-1-1166。
[②] 《函登该公司组织章程希达照由》，山西省档案馆馆藏，山西省人民公营事业董事会档案，档案号B30-1-1166。
[③] 山西省地方志编纂委员会编：《山西通志》第26卷对外贸易志，中华书局1999年版，第70页。

分公司，但"各办事处组织章程另定之"①。天津分公司设有领导组，负责直接与总行沟通，以协助驻津办事处及时处理进口货物的相关事宜。总行与分公司之间，前者除向后者派出负责人外，并掌控分公司的财务状况外，对用人行为和经营管理都不干涉。②

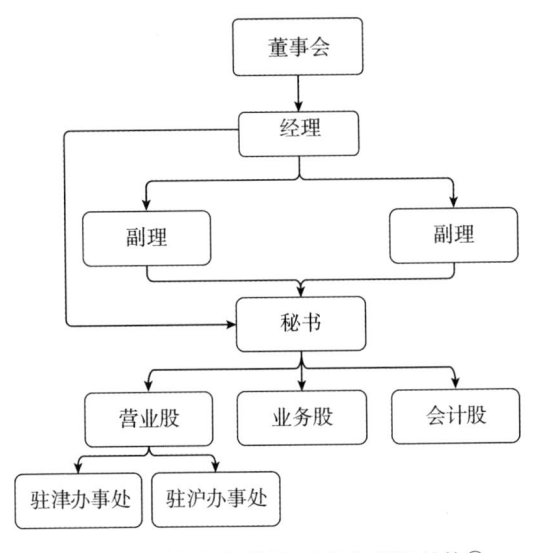

```
            董事会
              │
             经理
         ┌────┼────┐
        副理        副理
              │
             秘书
       ┌──────┼──────┐
      营业股  业务股  会计股
       │
   ┌───┴───┐
驻津办事处 驻沪办事处
```

图3-3　斌记有限公司1947年组织结构③

从横向结构来看，部门设置过多，会增加决策层因协调而产生的额外管理事务，分散在经营管理方面的精力，影响企业的经营业务，也会因资源分配等原因产生利益冲突和沟通障碍，造成整体企业管理失衡。但这种三层五级的结构无论是成立之初的斌记五金行，还是归入山西省人民公营事业董事会改组的斌记商行，抑或是战后重组的斌记有限公司，一直都沿用三层五级的结构。在广泛推行扁平化管理模式的情况下，斌记有限公司也尝试进行改革，弱化纵向的层级，其目的是权责分明，减

---

① 《函登该公司组织章程希达照由》，山西省档案馆馆藏，山西省人民公营事业董事会档案，档案号B30-1-1166。
② 《函送天津分公司呈交领导组物资三份由》，山西省档案馆馆藏，山西省人民公营事业董事会档案，档案号B30-1-518。
③ 《函登该公司组织章程希达照由》，山西省档案馆馆藏，山西省人民公营事业董事会档案，档案号B30-1-1166。

少因多头领导而产生的混乱管理。这一点从图3-3的组织结构中可以看出，重组后的斌记有限公司，精简组织架构，明确部门职责，形成简单、有效的组织结构，缩短了管理路径，提高了运营效率，节约了管理成本。

组织构架的效率有所提高。复业后，斌记有限公司的经营范围进一步扩大，从购销国内外五金电料、机械、交通器材，扩展到贩卖、代销国内化学原料、土产成品和国内外油类。业务层在原有的基础上，经过精简整合，由原来的六个股合并为三个股，负责物资采购及运销、仓库保管及统计、调查物价与报告、营业账簿登记的营业股；负责预决算编造、现金保管及出纳、账簿登记及审核、资产负债及营业盈亏成本计算的会计股；原来职能重叠的文书、庶务两股并编为总务股，负责公用物品之采购收发及保管、房屋修缮及营造、文件拟缮校对、文电收发及档案保管、典守印信及证件填发、人事考核与调动开补登记、关于车马、农具之保管及卫生、消防不属于其他各股一切事项。①

斌记有限公司的管理层级呈直线—职能型。从纵向结构讲，这种结构清楚明晰，实行从上到下垂直领导，下属部门只接受一个上级的指令。但由于管理层次多，导致信息在传递过程中比较缓慢，易增加了管理成本，也会影响决策的效能，从而降低企业的工作效率。例如：总理是决策层，而负责执行指令的基层员工，中间共间隔了三个层级，即便是骨干成员中间也隔了两个层级。这种跨多层级的组织结构，也会导致决策层发出指令时，由于缺乏对下情知较少，而造成指令与现实脱节，缺乏合理性，不仅增加了基层员工的工作难度，也在一定程度上打击了工作的积极性。同样因为决策权在一个人手里，会造成权力过于集中。据1949年解放军军管局接收后统计显示，接受调查的13名原斌记员工中，7名有贪污情节，② 其中包括经理阎志伋、业务科长卢宪武和负责

---

① 《函登该公司组织章程希达照由》，山西省档案馆藏，山西省人民公营事业董事会档案，档案号B30-1-1166。
② 《斌记有限公司原有人员调查了解表》，山西省档案馆藏，晋绥边区第十、十一专署，档案号A127-5-95。

账务管理的骨干员工。

第二节　斌记商行人力资源管理分析

美国历史学家费正清说："清末民初与其说是处于崩溃期，倒不如说是处于新的开创时期。"① 一方面，工商业种类增加，从事商品生产、运输、销售的工厂、企业数量激增，掀起了一轮近代中国经济工业化热潮；另一方面，国家层面上现代化的经济法规开始出现并进入逐步完善的进程。具体到工业企业内部，其管理方式也从单纯的传统模式向二元结构乃至现代模式转型。现代化发育较为迟缓的内地企业，二元管理模式特征突出，传统管理模式依旧占据十分重要的地位。

从清代中后期开始，山西商人传统经营方式中已粗具现代管理模式的雏形，包括股俸制、员工培训、选拔及激励机制等。但是，传统企业现代化的影子依然属于传统管理的范畴，没有完全脱离传统经营模式。从根本上说，传统企业管理模式的转变实际上是家族利润最大化向企业利润最大化的转型，② 即企业从无限责任到有限责任的转变。民国时期，沿海地区接受西方文明较早，大量外资企业的存在，在很大程度上摆脱了传统模式，现代化程度明显。反观民国时期内地企业现代企业管理方式对传统模式的挤压，为二元体制的转型提供了条件和发展空间。而人力资源管理作为企业经营活动最为活跃的因素之一，在这个过程中体现得尤为突出。

一　聘用原则

公司是企业的一种组织形态，资本投入和人员数量是衡量企业规模

---

① ［美］费正清、赖肖尔：《中国：传统与变革》，陈仲丹等译，江苏人民出版社1992年版，第403页。

② 郑宏泰、黄绍伦：《商城记：香港家族企业纵横谈》，中华书局2014年版，第134—138页。

的两大重要因素，其中人力资源是企业组织形态所涉及的所有资源中最不可能被复制的隐形资源。现代企业在国家能够为各经济体提供平等的、强有力的产权保护的前提下，强调员工素质与岗位的匹配，以员工可能为企业创造的经济效益为主要聘用原则，通过法律手段避免由于员工为保证个体利益最大化给企业造成损失。而传统企业在国家对其产权保护不完善的情况下，往往以投资方担负无限责任为基础，为避免出现劳资纠纷或员工侵害企业利益情况的发生，企业更注重对员工家世的了解，以防止企业利益受损。因此，传统企业员工多数与投资方有血缘或地缘关系。斌记商行作为一家由山西省公营事业董事会参与管理经营的股份制公司，所雇员工的质素、人员数量直接影响了企业的组织构架，能够反映了企业在市场中的竞争力。同时也在一定程度上有所突破，而在员工素质与岗位匹配方面，则体现出更多的现代型特征。

1942年，由地方财政投资5000万[①]，员工达百人[②]的"广西企业公司"是一家由地方政府投资建设，旨在开发资源发展地方经济的"省营"企业。战后重建的斌记商行员工数量与"广西企业公司"几乎持平，且投资资本达到了5亿元。[③] 由于受民国时期社会环境不安定影响，且两家企业地处不同地区，建立时间间隔三年，为了更清楚斌记商行战后重建的规模，以粮食价格指数为媒介，通过计算得出，[④] 1946年斌记商行所投资的5亿元相当于1942年的大约1733万元，较广西投资规模小，但考虑到太原曾作为日占区，且企业经济经营项目等问题，斌

---

① 《广西企业公司》，《实业之友》1943年第1卷第1期，广西企业公司成立于1940年9月。
② 《统计资料：广西企业公司董事会职别人数统计表（民国三十一年十月制）》，《广西企业季刊》1942年创刊号，第154页。
③ 《关于修改斌记商行呈请登记章程的签呈》，山西省档案馆馆藏，山西省人民公营事业董事会档案，档案号B30-10-11。
④ 山西省地方志编纂委员会编：《山西通志》第27卷，中华书局1999年版，第76页。以1946年和1942年的粮食价格指数107298与3718相比，得到以1942年为基期的粮食价格指数，再使用该年投资额500万除以1946年相对于1942年的粮食价格指数，得到1946年投资额的真实值。

记商行的投资规模仍然相当可观。

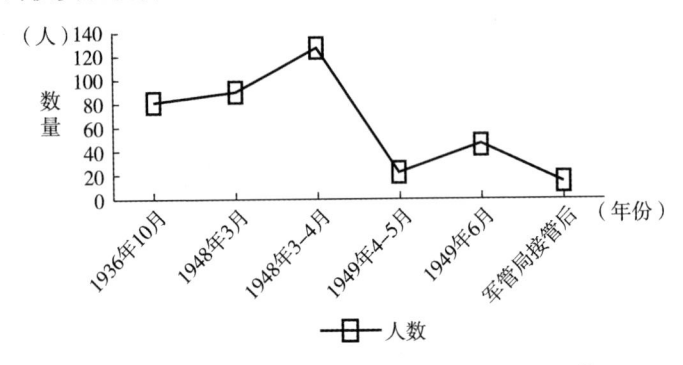

图 3-4　斌记商行 1936—1949 年员工数量变化①

除去投资资本，斌记商行在成立的近三十年中，员工数量也在山西省军管局接管之前呈增长趋势。1948 年，正值阎锡山政府在山西全境内开展"三自传训"活动，参与调查的员工相对完整，但现有记录中并没有显示出斌记商行经理阎志伋的相关信息。除此之外，通过 1948 年 3 月报送警宪指挥处名单和 1948 年 3—4 月自述书两次不同时间的参与统计人员的比对，可以发现仅一个月时间内，超过 40 人在两次比对中有不同。

斌记商行在业务扩展过程中，逐渐形成产、供、销一体化的对外贸易商行，因此除在太原市鼓楼街②建立总行办公地址外，还在太原小东门外③建有专门存放物品的仓库和生产砖块的工厂，两者之间距

---

① 根据统计以下资料得出：《斌记商行职员名册》，山西省档案馆馆藏，山西省人民公营事业董事会档案，档案号 B30-1-12；《斌记有限公司四月二十四至五月三十一日员工薪资报销表》，山西省档案管馆藏，晋绥边区第十、十一专署档案，档案号 A127-5-95；《原有人员调查了解表》，山西省档案管馆藏，晋绥边区第十、十一专署档案，档案号 A127-5-95；《斌记有限公司函送职员名册请备查由》，太原市档案馆馆藏，山西全省民营事业董事会档案，档案号 J6-1-151；《斌记商行员工自述书》，太原市档案馆馆藏，山西全省民营事业董事会档案，档案号 J6-1-240；《职员履历登记表》，山西省档案馆馆藏，晋绥边区第十、十一专署档案，档案号 A127-5-95。

② 《山西全省民营事业董事会所属各单位一览表》，山西省档案馆馆藏，山西省人民公营事业董事会档案，档案号 B30-1-7，鼓楼街指现今山西省太原市食品街。

③ 《本厅太原公库历史沿革》，山西省档案馆馆藏，山西省工业厅档案，档案号 C6-4-1578，小东门外指现今山西省太原东站一带。

离甚远,且交通与通信较为不便。此外,1948 年正处在山西经济环境波动相对较大时期,为了解决温饱问题,企业员工流动较大,尤其是工人群体。上述两种情况,从企业内部人力资源管理和外部环境影响共同造成了斌记商行在人员统计过程中传达不及时和不完整的情况。

投资多少和人员数量增减直观反映了企业规模的变化,而员工的选拔方式则体现出,传统企业与现代企业的差异。而人力资源管理像一只无形的手,通过合理、科学的管理方式,对人力资源进行有效管理,以实现企业的利益。① 显然,近代企业已经意识到人力资源管理在企业中的重要性。在满足"人岗匹配"原则下,以传统的血缘、地缘选拔员工方式的基础上,开始注重扩大招聘的范围。

(一) 以地缘为纽带

传统的家族企业中,以家族长为核心掌管经营权,通过血缘亲疏远近决定管理层及重要岗位,② 形成了"家即是企业,企业即是家"的模式。明清时期的徽商、闽商等最为典型,以家庭为基础,因血缘关系加入的族人的增多,逐渐形成了一个个独立姓氏的巨族企业,这种方式的家庭或是家族企业的经济活动并不是依据政府法令或是其他行政命令,而是单纯依靠血缘、宗族伦理道德,甚至是族规等非经济因素。山西商人则主要以地缘为纽带的方式进行人员的选拔。事实上,从血缘向地缘的转化,是家族收益最大化向企业收益最大化妥协的第一步。

随着西方股份制的传入,中国企业的经营方式逐渐发生了变化,受外部经济环境影响,民国时期以家族式经营的方式已经不能适应市场竞争需求。近代企业的快速扩张,不仅需要货币资本的投入,更多的是人

---

① [美] 路易斯·R. 戈梅斯-梅西亚等:《管理人力资源》(英文版),北京大学出版社 2002 年版,第 88 页。
② 梁颖:《关于中国国家的几个理论问题的探讨》,《史学理论研究》1993 年第 3 期。

力资源的扩张。传统的家族企业在货币资本补充上也许并不存在问题，但因家族成员供给速度受人口自然增长率以及人才出产概率较低的影响，已远远不能满足企业对人力资源的需求。随着传统企业的式微，西方引入的近代企业模式日渐兴起。民国时期，在国民政府制定的相关企业法律法规的指导下，山西近代企业的人力资源管理模式开始突破以地缘为主的方式，逐渐向非家族非同乡的优秀商人拓展。

内地官办企业的员工选拔最初也没有摆脱"血缘—地缘"的关系。以 1927 年在山西太原成立的斌记五金行为例，[①] 其组成方式与阎锡山本人有着密不可分的关系。组成斌记五金行最高管理层的五个人中，徐一清、曲荣静、阎志侃和阎志孔，均与阎锡山有亲缘关系，贾继英系阎锡山同乡。[②] 1936 年，由山西省人民公营事业董事会出资改组成立斌记商行，办公地址在太原钟楼街 47 号。[③]

表 3-2　　　　　　　　　　斌记商行籍贯统计[④]

籍贯		人数（人）
山西	五台籍	64
	非五台籍	71
河北	同村镇	0
	非同村镇	8
河南	同村镇	0
	非同村镇	4
安徽	同村镇	0
	非同村镇	1
无记录		1

---

① 《山西省急需公用事业器材复原计划》，山西省档案馆馆藏，山西省人民公营事业董事会档案，档案号 B30-1-468。
② 《斌记商行职员名册》，山西省档案馆馆藏，山西省人民公营事业董事会档案，档案号 B30-1-12；阎锡山、徐一清、曲荣静、阎志侃、阎志孔、贾继英均为五台县人。
③ 山西省地方志编纂委员会编：《山西通志》第 28 卷，中华书局 1999 年版，第 70 页。
④ 这份统计并不局限于具体某一年员工数量，由于战前战后人员流动较大，本文统计主要体现战后斌记商行曾就职过的员工籍贯情况。

从1948—1949年间,经统计斌记商行员工共计149人。① 山西籍员工占已知籍贯人数的91.2%。② 五台籍员工占山西籍员工47.4%,且员工彼此之间亲缘关系错综复杂。如经理阎志伋系阎锡山子侄,担任斌记商行经理一职,虽然深受阎锡山信任,但接任管理斌记商行之初,并不懂经营之道,斌记商行曾一度陷入困境。③

非五台籍山西员工遍布区域涉及22个县城65个村,占山西籍员工52.6%。地理位置上定襄、盂县和阳泉距离五台较近,三县到斌记商行工作的员工人数也比其他地区多,约占非五台籍员工人数的40%。非山西籍员工,河北籍8人,河南籍4人,安徽籍1人,占已知籍贯人数的8.8%。非山西籍员工主要从事专业技术较强的工作,河北籍员工韩问陶,精通会计等,任斌记商行中层管理者的位置,河南籍员工崔立勋、李林旦、郭庆保在斌记商行第一分库从事园艺方面的工作。尽管人数所占比例较小,但也能看出,斌记商行在人才选拔、任用上已经在小范围内突破了地缘、亲缘关系的束缚。

民国时期,山西经济以"输出本省土货"为主,将进出口贸易利润掌控在政府手中,④ 在这种情况下,作为主要从事贸易的斌记商行而言,员工的来源、结构并没有太多的变化。从亲缘、地缘与职位的关系上看,五台县是阎锡山的家乡,也是斌记商行员工来源最集中的地区,因此我们以五台为中心考察员工籍贯所在地与所担任职务的关系。

表3-3的数据说明,以五台县为中心,距离越远的县市的员工与担任中、高层管理者呈倒三角关系,与担任基层员工、工人岗位的呈正三角关系。员工籍贯在距离五台县50公里之内的,具体在斌记商行担

---

① 《斌记商行员工自述书》,太原市档案馆馆藏,山西全省民营事业董事会档案,档案号J6-1-240;《斌记公司职员名册》,太原市档案馆馆藏,山西全省民营事业董事会档案,档案号J6-1-151;《职员履历登记表》,山西省档案馆馆藏,晋绥边区第十、十一专署档案,档案号A127-5-95。
② 统计过程中一人无籍贯记录,实际计算人数为148人。
③ 中国人民政治协商会议全国委员会文史和学习委员会编:《文史资料选辑合订本第17卷》,中国文史出版社2011年版,第221页。
④ 山西省史志研究院编:《山西通志》第28卷,中华书局1999年版,第72页。

任的职务,从管理层级的经理到纯体力劳动的工人都有;50—150公里之间除经理职务外也都有涉及150公里以外的有科长、职员、工人三项,且29人中,担任工人的约占65.5%;由于村名的变更,有35人籍贯位置无法确定,涉及职务为职员、工人和杂役。地缘关系与职位高低呈正相关关系。

表3-3　　以五台为中心员工籍贯所在地与所任职位关系①

距离范围（公里）	担任职位	人数（人）	小计（人）	百分比（％）
50以内	经理	1	54	1.8
	科长	6		11.1
	职员	15		27.8
	工人	32		59.3
50—100	科长	1	19	5.3
	职员	2		10.5
	工人	16		84.2
100—150	科长	1	12	8.3
	职员	8		66.7
	工人	3		25
150—200	工人	7	7	100
200—250	职员	4	10	40
	工人	6		60
250—300	职员	1	2	50
	工人	1		50
300以外	科长	1	10	10
	职员	4		40
	工人	5		50

尽管地缘与职位有必然联系,但血缘关系逐渐弱化。以五台县人徐

---

① 《斌记商行员工自述书》,太原市档案馆馆藏,山西省人民公营事业董事会档案,档案号J6-1-240;《斌记公司职员名册》,太原市档案馆馆藏,山西省人民公营事业董事会档案,档案号J6-1-151;《职员履历登记表》,山西省档案馆馆藏,晋绥边区第十、十一专署档案,档案号A127-5-95;因村落名称和地理位置的变化,有35人无法确定。

培厚为例，经表叔阎志伋介绍，成为斌记商行第一分库的库员，从事看管仓库工作，并不担任斌记商行管理层职务。① 通过地缘和血缘的关系在企业寻找工作的并不在少数，但并不是所有人的任职情况都依据地缘和血缘关系，他们中很多人也仅仅是通过这种关系寻找一份可以谋生的工作。不因距离近而保证所有的员工有特殊的优待，相反也不会因距离远而失去管理层的职位。

民国时期因传统企业管理模式及环境不稳定等因素的影响，内地企业更趋近雇佣同乡同宗同源的人，高层管理人员没有摆脱地缘关系，但是中层管理人员已不再完全受地缘关系的影响，企业的人员结构开始发生一定的变化。制度约束逐渐开始部分取代地缘约束，意味着企业内部劳工信用管理有了从传统"身家清白"式的熟人担保制向现代"社会约束"制转型的苗头。

（二）员工素质与岗位匹配

美国学者弗雷德里克·莱希赫尔德曾提道："对企业而言，最宝贵的资产是经营丰富的雇员。"② 人力资本通过企业中每一个所聘用的员工拥有的知识和技能来体现，作为一种隐性的知识，更多的时候是通过个人受教育的程度以及对所从事工作具有的经验等表现出来。

1912年，国民政府教育部颁布《学校系统令》，后经补充称为"壬子学制"，包括初等教育、中等教育和高等教育三个阶段，其中初等教育分为初小教育4年，高小3年；中等教育设中学校4年；高等教育设立大学6—7年。1922年，国民政府教育部采用美式，制定了"六三三学制"，将中等教育延长为6年两个阶段，高等教育缩短为4—6年。③

---

① 《职员履历登记表》，山西省档案馆馆藏，晋绥边区第十、十一专署档案，档案号A127-5-95。

② [美] 弗雷德里克·莱希赫尔德：《忠诚的价值增长、利润与持久价值背后的力量》，常玉田译，华夏出版社2001年版，第4页。

③ 中国第二历史档案馆编：《中华民国史档案资料汇编》第3辑教育，江苏古籍出版社1991年版，第102—106页。

国民政府颁发此项法令的目的就是"充实人民生活,扶持社会生存,发展国民生计"①。在这样的环境和背景下,斌记商行的员工受教育程度有了一定改善,在1948年前后,斌记商行员工的文盲率占有教育程度记录的4.6%,并且均为工人。

表3-4　　1948年前后斌记商行员工受教育程度统计表②　　单位:人

教育程度	人数	岗位级别
高等教育	5	科长、职员
中等教育	18	科长、职员、工人
初等教育	60	经理、科长、职员、工人
文盲	4	工人
无记录	62	职员、工人

山西政府不仅遵照国民政府《学部咨行各省强迫教育章程》提出的义务教育阶段的"强迫教育"③,还为了解决就业问题,分别建设农、工、商三个方面的专门学校提供中高等教育。④

总体上看,斌记商行的岗位设置与受教育程度呈正相关关系,受教育程度越高在处于斌记商行管理层的人数越多,未受过教育者在企业中主要从事杂役等体力劳动。受高等教育的为5人,占员工总数的5.7%,均占据了科长等中层以上的管理岗位。受中等教育的为18人,占员工总数的20.7%,主要是科长、职员等中等以下的岗位。接受中、高等教育的人中,非五台籍员工有15人。受初等教育的有60人,占员工总数的69%,⑤ 主要分布在科长、职员和工人等岗位。高级管理人员

---

① 《中华民国教育宗旨及其实施方针》,《陕西教育周刊》1929年第78期。
② 《斌记商行员工自述书》,太原市档案馆馆藏,山西全省民营事业董事会档案,档案号J6-1-240;《斌记公司职员名册》,太原市档案馆馆藏,山西全省民营事业董事会档案,档案号J6-1-151;《职员履历登记表》,山西省档案馆馆藏,晋绥边区第十、十一专署档案,档案号A127-5-95。
③ 李赐平:《我国近现代教育立法的探索与实践》,中国社会科学出版社2013年版,第62页。
④ 陈希周:《山西调查记(上卷)》,南京共和书局1923年版,第4页。
⑤ 因无法确定无记录人员具体受教育程度,为减少误差,在统计过程中,员工总数默认为87人。

当中也有仅受过初等教育的特例，如斌记商行经理阎志伋因与阎锡山之间有亲缘关系，成为斌记商行的最高管理者。

整体上受教育程度高低呈金字塔状分布，受教育程度越高，人数越少，岗位级别也越高，主要承担部门领导和专项技术的岗位。员工的职业技能与岗位设置也基本匹配。以对专业要求较高的会计为例，河北人韩问陶，自到斌记商行工作就担任会计股股长一职，他不仅擅长会计，还精通审计及相关法律知识，其所担当的岗位与其丰富的专业知识和技能有着密切关系。[①]

在接受高等教育的23人中，非五台籍有15人，且分属斌记商行会计、营业股等部门的管理者和职员。这个时期的受教育程度在一定意义上决定了是从事体力劳动还是脑力劳动。虽然政府推行"强迫教育"，仍有4.6%的人没有读书识字的机会。

斌记商行工作地点分散的特征给企业管理带来不便，为保障企业利益，斌记商行在人员聘用方面更多遵循传统地缘与血缘的熟人信用原则，在一定范围内聘用外乡人，实现专业技术与岗位的匹配。民国时期，多重亲缘的地缘关系的人才选拔任用制度是内地企业人力资源管理结构的重要特征之一，这种制度随着企业的发展逐渐弱化，受教育程度与职位的匹配成为企业人力资源管理的一个新决定因素。

二 薪酬管理

激励机制是指通过宣传教育、提高工资水平和结构调整等特定方法，实现员工对企业与工作承诺最大化的过程，主要包括精神激励、薪酬激励、荣誉激励和工作激励四个方面。现代企业管理理论认为，"薪酬是企业中人力资源配置的有效杠杆"[②]。在传统企业向股份制企业转变的过程中，薪酬机制作为激励机制中重要组成之一，也呈现出早期现

[①] 《斌记商行员工自述书》，太原市档案馆馆藏，山西全省民营事业董事会档案，档案号 J6－1－240。

[②] 金延平：《薪酬管理（第2版）》，东北财经大学出版社2013年版，第217页。

代化的部分特征。

  1927年，薪酬普遍以分配制为主的情况下，晋裕汾酒公司董事会以"薪酬三三制"即"红利""红包""月薪"提出了粗具现代化的激励机制。①1937年，上海《大公报》所属公司按《公司法》完成了由合伙制向股份有限制企业的转变，设立工资、福利金、临时奖金等多层次的薪酬机制，甚至还推行员工股权激励机制。②抗战过程中，为了保障战备物资生产的需要，直接导致国营和省营企业在兵工业与重工业的延伸与扩张。许多企业积极响应政府号召，将盈亏计算确立为企业管理的一部分，并以此相互展开竞争，通过薪酬的方式促使了国营和省营企业形成激励机制。③

  事实上，企业从事生产经营活动的最终目的是获取最大利益。与传统股俸制身股数量超过银股数量时可能造成的投资方利益受损、企业面临破产危机不同，薪酬激励是在保证公司公积金积累和股东分红后，将剩余的按一定的级差等级作为薪酬分发给雇员。其目的在于保障员工基本生活、学习和日常开销，合理的薪资结构能够增强企业的凝聚力，提高工作效率，实现企业利润最大化的目标。斌记商行在对其利润分配时，写明"股东红利，按出资多寡比例分配百分之六十；执行业务股东及全体员役奖励金百分之二十；特别公积金百分之十；员役福利准备金占百分之十"④。整体看来，属于员工的劳动所得是有限的，在有限的基础上，为了使作为企业核心资源的人可以充分发挥作用，带有激励性质的薪酬等级制度应运而生。

（一）级差激励机制

  薪酬激励机制是企业对雇员付出的回报，同时在一定程度上，薪酬

---

  ① 马夏民：《寻访乡贤》，山西人民出版社2013年版，第268页。
  ② 张辉锋：《传媒经济学：理论、历史与实务》，人民日报出版社2012年版，第71—72页。
  ③ ［美］卞历南著/译：《制度变迁的逻辑：中国现代国营企业制度之形成》，浙江大学出版社2011年版，第213页。
  ④ 《9315次会议决议》，山西省档案馆藏，山西省人民公营事业董事会档案，档案号B30-10-11。

第三章 斌记商行组织结构和人力资源管理探析

的多少代表着雇员在企业的价值、能力和发展前景。明清时期，山西票号的激励机制以股权级差机制即顶身股为主，薪金制为辅建立了雇员的薪资制度。通过对雇员的年资、对商号贡献等方面的考察，制定顶1厘至1分2厘不同等级的身股。掌柜（经理）是顶身股最高者，一般为8厘至1分2厘；协理、襄理为5厘至8厘；普通店员和初顶者为2厘至3厘。[①]

民国时期，顶身股制的股权级差机制已不再适应现代企业的发展，薪酬制度取代了顶身股制，成为企业激励机制的主要内容。山西全省民营事业董事会制定的《山西全省民营事业董事会及所属各产业机构职员暂行给与表》（简称《给与表》）是一种典型的分层分类分模块的薪酬级差激励体系。企业依据此表对雇员分层分类，通过对薪酬等级间的差距，对不同类别的雇员所担任职位的价值有所体现。薪酬等级多，级差较大，避免了不同工不同酬，有利于激励雇员勤奋劳动。同时，不同的薪酬，也体现着雇员在企业中的地位和权利，脑力劳动与体力劳动通过薪酬等级区分明显。

分类的影响体现在雇员所担任的岗位，为了区别经理、科长、职员、工人的薪酬，高级雇员、中级雇员和低级雇员之间的薪酬差别会比较大。图3-5可知，斌记商行的薪酬等级大致分为三个模块。高层管理人员属于第一模块，包含薪酬1—5等级，经理阎志伋薪资隶属第4等级。该等级所属模块薪金等级变化不大，除参与企业日常工作领取员工薪酬外，还因私人投资分享企业红利。[②] 中、基层管理人员属于第二模块中，不分享红利，但拥有一定的副食津贴，[③] 普通职员和工人属于第三模块。第二、第三模块分别在各自内部形成三个层次，每层涉及2—3个等级，每个等级间薪资不同，因此各层级间形成一定薪酬的差

---

① 刘建生、刘鹏生：《晋商研究》，山西省人民出版社2005年版，第399页。1分=10厘。
② 私人投资斌记商行5亿元，阎志伋个人投资6千万元。
③ 《山西全省民营事业董事会及所属各产业机关职员给与表》，山西省档案馆馆藏，山西省人民公营事业董事会档案，档案号B30-1-308。

额，企业由此形成薪酬级差激励机制。

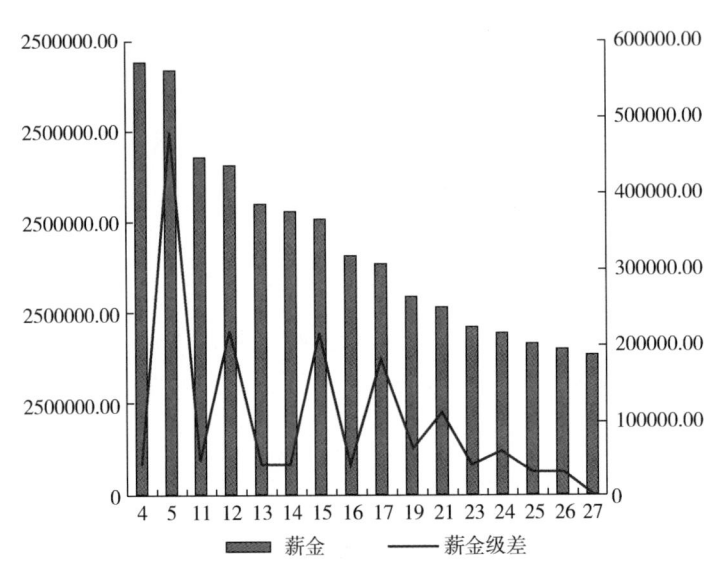

图 3-5　1947 年斌记商行雇员年薪与薪资级差（单位：元）①

从各模块层级结构上看，并不是每次提高员工等级，薪酬就会有巨大的增幅。但这种差异通过雇员每月实领薪酬直接体现。通过直观的比较，对初入职或入职时薪酬等级较低的雇员形成刺激。具有管理能力、技术能力和单纯从事体力劳动的不同工种的雇员在属于各自的模块中竞争与岗位相匹配的薪酬。通过薪酬等级的方式，一方面体现着雇员对企业的重要程度，一方面促进雇员对工作的积极性和对企业的归属感。从理论上讲，这种稳定上升的薪资增幅空间，对企业而言，不仅满足了内部的合理竞争，同时避免人才的流失，降低企业因人员大量流动产生的消耗，有助于企业稳定发展。

然而，由此可以看出这种薪资激励机制也并非完善。自 1933 年至 1949 年间，除经理阎志伋外，山西五台籍职员郭春成始终出现在现存斌记商行现有各类人员登记中，且随着时间的推移，从最初的普通职员

---

① 《山西全省民营事业董事会及所属各产业机关职员给与表》，山西省档案馆馆藏，山西省人民公营事业董事会档案，档案号 B30-1-308。

晋升至总务科长一职。① 郭春成作为斌记商行的元老级员工，薪酬也随着职务的变化水涨船高，但其薪资待遇始终是在第二模块内部发生变化。并没有因其长久工作于该企业，或因对所从事工作的熟练程度，或因与经理同乡，或因其受教育程度等，在薪资等级上从第二模块跨越进入第一模块。

从整体来看，三个模块涉及三个大的等级。试图从第三模块向第二模块或者从第二模块向第一模块的等级跨越几乎是不可能的。影响因素不仅仅涉及了地域、熟练的技术和受教育程度等方面，更多的可能来自内地企业制度及管理思想的制约。从郭春成的例子上看，这种约束并没有磨灭员工在所属模块内部等级晋升的渴望造成较大的影响，即便是职位处于企业底层的雇员，没有升迁到中、高等级雇员行列的机会，也希望获得所属模块内的最高等级的薪资。

抗日战争结束后，中国经济受到不同程度的破坏，短时期内这种激励机制有助于吸引人才，对企业发展起到一定程度的积极作用，但长久发展，这种无法跨越的薪酬等级将成为企业后续发展的隐患。薪酬管理在这个时期并不单纯是企业人力资源管理的一种制度，更主要是试图通过这种制度协调企业与雇员之间的关系，从而实现企业利润最大化。

（二）保障薪酬购买力

降低人员流动、流失的风险方式，就是通过建立一定的薪酬激励机制以保障员工的生存问题。不同明清时期的山西晋商票号的雇员是通过技术入股的方式分得红利。随着股份制企业的兴盛，红利主要由企业的

---

① 通过对以下资料：《斌记商行职员名册》，山西省档案馆藏，山西省人民公营事业董事会，档案号 B30-1-12；《斌记商行民国25年份职员津贴清册》，山西省档案馆藏，山西省人民公营事业董事会，档案号 B30-1-13；《斌记有限公司函送职员名册请备查由》，太原市档案馆馆藏，山西全省民营事业董事会，档案号 J6-1-151；《斌记商行员工自述书》，太原市档案馆馆藏，山西全省民营事业董事会档案，档案号 J6-1-240；《职员履历登记表》，山西省档案馆馆藏，晋绥边区第十、十一专署，档案号 A127-5-95；《斌记有限公司原有人员调查了解表》，山西省档案馆馆藏，晋绥边区第十、十一专署，档案号 A127-5-95 等资料统计得出。

投资商获得，非股东企业雇员的薪酬收入主要通过基本工资、津贴、奖金、福利等方式获得。民国初建立的斌记五金行，自1936年1月至1936年12月，每月的经营费报告表细目显示，平均每人每月津贴大约136元。① 上海颐中烟草公司体恤员工生活艰辛，自1939年起，规定每月除薪资外发放相应津贴。②

抗战结束后，山西企业的薪酬机制由山西省政府统一制定。受战争影响，山西省无暇生产，粮食来源大减。所用日用品，因陆路交通阻断，仅靠空运运输，数量有限。商号投机倒把，囤积居奇，市场物价飞涨，供需矛盾加大。③ 在这种情况下，将文官、武官以及工人的工资进行了等级区分，此项制度适用于山西境内所有的省属机构，包括各类省营企业。④

山西省政府设计的薪酬制度，包含两个方面的内容，不同等级薪资和不分等级的副食费补贴。1946年，经协商，国共双方开放山东9处，河北8处，山西6处，江苏1处，共计29033吨小麦以缓解粮食供应紧张状况。⑤ 从1949年，斌记商行发放工资记录可知，斌记商行实发小米2948.48斤，白面90斤。⑥ 通过配发粮食非现金形式作为对企业员工的一种福利待遇，在物价飞涨，物资、粮食奇缺的情况下，减轻雇工部分生活负担。体现出省有企业在资源配置上的优势，为企业在经济不景气时渡过难关提供物质保障。

斌记商行为了配合政府制定的薪酬计划，重新制定雇员编制提交山

---

① 《斌记商行经营费报告表》，山西省档案馆馆藏，山西省人民公营事业董事会，档案号B30-1-353。
② 《上海颐中烟草公司发给工人临时津贴》，《国际劳工通讯》1939年第6卷第6期。
③ 阎元锁主编，景占魁、刘欣（卷）主编：《山西财政史·近现代卷》，山西人民出版社2005年版，第437页。
④ 《山西全省民营事业董事会及所属各产业机关职员给与表》，山西省档案馆馆藏，山西省人民公营事业董事会档案，档案号B30-1-308。
⑤ 汪朝光：《1945~1949：国共政争与中国命运》，社会科学文献出版社2010年版，第236页。
⑥ 《斌记有限公司四月二十四日至五月三十一日员工薪资报销表》，山西省档案馆馆藏，晋绥边区第十、十一专署，档案号A127-5-95。

第三章　斌记商行组织结构和人力资源管理探析

西全省民营事业董事会审核，最终决定计划雇佣 65 人分布 17 个等级。①

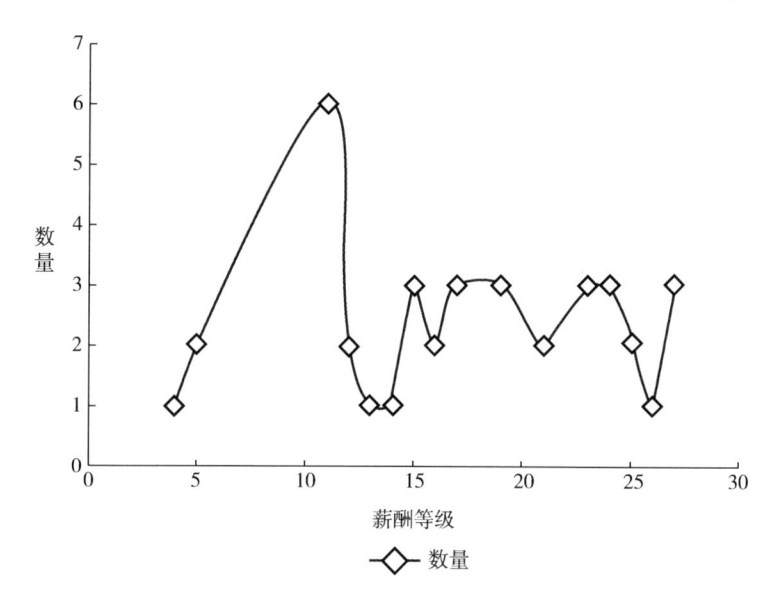

图 3-6　斌记商行最终提交编制人员等级分布图

从雇员人数在薪酬等级的分布图看，高级管理层经理、副理 3 人集中在第 4、5 级；中层科长级的部门管理者和技术人员集中在第 11、12 级；基层雇员分布在第 11—19 级；兵、夫、杂、役等体力劳动者分布在第 20—27 级。

企业内部的岗位或技术水平形成了不同的薪酬等级，这种等级化的薪酬结构，直接显示了雇员的相对价值及与其对等的实付薪酬之间的关系。抗战结束后，国民政府为了恢复和维持经济发展，国营、省营及地方性经营的企业占较大比重，企业薪酬分配占国民生产总值很大一部分比例，过高或过低的薪酬制度都不利于市场经济的发展。山西全省民营事业董事会试图通过调整薪酬制度，保障雇员的正常生活水平，从而降低企业薪酬分配对市场的冲击。

---

① 《函送斌记公司编制表请核》，山西省档案馆馆藏，山西省人民公营事业董事会档案，档案号 B30-1-209。

第三节　小结

　　事实上，清代以票号为代表的山西企业中已经出现了内生的现代管理制度的雏形，由于公司治理结构上的根本不同，即投资人所承担责任与所享有收益的关系不同，导致了企业内部信用制度存在本质差异。传统企业家族式的无限责任制，有效制约企业员工卷款私逃等信用风险的出现，在国家对私人产权保护相对缺失的情况下，用人制度上倾向于"跑了和尚跑不了庙"式简单信用关系；而现代企业则更强调国家强制性制度因素可以在更大范围内对人有较为充分的约束，能够在更广阔的区域选择适于企业发展到的人才。民国时期相继颁布了《公司法》《特种股份有限公司条例》等旨在完善了企业的治理机制的法律法规，名义上从立法的角度明确了国家对企业产权的保护，使企业在员工聘用方面具备了在更大范围内较为公平选拔人才的可能。但是，由于受到时局动荡等因素的影响，内地企业更倾向于传统的依靠个体信用关系，即血缘、地缘的方法来维系企业与员工之间的关系，导致了内地企业在人力资源管理中体现出更多的传统色彩。

　　斌记五金行和斌记商行时期，公司性质为省政府全权负责的无限公司，省政府及后来的山西省公营事业董事会掌控下属公司物权、债权，承担全部债务，公司产权明晰，所有权、使用权、处置权、收益权等权益全部归政府所有。斌记有限公司的成立，打破了这一格局，脱胎于公营事业董事会的民营事业董事会。通过投资政策的倾斜等方式，加入下属企业的董事会中，实现对其的控股，参与公司决策。政府放弃对物权和使用权的绝对控制，将所有权、收益权部分让渡给私人，通过"财产损失超过二分之一时"，[1] 须上报民营事业董事会的办法，与私人资

---

[1]《函登该公司组织章程希达照由》，山西省档案馆馆藏，山西省人民公营事业董事会档案，档案号B30-1-1166。

本共同承担风险。使斌记商行等企业逐步实现了从政府对企业的无限责任向有限责任的转化。在山西企业形式嬗变过程中，得到部分产权的投资者不是普通的民间资本所有者，而是政府官员和公职人员。官营资本融入了近代山西企业制度的变迁中，致使代山西并没有像其他省份一样完成企业的"民营"化转变，"省有"企业加入官营资本成分成为民国山西企业制度近代化转型的主要特征之一。

斌记商行自1936年并入山西省人民公营事业董事会后，企业的性质发生改变，完成了从省营向省有的转化，其企业组织架构却经历了从简单—复杂—简单的过程，且无论任何时期的结构类型都没有完全摆脱政府对企业的监管。尽管这种特殊的股份制意味着民国山西企业制度近代化转型仅仅迈出了缓慢的一小步，但也正因为这种具有浓重官方色彩的企业组织架构，在长期政府经济垄断的背景下，起到了降低企业内部因与政府权力配置交叉所引起的政府对资源配置的有效性和公平性，从而达到了减少制度变迁过程中可能出现的交易成本的作用，使以斌记商行等山西官营、官有近代企业始终在资源配置中占据合法和有利的地位。

现代企业管理模式逐渐渗透到过程中，形成传统与现代交织的二元性特性，这一点同样体现在企业管理最活跃的因素"人"的管理上。斌记商行人才选拔的地缘为主兼顾其他的企业人才选拔制度原则，很好地诠释了这一点。体现出企业对国家所提供的产权保护能力的疑虑以及传统企业制度对其影响，也是投资者在应对技术变革时所面临的个体利益最大化和企业利益最大化的选择。因此，斌记商行人员聘用体系在地缘、血缘基础上加入了外地人、外省人和岗位与受教育程度匹配原则，又体现出了有限的现代性特征。

从薪酬制度上看，部分内地企业从传统的无限责任制转变为有限责任，一定范围内消除了顶身股对员工的过度激励，取而代之的是薪酬激励机制。[①] 与沿海地区相对成熟的工资、福利、奖金等多层次激励约束

[①] 刘建生、刘鹏生：《晋商研究》，山西省人民出版社2005年版，第412—413页。

机制相比，① 内地企业在抗战前大多采取"薪酬三三制"，即红利、红包和月薪的薪酬制度。事实上，传统企业激励机制依然大量存在，1920—1946年间北京万庆成五金行仍沿用银股入股制。② 直到1946年后股份制改革，许多内地企业才与沿海地区的薪酬接轨。

民国山西工业企业的激励机制也从山西传统的股俸等级制向薪酬级差方式转化，并在通胀的特殊条件下，通过改变薪酬支付方式，实物与货币搭配保障员工工资薪金的购买力。虽然与现代企业激励机制中提高福利在薪资中比重减少员工所得税的目标不同，但这种方式在效果上都达到了在公司不增加员工薪资投入的前提下，提高员工实际收益的目的。

由此可知，民国时期中国本土企业管理体制对技术进步的适应性，并不是按照西方轨迹完成的，而是在继承传统管理模式的基础上现代管理体制诸因素不断融入的过程，对现代化程度较低的内地而言，企业管理的现代化更多体现为西方现代企业管理的各要素对传统企业管理模式的修正。

---

① 林毅夫等：《中国经济改革与发展》，联经出版事业公司2000年版，序论。
② 卢忠民：《近代北京商业店铺中的人力股制度》，《中国经济史研究》2008年第3期。

第四章 斌记商行经营和财务管理探析

中国自古的经济形态就是依靠手工制作的自给自足的自然经济和半自然经济。鸦片战争之后，外国的工商业品开始登陆中国的各个开埠口岸，源源不断地运到中国。外国货物大量进入中国市场，对国货甚至是企业产生了巨大的冲击。国货如何与洋货竞争，中国企业如何在外国洋行的包围中生存和发展。这成为民国时期整个中国所有企业经营的重心。

对于一个具有垄断性经营山西地区五金、机械等进出口贸易的企业，要使整个机构在市场竞争中高效、有序地运行，除对其组织机构和人力资源的管理外，还需要一套可行的经营管理方式，以保证其在市场竞争中获利。事实上，最初建立的斌记商行在山西地区的五金行业市场中经营并没有遵循市场竞争规则，而是避开市场竞争，在政府扶持下，直接与同属政府的省营机构进行贸易往来。从一定程度上来说，这种扶持发展具有一定的局限性。因此，斌记商行在依托政府的同时，需要通过对市场信息、情报和数据的收集，使之对企业的发展起引导作用。除不断完善企业组织机构和人力资源管理模式外，扩张经营范围、建立属于自己的营销策略，真正成为山西省政府操控下具有垄断性质的商业企业。

第一节 斌记商行经营管理

民国时期，山西近代工业进入了快速发展时期，尤其在 1917 年 9

月3日阎锡山正式担任山西省省长一职后①，为了解决财政问题，恢复山西经济，打破外国政府支持的外国资本和民营资本的围困，山西省政府不仅设立山西省银行，同时开办各类工厂、企业，斌记五金行就是在这种情况下应运而生。斌作为一家省营企业，斌记商行的出现对原有的五金行业市场产生了一定的冲击，但这种冲击并不是从建立之初就有的。即便获得了以阎锡山为首的山西省政府的支持，最初的斌记商行在阎志伋的经营管理下，曾经一度陷入困境。直到贾继英继任后，凭借个人能力和政府扶持双重作用下，才逐渐摆脱经营不善的状况，使企业步入正轨，从而获得经济效益。随着斌记商行体制的改革，单纯地依靠政府干预扶持已经不能完全满足斌记商行的发展。市场信息的搜集和判断成为斌记商行持续经营的重要依据之一。因此对斌记商行的企业经营提出了新的要求，即一方面需要通过上海、天津等办事处扩大企业经营范围；另一方面通过制定满足市场需求的营销策略和销售网络体系完善企业的经营。

一　主营业务

民国初年，山西省政府在太原等地筹建工厂、矿厂和铁路，需要采购大量机械设备。大批量洋行看到了商业契机，纷纷在太原建立办事处，为了维护自身利益，由山西经济委员会出资开设了斌记五金行。自成立起，斌记五金行被授权代表兵工厂、炼钢厂等厂家与外商签立合同，订购外国机械设备。经营初期，斌记五金行主营业务是供应各种原料、设备，兼做日用百货的进口转销，而主营业务的对象主要是政府企业。

随着"十年造产计划"，更名后的斌记商行规模扩大，主营业务再度扩大。西北实业公司旗下各厂矿所需要的设备、原料、军需；同蒲铁路所需要的铁轨、枕木、车辆和机械；风陵渡棉花打包机厂所需要的打包机、动力设备、建筑钢材等，几乎均由斌记商行与外国洋行签订合同

---

① 刘建生、刘鹏生：《山西近代经济史（1840—1949）》，山西经济出版社1995年版，第419页。

采买。①

1936年斌记商行根据阎锡山的指令，划归山西省人民公营事业董事会领导。根据同年太原斌记商行营业报告书："自1933年4月1日由前斌记五金行改组成立，以供给公家需用材料为大宗，因本行立场关系，如遇公家所需材料，本行存有现货者既能供应，以济急用。惟各洋行及五金行在省林立，公家购料系比较价格，采购其最低者。本行在津沪驻有办事处，可得省外之低价，不受本省其他商报价之把持，是故彼等竞争激烈，利益不免较微耳。"②斌记商行在政府的干预下，推销山西全省出产及山西省人民公营事业董事会改造的物品；供给山西省人民公营事业董事会所需要的原料及用品和采购销售五金材料；商行的经营范围从钢铁、矿产、军火、机械到生活日用品。③不仅掌控了各行业的产品购销途径，还通过驻津沪办事处掌握了最新的产品报价，几乎垄断了山西进出口贸易。

作为一家政府干预和扶持的省营企业，抗战的爆发阻碍了斌记商行的进一步发展，到七七事变时，斌记商行与外国洋行尚有一批未了合同。④

随着战后山西全省民营事业董事会的恢复，斌记商行也在民营事业董事会和私人双重投资下重组为斌记有限公司，并制定了新的公司章程，负责购销国内外所产五金料；购销国内外所产建设、修理、制造各项机械工具及材料；购销国内外交通通讯器材；输出国产皮毛、油类及其他原料品；运销本省各工厂土产成品；购销国内外所产油脂。⑤ 在战前主营业务的基础上增加了化工、交通、建设方面的业务，不只负责将国内外的技术设备引入，同时承担本地土特产的销售。大同阳高盛产"京杏"，

---

① 山西省政协《晋商史料全览》编辑委员会，晋中市政协《晋商史料全览·晋中卷》编辑委员会编：《晋商史料全览·晋中卷》，山西人民出版社2006年版，第362页。
② 孔祥毅主编：《民国山西金融史料》，中国金融出版社2013年版，第379页。
③ 《关于送修正太原斌记商行章程抄同原章程请鉴核》，山西省档案馆馆藏，山西省人民公营事业董事会，档案号B30-10-1。
④ 孔祥毅主编：《民国山西金融史料》，中国金融出版社2013年版，第382页。
⑤ 《9315次会议决议》，山西省档案馆馆藏，山西省人民公营事业董事会，档案号B30-10-11。

1946年4月,斌记商行从山西大同收回三批物资,其中包括食品杏干。①

表4-1　　　　1927—1949年斌记商行经营业务类别变化

业务 年份 类别	1927—1932年②	1933—1936年③	1946—1949年④
	五金类	五金类	五金类
	工具类	电料类	工具类
		机械类	机械类
		本省改造品	电器用品
		工业原料	水道瓦斯用品
			胶皮类
			油脂类
			药品类
			化学品类
			日用百货品

从表4-1可以看出,斌记商行主营业务从最初的单一经营五金工具类逐渐扩展到机械类、电器用品、水道瓦斯用品、胶皮类、油脂类、药品类、化学品类、日用百货品等,据不完全统计经营商品种类从最初的223种增加到2056种。⑤

---

① 《函请准予早日出脱杏干由》,山西省档案馆馆藏,山西省人民公营事业董事会,档案号B30-10-52。

② 刘存善、刘大明、刘晓光:《阎锡山的经济谋略与诀窍》,山西经济出版社1994年版,第175页。

③ 根据《民国26年斌记商行退出太原移交三十五军城防司令部货物明细表》,山西省档案馆馆藏,山西省人民公营事业董事会,档案号B30-3-286;《关于送修正太原斌记商行章程抄同原章程请鉴核》,山西省档案馆馆藏,山西省人民公营事业董事会,档案号B30-10-1统计可知。

④ 根据《斌记有限公司接管物资统计表》,山西省档案馆馆藏,晋绥边区第十、十一专署档案,档案号A127-5-99;《斌记有限公司接管财务估价明细表》,山西省档案馆馆藏,晋绥边区第十、十一专署档案,档案号A127-5-102统计可知。

⑤ 根据《民国26年斌记商行退出太原移交三十五军城防司令部货物明细表》,山西省档案馆馆藏,山西省人民公营事业董事会,档案号B30-3-286;《斌记有限公司接管物资统计表》,山西省档案馆馆藏,晋绥边区第十、十一专署档案,档案号A127-5-99;《斌记有限公司接管财务估价明细表》,山西省档案馆馆藏,晋绥边区第十、十一专署档案,档案号A127-5-102统计可知。

重组后的斌记商行为适应时代谋求出路，并不是简单地将主营业务在供销的范围上进行扩张，建立产权属于斌记商行的制造砖瓦的生产部门①，从而拓展为产—供—销一体经营的企业，使生产与购销并重，斌记商行的经营业务也从单一经营扩展为多样化经营，扩大了市场经营范围，降低了单一经营过程中的投资风险，避免因某一种商品市场变化而影响收益，充分利用了市场的潜在销售能力。

二 营销策略

营销策略指企业在竞争中，随着内部条件和外部环境的变化而变化，不同的企业根据自身的状况提出不同的经营策略。真正有助于企业发展的营销策略并不是通过短期的欺诈行为，而是更多依赖于在商业贸易往来中的有效的营销策略。斌记商行本身并不是一个单纯的商家，它作为一家贸易公司，其最终目的是通过资源配置追求利润最大化。从一家供、销经营的贸易企业逐步发展成为产、供、销一体化经营的贸易企业的过程中，更好地吸引客户和发挥自身优势，需要通过多种营销策略，介绍、宣传企业的经营范围和业务，在实际的经营业务过程中，斌记商行在政府的大力扶持之外，主要通过广告宣传、建立销售渠道和自营仓储运输三个方面对企业进行推广。

（一）刊登广告宣传业务

政治经济学认为商品流通体现了商品的二重性，即商品的价值和使用价值。市场营销负责将商品的价值和使用价值在市场流通中通过一定的方式呈现给消费者。这种方式不是强买强卖，而是一种技巧，通过对企业产品的研究，以广而告之的方式进入销售市场。民国时期，常见的广而告之的方式有：无线电广播、报纸、杂志、宣传单等，通过这些方

---

① 《斌记公司37年度业务计划》，山西省档案馆馆藏，山西省人民公营事业董事会，档案号 B30 - 1 - 518。

式将产品、营销业务和服务推销出去,是帮助企业经营的重要手段之一。

虽然19世纪中叶,科技革命又一次发生了质的飞跃,但是山西地处中国内陆城市,受外部环境因素的影响,太原在民国初电力发展还在初级阶段①,无线电广播并不是企业宣传的主流媒体,更多的企业趋向于受众较多的报纸、杂志和宣传单。斌记商行也不例外,通过在杂志刊登广告宣传商行经营的产品种类和相应的业务。

太原斌记商行廣告

逕啟者本行爲發展實業供給社會需要起見所有太原壬申製造廠暨育才煉鋼機器廠出品均由本行獨家經理如麥粉機紡織機切麵機吸水機以及各種工具農具汽車零件等項並可設計製造機器修配零件貨高價廉媲美舶來近又製造罐頭食品如梨桃蘋菓葡萄各種水菓菜蔬肉類清潔衛生堪稱可口佳品此外更由世界各大名廠採辦鋼鐵銅錫鉛鋁等項原料火酒硝硫鹽酸電話鋼鐵鉛絲等項貨品及各種機器工具附屬零件凡一切五金電料與家庭用品無不應有盡有種類繁夥貨色精良其他營業項目尙多不克備載價格克己手續簡便以符爲社會服務之目的如蒙賜顧無任歡迎謹啟

图4-1 斌记商行刊登在《太原指南》的广告②

第一则广告斌记商行刊登在《太原指南》上,具体内容为:

---

① 山西省地方志编纂委员会编:《山西通志》第26卷,中华书局1999年版,第80页。
② 山西民社:《太原指南》,北平民社,1935年5月1日,此广告图片位于第24—25页间。

第四章 斌记商行经营和财务管理探析

  迳启者，本行为发展实业，供给社会需要起见，所有太原壬申制造厂暨育才炼钢机器厂出品，均由本行独家经理，如麦粉机、纺织机、切面机、吸水机，以及各种工具、农具、汽车零件等项，并可设计制图，承造机器修配零件。货高价廉，媲美舶来。

  近又制造罐头食品，如梨、桃、苹果、葡萄，各种水果、蔬菜、肉类，清洁卫生，堪称可口佳品。

  此外，更由世界各大名厂采办钢铁、铜、锡、铅、铝等项；原料、火酒、硝硫、盐酸、电话、钢铁、铅丝等项。货品及各种机器、工具、附属零件，凡一切五金电料与家庭用品，无不应有尽有，种类繁多，货色精良，其他营业项目尚多，不克备载、价格克己、手续简便以符为社会服务之目的。

  如蒙赐顾，无任欢迎。谨启。

这则广告内容大体分为三部分：

第一部分介绍了斌记商行负责独家代理出售太原壬申制造厂暨育才炼钢机器厂出品的工、农业机器、设备和零配件，同时提供针对实际需要重新设计图纸的服务，并承诺商品质量比肩国外同类产品。斌记商行享有销售育才炼钢机器厂生产商品的专营权。采用独家代理的方式，斌记商行不仅不承担经营风险，还可以从中赚取佣金。

第二部分体现斌记商行涉足食品加工业行业，并不是简单地贩卖成品罐头，而是制造罐头食品。按照公司章程所述，这个时期的斌记商行并未设有生产部门。但又"制造罐头食品"，且制造的食品品种包含种类较多，涉及各类水果、蔬菜和肉类。民国时期，受技术和原材料的限制，炼制水果和牛乳罐头较为艰难，战前国内的罐头食品主要以舶来品为主。[①] 此条广告刊登的时间在5月，并不是各种瓜果蔬菜丰收的季节，斌记并不具备罐头加工技术，刊登如此内容的广告，大致可知斌记

---

① 蔡玉麟：《琐记杂忆》，莆田晚报印刷厂2002年版，第86—87页。

商行可能受到具有罐头加工企业的委托代购原材料或者作为罐头加工企业的投资者斌记商行清楚了解罐头市场的销售行情，提前为购买原材料广而告之。

第三部分就是介绍斌记商行的传统经营业务，具备代购世界各国各类品牌五金、电料、机械、化工原料和机器零部件的能力。经营业务覆盖面广，经营项目种类和品牌多，且价格公道与办理购销手续方便、简洁等都成为斌记商行在传统经营业务上的优点。

图 4-2　斌记商行刊登在《西北电影》上的广告①

第二则广告斌记商行刊登在《西北电影》上，具体内容为：

> 迳启者，本行为促进建设、辅助实业起见，特由中外各大名厂采办五金、电汽、化学等项材料，以供建筑、开矿及各种工业上、家庭间之应用。对于社会上之需要，因时代与季节之不同，随时加以严密注意搜罗供给，尤以近来建设事业所需机料，不分门别类，应有尽有。
>
> 刻下广播、无线电风行一时，传播消息，灌输文化，实为最低

---

① 《西北电影》，西北电影公司，1935 年 12 月 15 日创刊号，封底。

第四章　斌记商行经营和财务管理探析

廉之利器，本行特备各种收音机及一切配件，并可代修装配，藉资提供。

至本省西北各厂所出农工、器具、纺织、面粉机器、洋灰等项，均可经理销售，如遇大宗交易，订立合同交款提货，更所欢迎，此启。

这则广告也大体分为三个部分：

第一部分总体概述了斌记商行具体经营的项目，并一再提出此时的斌记商行的经营的项目主要是为了"促进建设、辅助实业"。在广告一开始就提及这样的内容，主要目的是彰显斌记商行的资质，直接展现出同时期的其他五金行所无法比拟的实力。

第二部分具体介绍了斌记商行负责代销收音机，并提供售后服务，通过售后服务提高企业的信誉，从营销理念上将销售这个环节更加完善，已粗具现代市场营销理念。同时从这则广告中可知，斌记商行在代售收音机的同时，在寻找包销商。包销商和代理商最大的区别在于包销商在销售过程中通过经营风险获得商品利润，而代理商不用承担经营风险也通过代理的方式较为轻松地赚取佣金。根据《山西通志》记录，太原在民国初期电力并不发达，广告中也介绍说明收音机是时尚商品，从广告内容的表面上看，斌记商行是在推销时尚商品，实际是试图将这种成本较高的商品的经营风险转嫁给包销商。通过广告宣传达到自己的营销目的。

第三部分介绍斌记商行代理西北实业公司所辖的所有厂矿的产品，涉及第一、二产业。比较第一部分的内容，相同之处是再一次彰显斌记商行的经营实力，不同之处是第一部分内容主要是斌记商行为省营企业代购所需五金、机械设备，而第三部分是斌记商行代销省营企业生产出的产品。

两则广告刊登的时间分别为 1935 年 5 月和 1935 年 12 月，正值斌记五金行第一次改组，准备正式归入山西省人民公营事业董事会，并依据阎锡山"各厂矿购料必须经由采运处或斌记商行"的指令,①此时的斌记商行得到来自政府大力支持,在这种情况下,斌记商行依然遵守市场营销规则,主动通过广告宣传的方式推销企业,亦属营销上策。

从广告的形式上看,斌记商行刊登的两条广告,并没有幽默的语言描述,也没有过度精美的排版,更没有在广告中附带斌记商行的商标品牌。只是使用了白话文对斌记商行经营范围、商品种类和营销优势做了介绍。某种意义上说,斌记商行刊登的广告从体例、框架和内容上已具现代广告体例的雏形。

从广告内容可以看出,斌记商行在政府指定负责购买和销售一定固定货物时,试图通过广告这个窗口介绍斌记商行经营的物品种类,通过自我推销的方式在市场中寻求新的贸易空间。第二次科技革命推动了生产技术从机械化向电气化的转变,斌记商行紧跟市场环境变化,积极开拓除传统五金行业外的食品加工业和时尚业,并试图从经营传统第一、二产业逐步跨到第三产业。

斌记商行通过代理、代销、代购等营销方式从事商品的零售、批发,既满足了普通大众的日用品消费,同时又开拓专门的高消费人群,体现了企业在对市场分析后的细化处理以及全面化营销策略。对斌记的广告形态的分析,不仅了解斌记商行的营销策略,更是透视出战前内陆省份山西在工业、农业、生产加工业甚至是服务业的发展程度。

(二) 建立销售网络体系

产品从生产者向消费者转移的过程中,拥有产品所有权的生产者通常并不与终点的消费者直接进行商品交换,两者之间需要通过一定的协助进行商品所有权的转移,负责协作转移的一般是具有不同功能和具有不同名称的商业中间机构。生产者仅仅是负责了商品的初始形式,必须

---

① 中国人民政治协商会议天津市委员会文史资料委员会编:《天津文史资料选辑》第4辑,天津人民出版社2001年版,第104页。

第四章 斌记商行经营和财务管理探析

经过销售职能，将商品从生产领域流通过市场流通，最终传递给目标市场，才能转化为消费品。这种将生产与消费连接在一起的就是销售渠道。从某种意义上讲，通过建立由代购、代销等直接或间接经营的销售网络体系是企业在开拓和发展市场中重要的决策之一。

民国时期，山西省人民公营事业董事会旗下负责生产的企业33家。① 这些企业生产出的商品和生产所需要的原料，很多时候并不是将产品直接出售给最终用户或者在原产地进口原料设备，而是通过生产者和最终用户之间可以执行不同功能和具备一定资质的商业中间机构来完成。斌记商行作为中间商，一方面，根据山西省厂矿需求选择合适的生产商，负责商品的代购；另一方面，代销本土产品在省内外。这两种销售方式使斌记商行作为一家对外贸易商行将生产者、产品和消费者联系起来。既负责为客户寻找合适的原料来源，又负责为客户寻找合适的销售对象。不通过对商品的生产、加工，只通过买与卖的方式，通过交易抽取佣金。

斌记商行接受晋源矿业公司委托，代售其公司库存各种材料，包括铁器、臭油、火碱、油漆等，② 并从中抽取手续费20%，共计现洋1960.218元。③ 山西省人民公营事业董事会计划在风陵渡筹建棉花打包机厂时，所需要的棉花打包机器和动力装置并不是直接由山西省人民公营事业董事会或者是风陵渡棉花打包机厂筹备处购买。④ 实际上，是通过斌记商行在沪、津两地的办事处与外国洋行进行洽谈。斌记商行作为中间商对举荐的禅臣洋行的产品进行报价，并明确提出商品报价中包含

---

① 彭士弘：《西北实业公司一年来之工作》，《西北实业月刊》1947年第1卷第6期。
② 《关于报送贷款物资表并请转令斌记公司嗣后代售物资估价应协同本公司办理的函》，山西省档案馆馆藏，山西关于斌记公司代售晋源矿业公司物资共折现洋的函省人民公营事业董事会，档案号B30-3-369。
③ 《关于斌记公司代售晋源矿业公司物资共折现洋的函》，山西省档案馆馆藏，山西关于斌记公司代售晋源矿业公司物资共折现洋的函省人民公营事业董事会，档案号B30-3-369。
④ 《山西人民公营事业董事会与德商新民洋行的合同》，山西省档案馆馆藏，山西省人民公营事业董事会，档案号B30-5-113。

85镑佣金。① 由于斌记商行推荐的禅臣洋行报价高过新民洋行，在山西省人民公营事业董事会斟酌后，选择和新民洋行合作。在正式签订购买合约前，依然由斌记商行作为中间商负责协调担保人、银行等相关事宜。②

除了负责代购和代销外，斌记商行逐渐将销售模式完整化。除了作为政府省营企业与外国洋行的中间商外，有时不直接与外国洋行签订合同，但有时直接接受委托全权代理，从接受委托函、寻找合适的经销商、签订代购合同一直到产品交付使用，斌记商行完成了整个营销手续。1937年斌记商行接受同蒲铁路委托，从禅臣洋行购买所需的机车、高边车、碳车等大型铁路配套设施。③ 从德国 Sophic Rickmcss 装货起运，斌记商行负责协调山西省人民公营事业董事会支付30%，价值英金2349镑5先令5便士的货款。④ 受战争影响，货物到沪后不能及时卸货，斌记商行作为代理商从中调和，负责将货物从上海转运香港后在广州卸货。⑤ 货物成功到达太原后，由斌记商行负责雇用专业人士进行验收。⑥

从上述可知，斌记商行通过贸易获利的方式主要是通过代购或代销从中抽取佣金。美国市场营销专家菲利普·科特勒说过："市场营销最重要的部分不是销售，销售只是营销职能过程中的一个环节。"⑦ 真正

---

① 《关于水管锅炉就应采用何种锅炉向何家订购请核示的呈文》，山西省档案馆馆藏，山西省人民公营事业董事会，档案号 B30-5-113。

② 《函送担保订购水力压棉机设备全部价款百分之八十计英金三千二百镑担保书请查收转致由》，山西省档案馆馆藏，山西省人民公营事业董事会，档案号 B30-5-113；《关于担保交付棉花打包机定款八百镑履行合同事的函》，山西省档案馆馆藏，山西省人民公营事业董事会，档案号 B30-5-113。

③ 《关于事会向斌记商行购妥德国机车、高边车、碳车等种类数量的函》，山西省档案馆馆藏，山西省人民公营事业董事会，档案号 B30-2-141。

④ 《关于合同三七零号车皮起运请付二批款的公函》，山西省档案馆馆藏，山西省人民公营事业董事会，档案号 B30-2-141。

⑤ 《关于运到香港机车一台因不能卸岸已改卸马尼拉又机车五台车皮二十五辆行将到港如不能卸时即行运卸广州等情的公函》，山西省档案馆馆藏，山西省人民公营事业董事会，档案号 B30-2-137。

⑥ 《关于斌记送规范书查收既托请山伯尔工程师赴厂验收的函》，山西省档案馆馆藏，山西省人民公营事业董事会，档案号 B30-1-660。

⑦ [美] 菲利普·科特勒、加里·阿姆斯特朗：《营销学原理》，陈正男译，上海译文出版社1983年版，第6页。

的销售策略是建立多样化完整的销售渠道，通过对生产者和消费者的了解，清楚定位市场，在代购或者代销的过程中，完整销售渠道，包括前期对市场的调查和后期对产品的售后。

战前，斌记商行仅仅是一家外贸企业，不从事任何生产环节，所涉及的业务中没有直接参与商品生产的过程，只是在山西省人民公营事业董事会的扶持下，承担经销商和运输者两个角色。作为经销商，斌记商行不仅负责代理购买山西省人民公营事业董事会下设其他企业所需商品，同时负责代销各省营企业所生产的工业、农业和生活用品。很多时候这种代购或是代销的行为并不完全属于斌记商行独立的经营活动，而是由于斌记商行是一家省营企业，更多的商业机会源自政府的直接指定。

战后，根据山西省急需公用事业器材复原计划书可知，斌记商行计划在复业后，扩大经营业务范围，实际上斌记有限公司在正式重组后，从新章程中可以看出，此次不止经营类别扩大，甚至公司的经营方式也发生了改变，由从事批发、零售、代理增加了生产制造的环节。拥有斌记商行砖窑厂后，[①] 斌记商行成为产、供、销一体化市场营销的企业。斌记商行的角色也由单一的中间商转变为身兼生产商和销售商的双重身份。

（三）建设自营仓储运输体系

运输管理就是负责将商品从生产者手中转移到消费者手中运送过程的管理。而从生产者手中起运时包括了对运输方式的选择、运输路线、运输费以及货物的存储用四个方面的考量。明清时期，无论是陆路运输还是水路运输主要依靠的是以人力和畜力为主要动力的运输方式。[②] 到了民国时期，随着蒸汽机的发明使用，机器代替手工业劳动的发展，运

[①] 《斌记商行员工自述书》，太原市档案馆馆藏，山西全省人民公营事业董事会档案，档案号 J6-1-240。

[②] 云浮市地方志编纂委员会编：《云浮市志》，广东人民出版社2012年版，第439页。

输方式也随之有了较大变化。尤其是针对运输大批量厚重货物时，除传统的陆路运输和水路运输外，增加了铁路运输和航空运输方式，其中传统的陆路运输从畜驮人背的方式逐渐向汽车公路运输转变。公路运输主要承担近距离、小批量的货物；水路运输成本低、过程长、运量大；航空运输速度快、不受地形影响，但运费昂贵；铁路运输量大、运行速度较快、不完全受自然环境限制，且运输成本较低。山西地处中国内陆腹地，虽紧邻黄河，由于水路运输条件并不完善，航空运输成本过高，也就导致大批量的货物本来主要依赖公路运输和铁路运输，而实际出入山西境内是以铁路运输为主。1933 年铁道部对山西境内大潼铁路沿线经济状况进行调查，并对其他陆路运输方式的费用进行统计：

表 4-2　　　　　　　　陆路交通运输费用比较①

方式	重量	路程	总价	平均值
大车载货	1500 斤/车	70—80 里/日	4—5 元	1.5—1.6 角/吨·公里
骡马	250 斤/头	70—80 里/日	1 元	2—2.3 角/吨·公里
人力车	500 斤/车	100 里/日	2 元	1.6 角/吨·公里

通过比对可以看出，大车载货最便宜；其次为人力车；再次为骡马，而铁路运输日行路程更长、载货量更大、其费用能较牲畜运价低廉三倍。② 由此，进一步推动铁路运输方式成为民国时期山西货物进出口的主要运输方式。

铁路运输本身有其他运输方式不可以比拟的优越性，但同时由于其特殊的运输条件，即受轨道铺设本身的限制，运输缺乏相对的灵活性。为了合理优化配置运输网络系统，斌记商行于创立之初就在太原市小东门外同蒲铁路车站以东专用线旁，③ 修建了斌记商行第一分库，并设置了专门的管理机构。

---

① 铁道部业务司调查科：《大潼铁路经济调查报告书》，1933 年，第 63 页。
② 铁道部业务司调查科：《大潼铁路经济调查报告书》，1933 年，第 62 页。
③ 《关于小东门外车站以东专用线与地基所有权的处理》，山西省档案馆馆藏，山西省工业厅档案，档案号 C6-4-1578。

第四章 斌记商行经营和财务管理探析

抗日战争结束后，斌记商行在恢复五金、机械、化工、日用品等原有经营业务的同时，重新接收了被日军占领的位于小东门外的第一分库，整修因战争破损的建筑用房45间。根据重建计划，斌记商行扩大经营业务增加了生产环节，在第一分库继续修建了砖窑厂1间，库房等54间，水塔1个，薰菜房60间，养鸡房6间，喂猪房4间以及一条Y字形铁路岔道。①

整修后的第一分库占地面积大约94379.6平方米②，此仓库东、北两面都至汽车路，西邻同蒲铁路，南至沙河沟。

从同蒲铁路延伸出230米长的Y字形道岔，主干道直接延伸横插于斌记商行第一分库的中心地带，两侧分别为斌记商行砖窑厂和第一库至第八库。道岔的两条分道岔，其中一条与同蒲铁路直接连接，另一条紧邻第一分库内的仓库修建。

尤其是Y字形铁路岔道的修建，无形之中大大减少了货物的装卸、搬运等运输环节，避免大量劳动力的浪费，降低了运输成本。尤其是在增加生产部门的砖窑厂后，这种可以直接将货物从起运地通过铁路交通运送到销售地的方式，既避免了因货物本身属于笨重性物资所带来的搬运成本，同时也降低了运输成本。

实际上，斌记商行的仓储货运站并不是只有小东门外一家，斌记商行还设有南栈、北栈和西栈三家货栈。三家货栈往来结欠款共占当年特别欠款总额的0.13%，③占斌记商行资产比例很小。尤其因斌记商行主营大型机械、五金器械等大宗商品，小型货栈并不能完全满足需求，因此，战后斌记商行重建之时只恢复了小东门外第一分库，并没有恢复三家货栈。

根据斌记商行组织架构图3-2可知，第一分库货运站不仅转移、储存和运输本行的产品，从始建之初也接受其他企业、商行等对货物的

---

① 《本厅太原公库历史沿革》，山西省档案馆馆藏，山西省工业厅档案，档案号C6-4-1578。
② 根据斌记商行小东门外货运站及第一仓库全场地图所绘数据得出。
③ 根据1936年斌记商行年度决算资产目录计算可知，《斌记商行资产目录》，山西省档案馆馆藏，山西省人民公营事业董事会档案，档案号B30-10-4。

简单物流管理，并针对存储货物进行分类管理，设置普通仓库和特殊仓库，配备专门的消防队。①

根据太原市城防图可知，②无论是在太原市城内或者是城外都没有比斌记商行第一分库存储货物面积更大、交通运输更为便利且配套管理更完善的货运站。良好的配套运输管理都成为斌记商行提供贸易服务的优势之一。减少了在产品从生产者向消费者转移过程中，参与不必要的经销商和仓储运输而增加的费用，从斌记商行的角度，所有的利润归斌记商行所有，从消费者的角度，购买的费用也避免了二次增加。

斌记商行根据实际经济环境，规划了适合企业发展的营销策略，其中一些营销策略基本符合现代市场营销中所广泛使用的营销方式，说明20世纪30年代的斌记商行已粗具现代企业的营销意识。

三 经营局限性

企业在市场竞争中主要是依据有效的市场信息制定经营的战略和策略。斌记商行的产生与发展的初衷，并不是通过对市场信息的科学统计分析所得，而是在利润的诱惑下，由政府出资承办的。无论是建设初期的斌记商行，还是战后重组的斌记有限公司，始终都摆脱不掉政府的影子，因而这种特殊的环境决定了企业的性质。在享受政府扶持和资源配置倾斜带来的优势之余，在某种程度上，也造成了斌记商行在实际经营过程中不可避免地具有很大的约束。即便斌记商行在经营过程中，采取积极有效的企业经营策略，但依然不能完全抹杀这种过度保护所产生的局限性。

（一）导致同行业缺乏有效的自由竞争

从明清时期起，有效的市场信息就为晋商在恰克图贸易中提供了先

---

① 《斌记商行函送月计表经费表简章及职员花名册请查取》，山西省档案馆馆藏，山西省人民公营事业董事会档案，档案号 B30-1-12。
② 太原市城防工事图，1948年1月。

第四章 斌记商行经营和财务管理探析

机。同治年间,山西商行大盛魁就通过训练狗,由狗将信息传递到总号和分庄之间。① 掌握契机,利用经营手段从而获得高额利润。民国时期,山西近代工业进入了快速发展时期,尤其在阎锡山正式担任山西省省长一职后,为了解决财政问题,山西省政府不仅出面成立山西省银行,同时开办各类工厂、企业。省营机构在各行业的大批量出现直接冲击了原有的市场竞争。市场信息本身是市场竞争的客观反映和真实描述,对企业的发展有重要的引导作用。大批量省营企业的出现,导致与市场活动相关的消息、情报、数据的收集成了政府扶持省营企业发展的一种资源。

斌记商行自建立之初到战后重组,无论任何时期的改革,都没有完全摆脱政府的影子。1927 年,斌记五金行由山西省经济委员会投资成立。② 1936 年山西省人民公营事业董事会直接投资斌记商行,并将其纳入旗下。1947 年战后正式更名重组,根据斌记有限公司章程可知,重组资金由山西全省民营事业董事会和私人两个部分组成,虽然章程中没有数据直接说明山西全省民营事业董事会对斌记商行的投资,但根据民营事业董事会对斌记有限公司的收益分配和管理情况,全省民营事业董事会依然占斌记有限公司股权的主体部分。此次重组,不仅有政府投资,还有个人投资。公司股东董事会,阎志仅担任执行董事,张馥荄、耿步蟾、张豫和、靳瑞萱、边廷淦、田玉霖、张金只负责出资,并不直接参与企业的具体经营。值得注意的是,并不直接参与企业经营发展的 7 人,真实身份都具有不同程度的政府背景。战后重建山西全省民营事业董事会后,阎锡山指定张馥荄、耿步蟾、张豫和、靳瑞萱、边廷淦、田玉霖、张金成为第二届董事会董事。③ 其中张馥荄系山西全省民营事业董事会长。④ 其余 6 名董事会成员在担任第二届董事会董事的同时兼

---

① 高春平:《国外珍藏晋商资料汇编》第 1 辑,商务印书馆 2013 年版,第 22 页。
② 山西省地方志编纂委员会编:《山西通志》第 1 卷,中华书局 1999 年版,第 351 页。
③ 孔祥毅主编:《民国山西金融史料》,中国金融出版社 2013 年版,第 596 页。
④ 《山西文史资料》编辑部:《山西文史资料全编》第 2 卷,1999 年,第 305 页。

任或是有过其他政府重要职能部门的任职经历。其中耿步蟾在山西省提出的"十年造产救国建设"的计划中担任山西省事业厅厅长，抗日战争结束后，担任三晋中学的校长①；张豫和系山西省同蒲铁路局首任局长②，1948 年后被任命为民社党和青年党的执行委员③；靳瑞萱和边廷淦都曾经为山西大学堂外派留学生④，学成归来后，靳瑞萱曾担任伪山西省公署卫生局局长⑤，边廷淦曾是筹建西北实业公司召集人⑥。

斌记商行自成立计划在五金行业分一杯羹发展到把控山西省五金、机械设备的引进，无论在哪个时期，这些身份显赫的投资者，都对斌记商行的经营发展起了重要作用。与同时期的五金行比较，斌记商行规模的壮大和贸易的获利并不是通过一次次自由贸易竞争获得的，更多地通过政府干预。例如：根据西北实业公司炼钢厂急需款项报告表显示，1937年仅 6 月份，西北实业公司下设炼钢厂签订合同订单共计 42 项，其中与斌记商行的合同或订单数量 7 项，价值法币 24658.06 元，约占全部法币金额的 40%。除斌记商行外，炼钢厂还与民营企业永昌五金行和天庆五金行⑦共计 3 笔订单，价值法币 997.37 元，约占全部法币金额的 1.6%。⑧ 由此可知，斌记商行几乎垄断了炼钢厂所需五金和机械设备。

而同一时期在太原开办经营的日进五金行、三利电料行、利亿五金行、厚记五金行、协和五金行、晋明五金行、晋和五金行、晋泰兴五金行、裕兴五金行、聚和五金行、丰明五金行⑨，无论是由山西籍商人、

---

① 山西省地方志编纂委员会编：《山西通志》第48卷，中华书局1999年版，第362页。
② 马留堂、梁建国、王中庆主编：《沁县志》，中华书局1999年版，第667页。
③ 引自《中华文史资料文库》第 8 卷中《政治军事编》，中国文史出版社 1996 年版，第 255 页。
④ 赵清明：《山西大学与山西近代教育》，高等教育出版社2011年版，第113页。
⑤ 《山西文史资料》编辑部：《山西文史资料全编》第6卷，1999年，第800页。
⑥ 李茂盛主编：《民国山西史》，山西人民出版社2011年版，第228页。
⑦ 中国人民政治协商会议天津市委员会文史资料委员会编：《天津文史资料选辑》第4辑，天津人民出版社2001年版，第109页。
⑧ 《西北实业公司炼钢厂急需款项报告表》，山西省档案馆馆藏，山西省人民公营事业董事会档案，档案号 B31-3-314。
⑨ 山西民社：《太原指南》，北平民社1935年版，第175页。

天津籍商人抑或是河北籍商人筹设的五金行，均由民族资本投资，属于华商私人贸易商行。① 而斌记商行并不是一家纯私人贸易商行，无论是在哪个发展时期，始终都具有政府背景。私人贸易商行必然竞争不过具有政府背景的斌记商行。且战前太原市的电力工业还处于萌芽阶段，民用用电需求量小，经营商行数量有限。② 除此之外，阎锡山还规定各厂矿购料必须通过省府采运处和斌记商行，山西省以外的企业经营同类产品也必须打通这两个关节。③ 斌记商行作为唯一一家政府投资的五金行业的商行，在政府的扶持下形成垄断经营。

民国时期，山西省的经济环境受政治因素和战争的影响，并不稳定和健全，任何一家企业的发展都是在狭缝中求生存。而斌记商行无论是在成立之初还是战后重组，这些错综复杂的政府关系，都为其在每一个发展阶段提供了一定的优越权利。这种权利最直接的体现就是不存在竞争，政府直接将资源倾斜给予斌记商行。这种不经历竞争的垄断对于同时期同行业的发展是一种极大的伤害。

（二）狭隘封闭的经营模式

斌记商行是作为一家经营大小五金、化工、机器设备等对外贸易进出口企业，在山西这个相对封闭的市场上，对企业经营活动的实施直接具有影响作用的是山西省政府。斌记商行从最初的建立到聘用优秀的管理人员到几乎垄断山西境内对外贸易，是山西省政府通过一定的保护政策和资源倾斜才使斌记无障碍地进入市场，与此同时获得高额利润。例如：在斌记商行章程中有条例清楚注明"公司营业如有亏损时，得呈

---

① 根据以下材料可知：天津市档案馆编：《天津市档案馆指南》，中国档案出版社1996年版，第256页；山西省地方志编纂委员会编：《山西通志》第26卷，中华书局1999年版，第80页；杜深如著，丁万明主编：《杜深如烈士日记（1938.1—1939.8）》，中国文联出版社2002年版，第346页；李延祥：《中国通邮地方物产志》，《有色金属》2004年第3期。
② 山西省地方志编纂委员会编：《山西通志》第26卷，中华书局1999年版，第80页。
③ 中国人民政治协商会议天津市委员会文史资料委员会：《天津文史资料选辑》第4辑，天津人民出版社2001年版，第104页。

请董事会核销或补助之"①。

斌记商行自成立之日起，就在上海和天津建立办事处，战后斌记商行重建的章程恢复了上海和天津两个办事处，并且从现存的战后斌记商行的资产负债目录中可知，除了沪、津两地办事处外，还有西安办事处和平遥办事处两地。②从建立各地办事处之初，斌记商行的真正目的并不是通过各地办事处打开在沪、津、陕等地区的经济贸易往来。尤其是沪、津两地办事处的成立，从史料中可以看出，主要负责斌记商行总行在进口外国设备过程中，在沪、津两地港口的资金、到港检查、关税等方面的处理，③并没有通过办事处开展上海或者天津与本地的商品买卖。

斌记商行的规模虽然不能比拟西北实业公司，但是作为一家产、供、销一体化的贸易公司，斌记商行的经营规模不比同时期的不同地域的贸易公司规模小。如此规模的一家商行，更多的时候是作为中间商引进外国机器设备，或者代销本地商品。例如：斌记商行同山西省人民公营事业董事会签订合同，为风陵渡棉花打包机厂引进德国新民洋行生产的三转箱半压机及组合二转包室完压机、Lindermann制卧式八鞲鞴水压机水泵、固定复式蒸汽机附锅炉等相关配套机器。④同西北实业公司签订合同，引进液化气气机、残气吸收器和附带气门与盖瓣、气压表的氯气液瓶。⑤替同蒲铁路代购德国"与国有铁路材料规范书相符，并遵照铁道部车辆制造规范书"规定的车皮。⑥在引进过程中，沪、津两地办

---

① 《关于斌记公司组织章程请送照的函附章程》，山西省档案馆馆藏，山西省人民公营事业董事会档案，档案号B30-1-1166。
② 《函奉本公司三十六年度决算表》，山西省档案馆馆藏，山西省人民公营事业董事会档案，档案号B30-1-418。
③ 《函奉本公司三十六年度决算表》，山西省档案馆馆藏，山西省人民公营事业董事会档案，档案号B30-1-418。
④ 《山西人民公营事业董事会与德商新民洋行的合同》，山西省档案馆馆藏，山西省人民公营事业董事会档案，档案号B30-5-113。
⑤ 《西北实业公司与太原斌记商行合同》，山西省档案馆馆藏，西北实业公司档案，档案号B31-3-148。
⑥ 《订立合同为买卖车皮经双方议定之条件》，天津市档案馆馆藏，太原斌记商行档案，档案号J0161-1-0010198-00085。

事处负责调查机器设备的品种、来源。尤其是上海办事处，在同蒲铁路所需铁路机械设备到港后，因战争和港口吃水程度的因素，不能满足卸货要求，作为斌记商行总行不方便直接处理，而是授权上海办事处处理此项问题。

从现存史料看出，西安办事处的成立也仅仅是因为战争过程中，由于太原被日军占领，斌记商行停业后，除留下物资供长官部绥靖公署及省政府提用调度外，[①] 斌记商行将部分货物带到西安变卖折现。[②] 并没有以此地作为战争中的根据地拓展业务。

由此可知，无论是一直与总行同时经营的沪、津两地的办事处，还是战争中形成的西安办事处或者是仅在战后资产目录中出现过一次记录的平遥办事处，没有史料证明这些地方脱离斌记商行总行，拓展属于各办事处的独立业务。所有的资料显示各办事处战前、战争中和战后都始终围绕斌记商行太原总行的业务经营。

第二节　斌记商行财务管理分析

企业的运作通过经营管理，而经营管理的成效通过财务状况，即企业在一定期间内经济活动过程与结果的综合反映出来。而评判企业对各种资源的经营盈利能力、债务偿还能力，甚至是财务管理能力，一般习惯通过财务资产负债表来反映。明清时期，民间商业多使用"龙门账"和"四脚账"。中世纪随着商业和金融业日益繁盛，逐渐产生了以信用制度为引导的合伙经营和委托代理模式，为了可以清楚反映企业与投资者、债权人等之间的利益关系，完整系统地记录企业的经营状况，合理分配经营利润，借贷记账法应运而生。

---

① 《长官部绥靖公署及省政府提用物资表册三份》，山西省档案馆藏，山西省人民公营事业董事会档案，档案号 B30-3-268。

② 《关于商行带出少数货物现已运至西安设法变卖并失去公款及现存款数目留有一部分存放祁县账簿请设法找寻的函》，山西省档案馆藏，山西省人民公营事业董事会档案，档案号 B30-5-102。

战争爆发的前五年，山西经济建设发展势头强劲，工矿业、交通运输业、农林牧副业以及商业和市场网络等各方面成果明显。① 斌记商行成立就处于山西商业和金融业繁盛之时，从现存的斌记商行的财务报表看，使用的正是这种以借贷为记账符号的复式记账法，左边为借方，右边为贷方，以"资产＝负债＋所有者权益"的会计等式为理论依据，体现了"有借必有贷，借贷必相等"的科学复式记账法。

一　财务概况

斌记商行现存1936年8月至1937年8月之间的资产负债表和1947年斌记商行的年度营业负债表、损益计划书和财产目录，都成为研究斌记商行财务报告体系中重要的组成部分。从这一时间段的资产负债表还可以看出斌记商行在这一段时期的资产的总额及其结构，负债总额及其结构，企业所有者所拥有的权益情况，通过分析可知斌记商行的大体资产结构，即各种资产的主要类别和金额，表明投入企业的资源的运用情况，从而有助于我们了解这个时期斌记商行在经营管理上的决策。

现存斌记商行资产负债表分为三个大项"负债类、资产类、损益类"，其中包括与现代会计所列名称几乎一致的仅有现金、代销商品、托售商品、股利、职员红利、货币升耗、利息和手续费。剩余所列项目从名称上看与现代会计项目名称不同，并且由于所处时代不同实际意义也会有一定的差异，不具有完全的可比较性。但是这些并不影响对斌记商行资产负债表中所列项目所体现出的类别进行详细分类。

斌记商行资产负债表中提出的负债类科目包含两种分别是流动负债和非流动负债。其中资本总额和房地产提存金属于非流动负债；公积金、鼓励、职员红利、职员恤养金、呆账准备金、器具提存金、借入款、各业存款、机关存款、各户存款、特别存款、暂时存款、期交款

---

① 景占魁：《阎锡山传》，中国社会出版社2008年版，第211页。

项、期卖商品、未交商品价、期交商品价、代销商品价、预收商品价、盈余滚存、前期损益、托交收项、托收期卖价属于流动负债。

斌记商行资产负债表中提出的资产类科目包含两种分别是流动资产和非流动资产。其中未收资本、各业欠款、各户欠款、特别欠款、暂记欠款、汇收款项、商品、期买商品、代销商品、未收商品、未收商品价、期收商品价、预交商品价、有价证券、营业用器具、开办费、现金、托收款项、托交期买价属于流动资产。非流动资产又包含无形资产、固定资产等，其中各业欠款、各户欠款、特别欠款、暂记欠款、汇收款项、有价证券、现金托收款项、托交期买价属于流动资产中的可变现或已属于现金形式资产，即速动资产；营业用房地产属于固定资产。

需要特别提出的是1936年12月斌记商行直接上报山西省人民公营事业董事会为本年份全年的决算表，斌记商行没有对12月份的资产负债进行单独统计，但为了数据的连续性，并没有直接剔除掉，但在具体的分析中，对此进行了剔除。

（一）不同性质企业在斌记商行资产中所占比重分析

1936年，斌记商行归入山西省人民公营事业董事会，从资产负债表上的资产类资产总额项目可以看出，作为斌记商行这个时期唯一的投资者，[①] 公营事业董事会投资斌记商行资本100万元。1947年，斌记商行战后重组，除政府投入一定数额外，私人投资国币5亿元。[②] 在政府和私人投资的基础上斌记商行在1936年和1947年两个时期通过与其他企业不断进行往来贸易积累资产。

---

① 《太原斌记商行简章》，山西省档案馆馆藏，山西省人民公营事业董事会档案，档案号B30-1-12。

② 《山西斌记有限公司章程》，山西省档案馆馆藏，山西省人民公营事业董事会档案，档案号B30-10-11；章程中只是详细列明私人投资数额，政府投资数额没有记载。

表4-3　　1936年与1947年斌记商行业务往来单位数量统计①

分类	1936年		1947年		差值	
	数量（个）	百分比（%）	数量（个）	百分比（%）	数量（个）	百分比（%）
银号	22	16.92	8	24.30	-14	7.38
企业	69	53.07	17	46.00	-52	-7.07
行政单位	13	10.00	8	21.60	-5	11.60
个人	26	20.00	3	8.10	-23	-11.90
小计	130	100	36	100	-94	0

根据表4-3可知，1936年与斌记商行有资金和业务往来的银号、企业、行政单位和个人大约130家。1947年斌记商行复业后，与其有资金和业务往来的银号、企业、行政单位和个人仅余36家，二者相差94家，与1936年相比，有资金和业务往来的单位数量仅占1936年的28.46%。下降了71.54%。从具体情况来看，1936年，与斌记商行有业务往来的单位中，企业所占比重最大，达到了53.07%，个人排在第二位，其所占比重达到了20.00%，银号排在第三位，其所占比重为16.92%，行政单位排名第四，其所占比重仅为10.00%。1947年，与斌记商行仍有资金和业务往来的单位在绝对数量上均呈下降趋势，其中与斌记有业务往来的企业的绝对数量为17家，在与其有业务往来的全部单位中的所占比重仍排在第一位，达到了46.00%，但与1936年相比，其绝对数量下降了52家，所占比重下降了7.07%；与之对应的是，在与斌记商行有业务往来的单位中，银号和行政单位的绝对数量虽也有不同程度的下降，但其在全部单位中所占比重却呈上升的趋势，二者在1947年所占比重分别上升到24.30%和21.60%，与1936年相比，分别上升了7.38%和11.60%。上述事实可以说明，第一，1947年斌

---

① 《斌记商行负债目录》，山西省档案馆藏，山西省人民公营事业董事会档案，档案号B30-10-4；《斌记商行资产目录》，山西省档案馆藏，山西省人民公营事业董事会档案，档案号B30-10-4；《斌记有限公司营业负债表》，山西省档案馆藏，山西省人民公营事业董事会档案，档案号B30-1-418；精确到小数点后两位。

记商行复业后,与之有业务往来的单位的规模明显下降;第二,银号和行政机构在与斌记有业务往来的单位中的地位明显上升,斌记商行的业务重心有由面向企业和个人向面向银号和行政单位变化的趋势。

表 4-4　　1936 年与 1947 年斌记商行金融往来银号统计①　　单位:元

1936 年往来单位名称	往来业务金额	1947 年往来单位名称	往来业务金额
中国农民银行	1255.362	垦业银号	6200.000
中国交通银行	30982.883	盐业银号	5000.000
绥西垦业银号	70391.018	晋丰银号	40000.000
晋北盐业银号	40000.000	义泰银号	22600.000
晋裕银号	45185.000	晋裕银号	9829600.000
山西省银行	42689.651	晋典钞庄	1666064.000
晋绥地方铁路银号	66533.470	仁发公	282511155.000
亨记银号	91744.393	会元银号	30000000.000
晋兴钱庄	907.152		
义泰银号	1833.653		
会元银号	841.400		
鲁裕银号	5932.437		
源积成	1892.036		
耀荣堂	637.800		
王福堂郭	4000.000		
张汉臣	1021.000		
永德成	10000.000		
德生厚	20821.066		
德兴昌	6659.520		
仁发公	719.874		
和合生	1089.890		
豫慎茂	2899.650		

---

① 《斌记商行负债目录　民国 25 年决算》,山西省档案馆馆藏,山西省人民公营事业董事会档案,档案号 B30-10-4;《斌记商行资产目录》,山西省档案馆馆藏,山西省人民公营事业董事会档案,档案号 B30-10-4;《函奉本公司三十六年度决算表请鉴核备查由》,山西省档案馆馆藏,山西省人民公营事业董事会档案,档案号 B30-1-418。

为进一步分析这种变化趋势，表4-4进一步分析了与斌记商行有业务往来的部分企业的性质，从中可以发现，其中中国农民银行和中国交通银行均属国家银行；①绥西垦业银号、晋绥地方铁路银号、晋北盐业银号、晋裕银号和山西省银行分别隶属山西绥晋公署②、山西省人民公营事业董事会和山西省政府③官办经营的银号；会元银号、德生厚、亨记银号、源积成均是阎锡山私营企业；④义泰银号、晋兴钱庄、仁发公、和合生、德兴昌、耀荣堂、豫慎茂、王福堂郭、张汉臣和永德成均是私人银号。⑤上述事实进一步证明了，斌记商行的主要业务往来对象由面向具有官方性质的银号和行业机构向私人银号转移。

图4-4计算了1936年斌记商行负债类金额分配图，从中可以发现，在斌记商行的资产中，现金类和代销商品、有价证券、营业用房地产等其他费用外，行政单位所占比重最大，达到了36.75%，其他所占比重排在第二位，其所占比重约为32.30%，来自企业的资产在斌记商行的资产中所占比重排在第三位，其所占比重约为27.33%，来自银号的资产在斌记商行的资产中所占比重排在第四位，其所占比重约为3.52%，来自个人的资产在斌记商行的资产中所占比重最少，其所占比重约为0.10%，上述事实说明，斌记商行的资产主要来自行业单位、其他单位和企业，三者合计所占比重达到了96.38%。通过与图4-3和表4-4之间的对比可以发现一个事实：即使是在1936年这一斌记商行营业表现相对稳定的时间段，斌记商行的主要业务是针对的其他企业，但其资产来源则更多地来自行政单位，这一方面可能是由于在斌记商行成立之初，行政单位为其投入了大量的资产，斌记商行所具有的"官营"的背景所致；另一方面也可以说明，相对于企业而言，可能行政单位更是斌记商行的

---

① 中国人民银行金融研究所编：《中国农民银行》，中国财政经济出版社1980年版，第199页。
② 山西省地方志编纂委员会编：《山西通志》第30卷，中华书局1999年版，第88页。
③ 山西省地方志编纂委员会编：《山西通志》第30卷，中华书局1999年版，第89页。
④ 孔祥毅：《民国山西金融史料》，中国金融出版社2013年版，第605页。
⑤ 孔祥毅：《民国山西金融史料》，中国金融出版社2013年版，第38页。

第四章 斌记商行经营和财务管理探析

其他　银号
行政单位
2301570.820

个人
1948.599

企业
6694078.936

单位：元

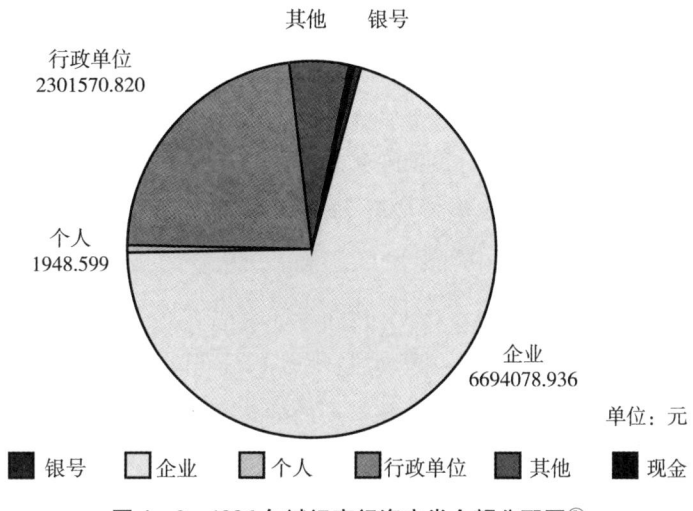

■ 银号　□ 企业　□ 个人　■ 行政单位　■ 其他　■ 现金

图 4-3　1936 年斌记商行资产类金额分配图①

银号
3.524072942

其他
32.30344727

企业
27.32752721

个人
0.095279916

行政单位
36.74967266

单位：元

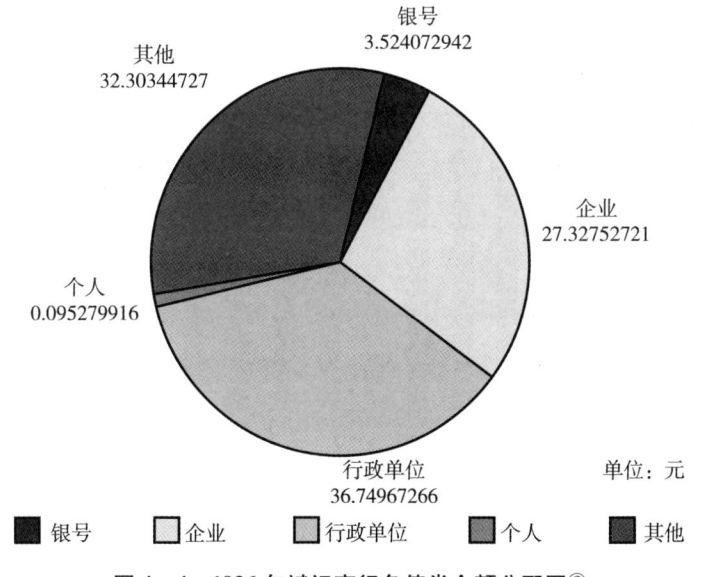

■ 银号　□ 企业　□ 行政单位　■ 个人　■ 其他

图 4-4　1936 年斌记商行负债类金额分配图②

---

① 《斌记商行资产目录》，山西省档案馆馆藏，山西省人民公营事业董事会档案，档案号 B30-10-4；单位：元。

② 《斌记商行负债目录》，山西省档案馆馆藏，山西省人民公营事业董事会档案，档案号 B30-10-4；单位：元。

主要业务对象，斌记商行成立的目的可能更多的是为了行政单位服务而非普通企业和个人。

(二) 斌记商行资产、负债变化分析

图 4-5 展示了 1936 年 8 月至 1937 年 8 月这一年时间内的斌记商行资产变化率情况，从中可以发现，第一，从资产规模上看，总体来看，在斌记商行成立的第一年中，斌记商行的资产呈上升趋势，其资产由 1936 年 8 月的 10528810.109 元上升到 1937 年 8 月的 13129083.587 元，上升了约 19.80%；第二，从资产的变化率上看，虽然这一时期主斌记商行的资产变化率在各月中变化幅度较大，但总体上来看，其资产变化率基本均为正值。上述这两个事实说明了，斌记商行在成立初期，其业务运营情况相对良好的事实。

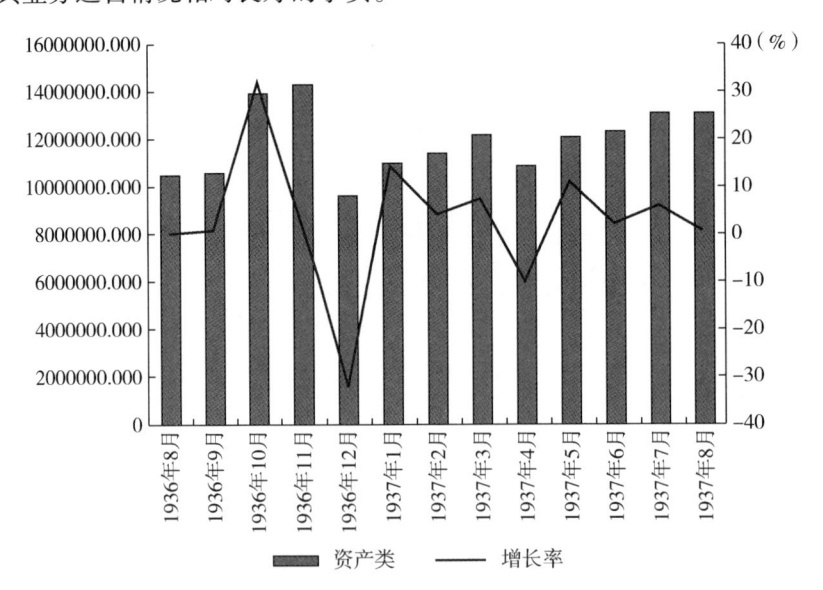

图 4-5　1936 年 8 月至 1937 年 8 月斌记商行资产变化率情况①（单位：元）

---

① 《斌记商行总行月计表　民国 25 年 8 月》至《斌记商行总行月计表　民国 25 年决算表》，山西省档案馆馆藏，山西省人民公营事业董事会档案，档案号 B30-10-3；《斌记商行总行月计表　民国 26 年 1 月》至《斌记商行总行月计表　民国 26 年 8 月》，山西省档案馆馆藏，山西省人民公营事业董事会档案，档案号 B30-10-3。

在图 4-4 的基础上，表 4-5 进一步计算了 1936 年 8 月至 1937 年 8 月斌记商行各月营运资产情况，从中可以发现，第一，从流动资产的变化来看，虽然这个时期斌记商行流通资产的变化呈先上升再下降的变化趋势，但总体来看，其流通资产是在逐月增加的，其流动资产由 1936 年 8 月的 10484387.643 元上升到 1937 年 8 月的 13084661.121 元，上升了约 24.80%；第二，从流动负债的变化情况来看，斌记商行这一时期的流动负债同样呈现出先上升后下降的趋势，但相对于 1936 年 8 月，1937 年 8 月斌记商行的流动负债仍多出了约 26.16%，达到了 12101115.970 元；第三，从这一时期斌记商行的所有者权益的变化来看，这一时期斌记商行的所有者权益是呈上升趋势的，所有者权益由 1936 年 8 月的 -133245.505 元上升到 1937 年 8 月的 -78470.782 元，相对于 1936 年 8 月，1937 年 8 月斌记商行的所有者权益增加了 54774.723 元；第四，营运资产的变化来看，斌记商行的运营资产同样呈增加的趋势，由 1936 年 8 月的 379817.560 元增加到 452537.185 元，增加了约 19.15%。综合上述分析可以表明，这一时期斌记商行在经营管理方面保持着一个相对良好的业绩。

表 4-5 1936 年 8 月至 1937 年 8 月斌记商行各月营运资产情况[①] 单位：元

时间	流动资产	流动负债	所有者权益	营运资产
1936 年 8 月	10484387.643	9591507.017	-133245.505	379817.560
1936 年 9 月	10541088.760	9673290.198	-158327.569	354735.496
1936 年 10 月	13901188.986	13104848.129	-229785.274	283277.791
1936 年 11 月	14198626.299	13426721.977	-254221.809	258841.256
1936 年 12 月	9570443.952	8275152.001	269165.820	782228.885
1937 年 1 月	10918885.702	9900750.980	-7991.409	505071.657

---

① 《斌记商行总行月计表 民国 25 年 8 月》至《斌记商行总行月计表 民国 25 年决算表》，山西省档案馆馆藏，山西省人民公营事业董事会档案，档案号 B30-10-3；《斌记商行总行月计表 民国 26 年 1 月》至《斌记商行总行月计表 民国 26 年 8 月》，山西省档案馆馆藏，山西省人民公营事业董事会档案，档案号 B30-10-3。

续表

时间	流动资产	流动负债	所有者权益	营运资产
1937年2月	11336073.396	10291843.411	-17785.948	513222.019
1937年3月	12158746.982	11130924.939	-34193.890	496814.077
1937年4月	10880450.166	9813795.760	4638.473	535646.440
1937年5月	12078068.662	11026525.803	-10473.074	520534.893
1937年6月	12331224.057	11309741.784	-40533.660	490474.307
1937年7月	13038684.199	12046437.390	-69769.124	461238.843
1937年8月	13084661.121	12101115.970	-78470.782	452537.185

二 盈利状况

鉴于作为一个企业，最重要的目标是盈利，因此，本书进一步来分析斌记商行在这一时期的盈利情况。

（一）所有者权益分析

图4-6计算了1936年8月至1937年8月斌记商行各月盈利情况，从中可以发现，这一时期除了1936年12月的所有者权益为正之外，其余各月的所有者权益均为负，但其绝对值却在不断缩小，这一趋势同样可以从这一时期所有者权益的增长率的变化中看出，12个月中，斌记商行所有者权益的增长率为正的月份数达到了2个，1937年8月的所有者权益也要高于1936年8月。这也印证了前文中所分析的，这一时期斌记商行的经营业绩较为良好的观点。

具体来看这一时期斌记商行所有者权益的组成部分可以发现，通过斌记商行送山西省人民公营事业董事会查核公函显示，1936年斌记商行盈利分为两个部分，一部分是剔除一切费用外净获纯益269165.820元，另一部分是盈余滚存7.698元，共计269173.518元。[①] 1947年斌

[①] 《函送25年份决算表请察核》，山西省档案馆馆藏，山西省人民公营事业董事会档案，档案号B30-1-350。

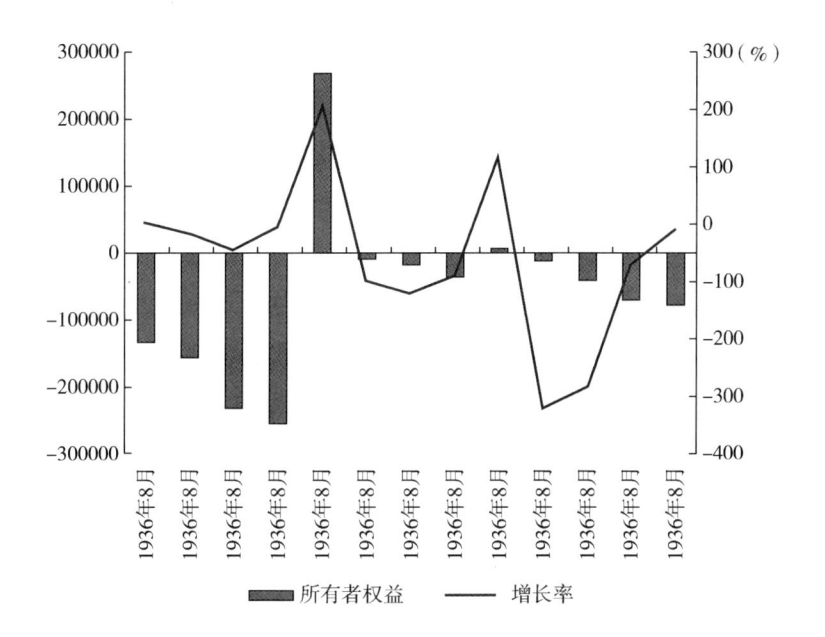

记有限公司纯益 1273612557.120 元。①

图 4-6　1936 年 8 月—1937 年 8 月斌记商行各月盈利情况②（单位：元）

1936 年纯益加上上年盈余尾数，总计 269173.518 元，按照斌记商行章程对于盈余分配的条款"除各项开支外所得纯益作为 15 成，提公积金 2 成，公股 10 成，监察及同人 3 成"③。

表 4-6　　　　　　　　1936 年斌记商行盈余分配　　　　　单位：元

分类	金额
公积金	35889.802

---

① 《斌记有限公司营业负债表》，山西省档案馆馆藏，山西省人民公营事业董事会档案，档案号 B30-1-418。
② 《斌记商行总行月计表　民国 25 年 8 月》至《斌记商行总行月计表　民国 25 年决算表》，山西省档案馆馆藏，山西省人民公营事业董事会档案，档案号 B30-10-3；《斌记商行总行月计表　民国 26 年 1 月》至《斌记商行总行月计表　民国 26 年 8 月》，山西省档案馆馆藏，山西省人民公营事业董事会档案，档案号 B30-10-3。
③ 《斌记商行函送月计表经费表简章及职员花名册请查取》，山西省档案馆馆藏，山西省人民公营事业董事会档案，档案号 B30-1-12。

续表

分类	金额
股本红利	179449.012
监察及员工红利	53834.704
小计	269173.518

阎锡山曾为了防止商行营私舞弊，专门派曲清斋、阎福斋和阎长卿三人在老家河边村建立了稽核各商行账目和盈亏的"源记"。曲清斋系阎锡山舅父的次子，阎锡山在母亲过世后在曲家长大，两人情同手足；① 阎福斋系阎锡山的族兄，阎长卿系阎锡山的姨父。② 三人不仅深得阎锡山的信任，而且都对经营管理颇有才能，所有商行，包括亨记银号、源积成银号、德生厚银号、营远汽车公司等商行，每年对于账目稽查都表示"过三位老人的关，真感头疼"。可唯独斌记商行，因其盈余丰厚，该商行经理贾继英通过总是比较容易。③

与斌记商行一同接受稽查的主要经营业务为银号、钱庄和粮店，均得到了阎锡山扶持，但是盈利状况均不如斌记商行，说明斌记在此时期的经营的确达到了一个巅峰状态。

（二）盈利状况对资金营运链的影响

唯流动资金未免太少，不得不依赖借款以资周转。④ 从1936年8月至1937年8月斌记商行负债的变化可以发现，第一，虽然这一时期各月中斌记商行的负债总体变化不大，但总体来看，这一时期斌记商行的负债是在不断增加的，其负债从1936年8月的10662055.61元增加到1937年8月的13207554.37元，特别是在1937年4月后，其负债更是逐月上升，这一趋势从增长率的变化上可以看得更为明显，其负债

---

① 李茂盛：《阎锡山大传》上，山西人民出版社2010年版，第10页。
② 孔祥毅主编：《民国山西金融史料》，中国金融出版社2013年版，第220页。
③ 中国人民政治协商会议全国委员会文史资料研究委员会编：《文史资料选辑（合订本）》第17册，中国文史出版社1986年版，第46—47页。
④ 孔祥毅主编：《民国山西金融史料》，中国金融出版社2013年版，第379页。

的增长率在这一时期其除个别月份外均为正。结合图 4-5，可以说，斌记商行在成立的一年中，伴随着斌记商行资产的增加，其负债也在不断增加。

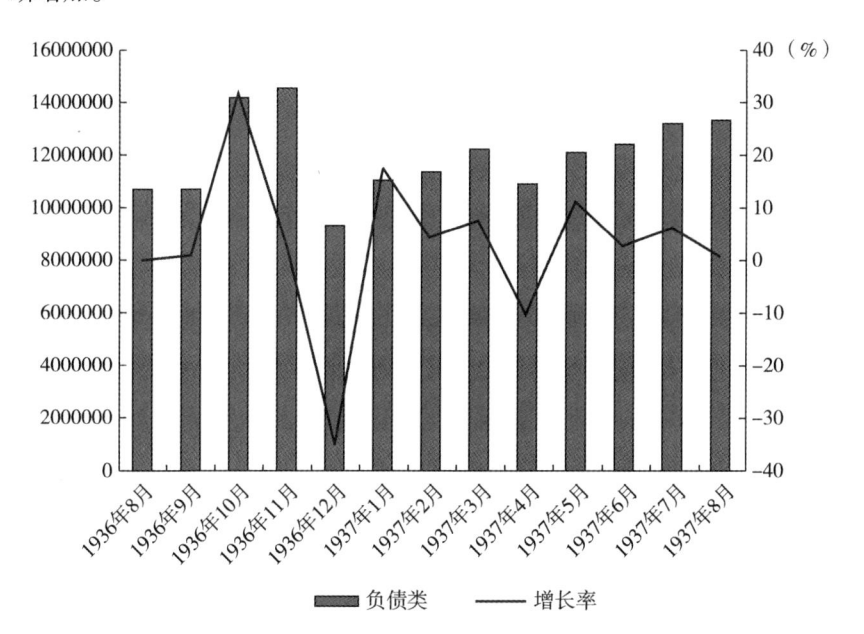

图 4-7　1936 年 8 月至 1937 年 8 月斌记商行负债变化率情况①（单位：元）

企业和机构的收益，其在报告当期收入而应属于嗣后各期的业务上的，应以单独项目列示在资产负债表的负债方。报告当期的利润中并不包括这些收益。②

本文通过对流动比率和速动比率来分析斌记商行在这一时期的资产、负债的变化情况。流动比率和速动比率都是反映企业短期偿债能力的指标，是指流动资产对流动负债的比率，用来衡量企业流动资产在短

---

① 《斌记商行总行月计表　民国 25 年 8 月》至《斌记商行总行月计表　民国 25 年决算表》，山西省档案馆馆藏，山西省人民公营事业董事会档案，档案号 B30-10-3；《斌记商行总行月计表　民国 26 年 1 月》至《斌记商行总行月计表　民国 26 年 8 月》，山西省档案馆馆藏，山西省人民公营事业董事会档案，档案号 B30-10-3。
② [苏] В. И. 毕连斯莱金：《苏联资产负债表新条例》，纪洪天、邹斯济译，立信会计图书用品社 1952 年版，第 16 页。

期债务到期以前,可以变为现金用于偿还负债的能力。

根据流动比率的计算公式:

$$流动比率 = \frac{流动资产}{流动负债} \times 100\%$$

一般说来,比率越高,说明企业资产的变现能力越强,短期偿债能力亦越强;反之则弱。一般认为流动比率应在2∶1以上,流动比率2∶1,表示流动资产是流动负债的两倍,即使流动资产有一半在短期内不能变现,也能保证全部的流动负债得到偿还。

速动比率用于衡量企业流动资产中可以立即变现用于偿还流动负债的能力,其计算公式为:

$$速动比率 = \frac{速动资产}{流动负债} \times 100\%$$

传统经验认为,速动比率维持在1∶1较为正常,它表明企业的每1元流动负债就有1元易于变现的流动资产来抵偿,短期偿债能力有可靠的保证。

在对流动比率和速动比率进行分析时,本文主要使用方法均值和极差作为分析工具,其中,均值用于分析这一时期斌记商行两个主要财务指标的大致情况,极差用于分析这一时期斌记商行两个主要财务指标的最大值与最小值的差异,用于分析其主要指标的变化幅度。

表4-7计算了1936年8月至1937年8月斌记商行企业的流动比率的变化情况,从中可以发现,第一,这一时期斌记商行的流动比率始终在2.0以下,其均值为1.09,说明从整体来看,斌记商行这一时期的流动负债较多,这说明,一旦斌记商行出现了风险,其资产变现能力可能不足以保证斌记商行可以保持良好的经营状态。第二,从其变化程度来看,这一时期斌记商行流动比率的极差为0.10,说明这一时期各月中斌记商行在流动比率方面变化不大。

第四章　斌记商行经营和财务管理探析

表4-7　1936年8月至1937年8月斌记商行企业的流动比率①　　单位：元

时间	流动资产	流动负债	流动比率（%）
1936年8月	10484387.643	9591507.017	1.09
1936年9月	10541088.760	9673290.198	1.09
1936年10月	13901188.986	13104848.129	1.06
1936年11月	14198626.299	13426721.977	1.05
1936年12月	9570443.952	8275152.001	1.16
1937年1月	10918885.702	9900750.980	1.10
1937年2月	11336073.396	10291843.411	1.10
1937年3月	12158746.982	11130924.939	1.09
1937年4月	10880450.166	9813795.760	1.11
1937年5月	12078068.662	11026525.803	1.10
1937年6月	12331224.057	11309741.784	1.09
1937年7月	13038684.199	12046437.390	1.08
1937年8月	13084661.121	12101115.970	1.08
均值	11886348.46	10899435.03	1.09
极差	4628182.35	5151569.98	0.10

表4-8　1936年8月至1937年8月斌记商行企业的速动比率②　　单位：元

时间	速动资产	流动负债	流动比率（%）
1936年8月	3852474.164	9591507.017	0.40
1936年9月	4261716.182	9673290.198	0.44
1936年10月	2829345.484	13104848.129	0.22
1936年11月	3105641.628	13426721.977	0.23
1936年12月	1305114.276	8275152.001	0.16

---

① 《斌记商行总行月计表　民国25年8月》至《斌记商行总行月计表　民国25年决算表》，山西省档案馆藏，山西省人民公营事业董事会档案，档案号B30-10-3；《斌记商行总行月计表　民国26年1月》至《斌记商行总行月计表　民国26年8月》，山西省档案馆藏，山西省人民公营事业董事会档案，档案号B30-10-3。

② 《斌记商行总行月计表　民国25年8月》至《斌记商行总行月计表　民国25年决算表》，山西省档案馆藏，山西省人民公营事业董事会档案，档案号B30-10-3；《斌记商行总行月计表　民国26年1月》至《斌记商行总行月计表　民国26年8月》，山西省档案馆藏，山西省人民公营事业董事会档案，档案号B30-10-3。

续表

时间	速动资产	流动负债	流动比率（%）
1937年1月	2058730.403	9900750.980	0.21
1937年2月	2431359.139	10291843.411	0.24
1937年3月	2631261.623	11130924.939	0.24
1937年4月	2110238.844	9813795.760	0.22
1937年5月	3025912.056	11026525.803	0.27
1937年6月	3225378.982	11309741.784	0.29
1937年7月	3233926.099	12046437.390	0.27
1937年8月	3308594.190	12101115.970	0.27
均值	2875361.01	10899435.03	0.26
极差	2956601.91	5151569.98	0.28

从1936年8月至1937年8月斌记商行企业的速动比率的变化来看，根据表3-2的相关结果可以发现，第一，从总体上看，其速动比率始终在0.5以下，最高值为0.44，最低值仅为0.16，其均值为0.28，远低于速动比率为1的标准值，说明这一时期从速动比率来看，斌记商行的财务状况存在一定的问题，相对于速动资产，其流动负债过多，一旦发生债务问题，斌记商行很容易出现财务风险；第二，从速动比率的变化情况来看，呈现出先下降再上升的变化趋势，其速动比率由1936年9月最高的0.44下降到1936年12月的0.16，此后虽有所上升，但至1937年8月，其速动比率仍仅为0.27，低于1936年9月的水平；第三，从极差的变化来看，这一时期斌记商行的速动比率变化幅度不大，最大值与最小值之间仅相差0.28，说明这一时期的各月间，斌记商行在速动比率方面变化不大，斌记商行始终存在着相对于速动资产，其流动负债过高的问题。

第三节 小结

20世纪，代表各国政府利益的外国商行与中国本土工商业产生激烈的市场竞争。在这种情况下，以阎锡山为首的山西省政府为了维护自身利益，通过建立一系列省营机构把持了全省的机械工业、棉纺织业、军工业等行业的产权，并公开地得到政府对资源配置的倾斜。从抵制洋行、洋货，保护地方产业的层面上看，具有一定的积极意义。但从长远的角度上看，这种政府庇护对企业具有制约作用，还破坏了同行业中民营资本企业在市场中的合理竞争机制。斌记商行在实际经营过程中就扮演这样的一种角色，本身并不是一个独立个体经济，而是一家具有行业垄断性质的企业。民国时期，在山西从事五金、机械等进出口贸易中斌记商行一枝独秀、独占鳌头。这种垄断经营方式不是建立在充分市场竞争的基础上，而是山西省政府行政权力的产物。在冲击外国资本企业的同时，挤占了其他民营企业的市场份额，导致同行业民营企业经营者不堪重负，结束经营。这并不能体现出斌记商行在经营过程中的优势。反之，当企业遇到真正的危机时，如果政府没有给予及时的保护，这种缺乏真正抗压的脆弱的经营方式将导致企业难以承受竞争压力。

通过对史料的梳理发现，战后斌记商行因产权主体发生了一定的变化，以政府投资为主，并允许私人投资并筹建了负责公司具体经营管理的公司股东董事会，从产权上分薄了政府对企业的权益，同时也将企业经营管理权过渡给公司股东董事会。企业经营策略也随企业经营管理者变化而变化，虽然还没有完全摆脱对政府的依赖，但已经开始尝试从政府的背后走出来。斌记商行在原有经营范围和业务种类的基础上，通过开拓代购、代销，建立经销商等直接或间接的营销策略拓展了经营范围，提高了企业商品进出口品种和数量，增大了斌记商行在同产品中的市场占有率。

因社会因素制约，内地省营企业都不同程度地受到地方政府的政策保护，这是一种地方企业经营管理常态。但随着企业性质的变化，会影响到企业经营管理的变化。在同样以企业为载体进行物质资料经营时，具有私人投资的省有企业的经营者为了获得更大的物质利益，会在现有企业的物质消耗上，注重市场信息、情报和数据的收集，以此作为企业发展的导向。因时制宜、因地制宜对企业的销售和财务进行有序的执行。遗憾的是，斌记商行在努力建立完善的销售网络的过程中，并没有发现任何资料显示斌记商行以直接或间接的方式为其委托的经销商提供销售率返利制度、涨价补贴制度或是运销补贴制度。但又通过建立仓库运输自营体系，从物流方面间接弥补销售网络渠道中的不完整性。

企业的财务报表一般可直接反映企业经营的状况。史料阙如，现存资产负债表的数据有限，并不能完全反映斌记商行近三十年的经营状况。通过对比现代会计复式记账法，对1936年8月至1937年8月之间斌记商行资产负债表上的科目类型的重新分类，分析资产、负债、所有者权益以及企业速动比率和流动比率等财务指标，可以发现这一时期斌记商行在财务方面存在如下几个特点：

第一，斌记商行在经营方面所面向的对象主要为企业和个人，但其资产和负债的来源则更多地集中在行政机关和银号，说明斌记商行更多是作为一个带有垄断性质的企业所存在，其服务对象主要是行政机关和银号。

第二，从其资产、负债和所有者权益的总体变化来看，其资产、负债和所有者权益均呈上升趋势，说明在这一时期斌记商行经营管理保持着一个相对良好的业绩。

第三，从速动比率和流动比率的变化的分析表明，这一时期斌记商行在经营方面，依然存在着相对于速动资产，流动负债过多的问题。因此，一旦经营出现风险，斌记商行很可能在短期出现资不抵债、流动资产周转不灵的问题，这也为斌记商行在复业重组后无法恢复到战前兴盛状况埋下了经营管理的隐患。

虽然统计数据量较小，但并不影响对斌记商行在一定时期内的企业资金流动情况的了解。斌记商行在存在一定经验风险的情况下，企业仍然处于获得较高利润阶段。但事实上，除资产负债表上明显的应得利益外，斌记商行获得大部分隐性盈利流向了阎锡山及其掌控的官营资本。即使拥有全部斌记商行的财务报表统计也许也仅仅是对斌记商行及其同类型商行财务状况表象的分析，但由此可推测出民国时期带有官方性质的企业真实获利情况。

第五章　斌记商行技术设备引进运作模式：以风陵渡棉花打包机厂为例

鸦片战争打开国门后，使中国意识到要真正国富民强，需要的是发展工业。科学技术是工业发展的基础。资本的引入和技术的引进，使中国产生了机械工业和运输业，刺激了近代经济部门的发展，并改造了中国经济的空间结构；① 农业商业化的发展，致使大量先进的种植和加工技术被引进。一战时期，世界棉花需求激增，国民政府也大力倡导棉业种植。山西也将棉花种植作为十年造产计划的重要内容，通过创办棉业试验场，引进和改良优质棉种，设立保赔试验场，积极推进棉产业的发展。山西棉业种植有了较大发展，但棉纺织工业不发达，难以进行棉花初级加工，严重影响棉花运输。手工业方面的技术进步空间在自身技术创新资金和能力不足的情况下，拿来主义的技术设备引进便成为山西乃至中国，提高技术水平和生产能力的主要措施。

1936年，山西省人民公营事业董事会通过实地考察决定筹建风陵渡棉花打包机厂。在引进德国棉纺织业机械设备时，斌记商行作为代理商与外国洋行反复博弈的过程以及设备引进的各项原则，从一个侧面既体现了斌记商行在技术设备引进过程中的作用，也考察山西工业近代化进程。

---

① ［法］白吉尔：《中国资产阶级的黄金时代（1911—1937）》，张富强、许世芬译，上海人民出版社1994年版，第274—275页。

第一节　斌记商行技术引进背景阐释

民国时期，棉纺织业是中国的支柱产业之一，山西省晋南地区是内地重要的棉花生产种植生产区，尤其是运城一带。高产量棉花通过为其他棉花加工业大省提供原材料以获取收益，抛去运费这种利润已经相当可观，这也促使了山西省内棉业机器生产的发展。以棉花打包为例。起初，棉花的轧花打包由各县选择场地，令各棉店分别自由组合集中打包，再将打包好的棉花运送到较大的市镇进行检查。规定每一棉花商店须有每日轧籽花 4500 斤以上的轧花机和每日打包 100 包（每包约重 150 斤）以上的打包机为标准。[①] 1936 年，为统一棉花收购标准，简化棉花收购程序，提升棉花出口能力，山西省政府开始在全省范围内考察合适场所，建设具有较高生产能力的棉花打包机厂。

一　棉花种植技术改良

晚清以降，西方大机器生产的方式开始进入中国。由于利润丰厚，轻工业中的缫丝、纺织等成为官营或民营的首选，一时间，棉花的需求量骤增。清末山西巡抚曾试图在山西绛县建设机器纺纱厂，但因当时交通不便，"重大机器不能入晋，为计划不周之处。故建筑未半，竟至停顿。所购机件，遂零落沪、汉各口岸"[②]。事实上，清末山西的棉花产量并不算高，"河东道输，虽有少数栽培，惟彼时民智闭塞，交通不便，收获不多，只供日常生活所需，并无余额外销"[③]。因此，要想发展当时盈利能力高的纺织业，就必须提高本地棉花产量。

1917 年，山西省在临汾凌峰地区设立棉业试验场，派山西农业专

[①] 《山西棉业品评会简章》，《山西公报》1934 年第 30 期。
[②] 《三十年来之山西》之《晋阳日报三十周年纪念特刊》，晋阳日报出版社 1936 年版，第 71 页。
[③] 实业部国际贸易局编：《中国实业志》（山西卷），实业部国际贸易局 1937 年版，第 467 页。

第五章　斌记商行技术设备引进运作模式：以风陵渡棉花打包机厂为例

科学校毕业生陈鉴管理，引进美国和德国棉种交与农民种植。并编定《白话种棉法》，从整地、择土、选种、育种、预设温床、移植、间引及耘耨、摘心、施肥九个方面，教育棉农照料棉田。① 棉业试验场直接隶属于省长公署，场长直接向省长负责。设立的宗旨大致有三，首先，对气候、土壤、肥料等棉花种植的各个方面进行多种实验，调查各地情况，以选择适于不同种类棉花种植的区域。其次，鉴定和优选棉种，分辨不同棉种出产棉花纤维的优劣，决定各地棉田使用的棉种类型。最后，改良棉花种植技术，指导棉农从事生产。②

1917年11月，山西省政府颁布《棉业试验场规则》，在棉业试验场设场长一人，技术员二人，事务员二人，负责指导选购种子免费提供给棉农，在栽培和收获期，派人到各棉田巡回指导，详细解答棉农所提的问题，处理包括预防病虫害在内的各类事宜，并将收获结果上报省公署。设置联系员一职，以热心棉花种植的农户为主，人数不限，练习栽培、收获、施肥等技术。此外，在棉花休种期间，棉花试验场技术人员到各县区开设课程，教授植棉技术。民国十年（1921）开始，陆续增加太谷、文水、高平、定襄、解县、临汾等县棉花试验场，棉花种植面积不断扩大。

1928年，因农业各项需要，山西省政府一度将棉业试验场改为农棉试验场，仍负责鼓励植棉和培育棉种。1932年，又将农棉试验场恢复为棉业试验场，专门负责棉花种植推广工作。山西省政府还制定了《棉业专案》，以推广棉业为首要步骤，繁育优质品种，以求品质改善。③

1933年设立河东和雁宁两区的棉业试验总场和分场，隶属实业厅。总场设在临汾，分场设在榆次，将全省划分为十个小区，河东有临汾、曲沃、万泉、解县、隰县五小区，共35县，雁宁辖榆次、文水、沁县、

---

① 《临汾之棉业试验场》，《实业要闻》1918年第1期。
② 山西省地方志编纂委员会编：《山西通志》第20卷，中华书局1999年版，第121—122页。
③ 《山西省政十年建设第七次报告（推广棉业进行情形）》，《山西建设》1935年第6期。

高平、崞县五小区，共47县。河东每小区派指导员一人，雁宁每小区派二人，巡回指导，督促改进。

表5-1　山西棉业试验总分场机构设置、职能、薪俸、经费情况一览表①

机构	人员		职责	薪俸（元/人）	经费（元/人）
	职务	人数			
总场	场长	1	总理全场事务	90	
事务股	事务主任	1	收发文书、保管卷宗和印章、编制统计报表、会计、棉花产品保管、销售等日常工作	90	280
	事务员	1—2		30	
技术股	技术主任	1	育种、栽培试验、棉作物生理研究、防治病虫害、良种繁殖、编辑科普文献、改进新式农具、采集标本等技术事宜	90	
	事务员	1—2		40	
推广股	推广主任	1	技术指导员训练、传播种棉技术、指导棉花栽培、棉花产量估计与统计、摘花分等剔除杂质、寻找销路、棉区划分及调查、指导防治病虫害、宣传、收购发放良种、指导轧花、答疑等推广事宜	90	1680
	指导员	5		24	
分场	场长	1	与总场同类机构职责相同	60	
	事务员	1		30	
	技术员	1		60	
	指导员	5		24	

山西棉业试验总分场机构的业务以研究棉花栽培技术和推广棉业种植为主，从研究棉花的生理特征、因地制宜培植良种、防治病虫害到新式农具的改进等，该机构对民国山西的棉花推广起到了重要的推动作用。

1934年，山西设立棉产改进所，各村设义务棉产调查员，负责调查各村农产及棉花产量。一年向棉产改进所报告六次，7月5日以前，

---

① 《山西省政十年建设计划棉业专案》，《山西建设》1935年第10期。

填送第一次棉田面积估计报告表;8月5日以前,填送冬季作物收获面积及收获量估计报告表;9月5日以前,填送第二次棉田面积及产量估计报告表;10月5日以前,填送棉花产量研究特种报告表;11月5日以前,填送第三次棉田面积及产量估计报告表;12月5日以前,填送夏季作物收获面积及收获量估计报告表,以便棉产改进所可以随时监督各县村棉花生产情况。[①]

在各县设立棉业检查所,负责棉花分级、轧花、打包、选种,检查外销棉花质量,取缔非法经营。并规定棉检所检查员的考核标准:检查欠严,致使棉花出口不合法定者,由主办检查员及主任连带负责;收受贿赂及其他重要违法失职情事,除犯罪者依法重惩外,应由县长或县长主任负失察之责;收到文件须及时解决,不得积压延误;棉检所职员不得借职务之便勒索、欺辱商民等,对成绩不合格的棉检员予以处分。[②] 1937年,翼城县棉检所检查员温尔昌、陈珍因考核成绩为下等,山西省棉产改进所依照《山西省办理棉业人员考核奖惩规则》第三条第(五)项规定,予以停职半年的处罚。[③]

此外,还有临时派遣的视察员。遇有特殊事宜时,山西省棉产改进所通常派遣临时视察员负责处理。1937年,山西省推广种棉技术,在冀雁各县设立保赔试种棉场,每个棉厂雇一名技术工人进行指导,每月工资10元,由省政府核发。为确保所雇工人工作效率,以及实际雇佣情况,防止冒领工资的现象,山西省棉产改进所派视察员到各县试种棉场巡视,填写工人姓名、领用工资以确定核发工资数量。[④]

(一) 棉种的改进与推广

山西引进优质棉种推广棉花种植并非简单的拿来主义,设置棉业

[①]《山西省棉产改进所农村棉产调查员须知》,《山西省公报》1937年第15期。
[②]《山西省各县棉业检查所职员服务规则》,《山西省公报》1936年第52期。
[③]《山西省政府训令(建商字第105号)》,《山西省公报》1937年第11期。
[④]《山西省政府训令(建农字第132号)》,《山西省公报》1937年第13期。

试验场的主要目的之一，就是要改良棉种使之适应山西的气候和土壤条件。对于棉籽改良的工作十分重视，讲求实效，相关安排细致周到。

在山西省政府十年建设第七次报告中说，以各地气候互异，恐临汾试验场培育出棉籽，其他各县未尽适用，乃于十年在太谷、文水、定襄、高平等四县，各设经济植棉试验场一处，专司试验适合地域优良棉种，每场各租棉地一百亩，并责成各场就附近县份，巡回指导。①

仅 1935 年棉花试验分场的研究项目就包括：棉作受疽时期和受精与气候之间的关系；棉作物生长期所需养分；炭疽病的成因及预防；蚜虫防治；土壤及肥料对棉花产量的影响等。4 月至 9 月间，对美国金字棉、美国武得氏棉、阳曲金字棉、临汾金字棉和文水棉进行比较试验；对金字棉、武得氏棉、托里斯棉、裕农棉、惠陆大朔棉、木字棉进行育种试验；对金字棉、脱字棉等进行了品种试验。此外，还进行了肥料、距离、浸种、繁殖、单铃选种和单株选种等试验。②

1935 年，山西定襄县外购的棉籽产棉可纺 32 或 42 支纱，到 1936 年再种该种子时，仅能纺纱 22—23 支。1937 年 3 月，山西省政府令棉产改进所据呈定襄棉质劣退原因及补救办法，"随时研讨改良，并严饬各棉场积极培育适合本省风土之耐旱早熟丰产绒长纯优棉种，以资推广，暨各指导区办事处，认真宣传，切实指导，期收实效为要"③。

山西以温带大陆性气候为主，春季干燥少雨，给春播棉田造成影响。棉产改进所经过多年研究，创造出一套行之有效的针对山西气候特征的棉花耕作方法——春旱种棉法，由开沟待雨法、借土法、深播法、浇沟法、浇窝法、凸种法、移植法七种方法组成，能够在土壤墒情较差的情况下保证棉种的成活率。1937 年开始在全省范围推广，取得了良

---

① 《山西省政十年建设第七次报告（推广棉业进行情形）》，《山西建设》1935 年第 6 期。
② 《山西省棉业试验分场二十四年份实施办法》，《山西公报》1935 年第 38 期。
③ 《山西省政府指令（建农字第 645 号）》，《山西公报》1937 年第 13 期。

好的效果。①

棉花种植的推广工作主要从三个方面进行。在棉籽改良工作完成后，首先试种，取得较好收益后，再进行推广，因此，从1936年开始，山西省政府抽出专款在各县设立了保赔试种棉场，作为进一步推广棉花试验场研究成果的基地。

保赔办法规定了棉花试种理赔的具体办法：

> 1. 以棉花试种场附近同一肥瘠水旱土地普通农产品每亩的价格为标准，计算棉农损失，计价赔偿。
> 2. 因气候不适，收获棉产的价格不及附近主要农产品或全无收获者；
> 因棉苗出土受害或尚未出土而改种其他作物的价格不及附近主要农产品价格者；
> 3. 因棉苗出土不全，补种其他一种或数种作物，经合并计算其收获价，仍不及附近主要农产品价格；
> 4. 受灾棉田收获棉花的价格，不及附近受灾的主要农产品价格。被水灾漂没，与其他主要农作物相同者，因天灾致使棉花收获与其他农作物受同种灾害而全无收获者，不在此限。②

对理赔范围和赔付标准作出了严格的界定。这项措施旨在将研发出来适应山西自然环境的棉种在推广前进行试种，以观察新品种的产量和预防病虫害的能力，进而做出进一步改造，以便推广后能够减少种植损失，迅速提高产量。由于棉业试验总分场的场地有限，因此，由政府出资棉农出地出劳力进行试种。为避免棉农因担心收成而拒绝种植所采取的鼓励种植的办法，并从制度上杜绝试图骗取赔付的各种

---

① 《春早种棉法》，《山西公报》1937年第18期。
② 《山西省政府训令（建农字第253号）》，《山西公报》1937年第27期。

手段。1937年，山西省政府派出专人核实各县保赔试验场棉农损失赔付情况。

据表5-2显示，仅1937年政府赔付的保赔试种场就有33处，涉及15县份的447户棉农家庭，赔付金额达1684.4725元，平均每户约赔3.77元，其中赔付最高的达300余元，最低赔付约为0.03元。按《赔付办法》中所说，此项工作事关政府信誉，务求实效。①

表5-2　1937年山西省政府赔付保赔试验场棉农损失统计表②　金额单位：元

县份	场数	保赔试种场受损棉户数及金额				金额
		第一场	第二场	第三场	第四场	
兴县	3	0	1	10	—	6.098
沁县	2	5	1	—	—	26.27
孝义县	2	20	19	—	—	129.4375
崞县	3	11	17	8	—	152.101
辽县	1	8	—	—	—	12.133
太谷县	2	2	3	—	—	11.42
长治县	4	13	4	17	23	198
壶关县	2	6	10	—	—	36.914
介休县	2	54	9	—	—	427.42
交城县	2	6	16	—	—	75.54
平遥县	1	5	—	—	—	20.1
平顺县	1	15	—	—	—	25.199
盂县	3	0	0	58	—	96.43
寿阳县	2	21	28	—	—	164.61
离石县	3	23	19	15	—	302.8
总计	33	189	127	108	23	1684.4725

其次，培训棉业种植方面的技术员。1937年，山西省政府令省农务司和棉产改进所，通过考试招聘技术人员，为各县农场及棉花实验所举办为期两个月左右的技术员培训课程，其中，即有棉花育种和改良种

---

① 《山西省政府训令（建农字第13号）》，《山西公报》1937年第3期。
② 《山西省政府指令（建农字第645号）》，《山西公报》1937年第13期。

子方面的科目。①

其三，培训棉花销售专业人员，严把棉花质量分类关。为保证棉商能够了解棉花分级标准，山西各县在本地设有农民联合轧花社的村庄内，令各家棉店每店选派1—3名有文化且品行端正，年龄在18—30岁之间的伙计，到县里接受棉花分级标准的培训。由各县棉业试验所检查员、县政府建设科长、技师等担任讲师，县长负责监督指导。培训课程有：棉花管理办法摘要、棉花分级及水杂检验实习、管理棉业讲话和棉业浅说。培训费用由联合轧花社所收公费支出。②

（二）棉花技术改良与产量、质量的提高

1917年，棉花试验场设立后，次年，仅山西临汾一地棉花种植增至面积20余万亩，皮棉产量达30余万担。1919年增至48.6万千亩，1920年增至83.57万余亩。民国十年（1921）在冀雁地区推广棉业试验场后，1920年底，该地区棉花产量增至2898360多斤，河东区增至34714350多斤，全省总产量达37612720多斤。

随着山西省政府大力推广和棉花种植技术的不断改良，1927年，现临汾、晋南一带20个县的棉花产量6155505斤，价值1470467块银圆。以芮城为中心，以100公里为半径进行辐射，永济县、虞乡县、平陆县，四地的棉花输出量为721300斤。以200公里为半径增加曲沃县、翼城县、汾城县、襄陵县、荣河县、万泉县、新绛县、稷山县、河津县4763133斤，占到山西全省总输出量的大约62.6%。③

至1935年，山西产棉区域不断扩大，次于河北、江苏、湖北、山东、河南、陕西、四川在汾水流域，居全国第8位。④ 棉花产量逐年提高，1927年，山西通过正太铁路向外省输出的棉花为11979882斤，折

---

① 《山西省政府训令（建农字第64号）》，《山西公报》1937年第7期。
② 《山西省各县农商棉业人员训练办法》，《山西公报》1937年第16期。
③ 山西省政府统计：《山西省第九次经济统计正集》民国十六年份，1930年，第163—198页。
④ 萧辅、张理文：《中国近代棉业问题》，《浙棉》1937年第5期。

(斤)

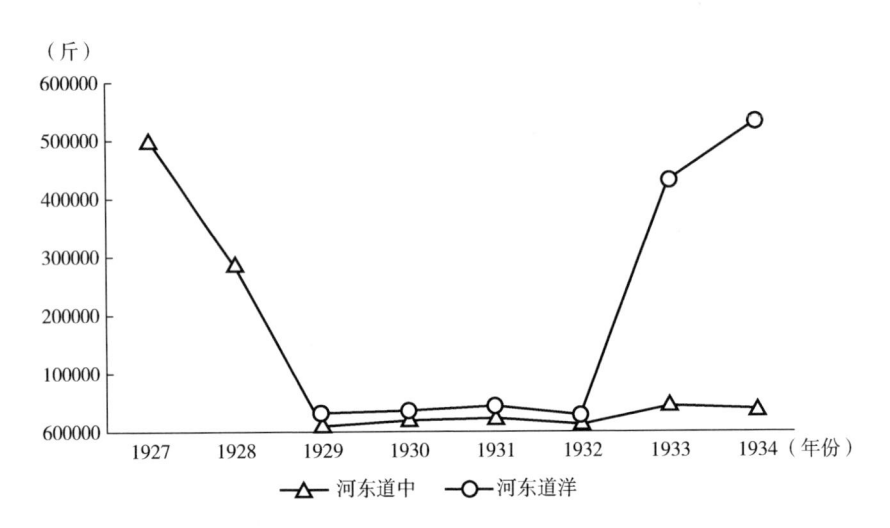

图 5-1　1927—1934 年间山西省棉田的棉花产量增长情况

合 4640918 元。同一时间，风陵渡棉花的输出量为 249183 斤，价值为 79844 元。[①] 受美种引进的影响，河东道的本地棉花产量自 1927 年起锐减，到 1934 年不足原来的 7%。相反河东道的洋棉产量，从 1930 年起，到 1934 年增长了大约 18 倍。雁门道 1927—1931 年，本地棉花总产量不足河东道 1929 年棉花产量的三分之一，而这一年是河东道本地棉花产量最低的一年。自 1931 年开始雁门道改种洋棉，产量略有提高，但是提高比例也远不如其他两道产量。冀宁道位于山西中部，并不是棉花产量的极盛之地。因此，棉花产量既没有受到外来美种的影响，也没有因为需求量增加，而盲目扩张。[②]

山西临汾、蒲州和解州等地土壤气候条件较为适合棉花生长，清末以来一直是山西的棉花产区，由于对棉花市场缺乏认识，没能引起民间和省公署的重视。1917 年，山西省公署开始意识到重视棉花对国民经

---

① 山西省政府统计：《山西省第九次经济统计正集》民国十六年份，1930 年，第 163—198 页。
② 贺水金：《从供给、需求曲线变动看 1914—1925 年中国棉纺织业的繁荣与萧条》，《上海社会科学院学术季刊》2001 年第 4 期。

济的重要作用，开始在平阳设立棉业试验场后，山西临汾地区的棉花质量有了较大提高。1918年经正太铁路输往日本，其棉花经日本鉴定，"纤维之细，实贯全国"①。

在大力推广棉花种植后，尤其是山西省建设十年造产计划，随着棉花产量的提高，山西省政府开始从确定棉花等级标准和开办棉产品评会奖励优质棉两个方面保证棉花质量。

1936年，为提升山西棉花出口的质量，增进棉花输出信誉，改进棉种棉品，杜绝以次充好、掺水掺杂等情况的出现，山西省政府颁布了《山西省管理棉业办法》，对棉花质量进行分级定标，并针对轧花打包时棉花归等做出了规定。

表5-3　　　　　　　1936年山西省指定的棉花分级标准②

种类	分级标准项	等级	标准
美棉	色泽	优	色泽精亮，纯白清洁，有光泽
		上	色泽乳白，清洁
		中	色泽呆白，内有黄色，棉丝不超过50%
		下	色泽白，内有黄色，棉丝不超过50%
		劣	色泽灰白，内有黄色，棉丝不超过50%
	纤维长度	上	1英寸以上者
		中	不足1英寸，在3/4英寸以上
		下	不足3/4英寸
	纤维整齐度	上	90%
		中	85%—89.9%
		下	75%—84.9%
中棉		上	色泽洁白，品质干净，纤维长度在3/4英寸以上
		中	色泽发黄，品质干净，纤维长度在8/5英寸以上
		下	色泽发红，略带污染，纤维长度在1/2英寸以上

设立棉业检查所，监督棉花轧花打包及办理棉花检查、棉籽统调等

---

① 《临汾之棉业试验场》，《实业要闻》1918年第1期。
② 《山西省管理棉业办法》，《山西公报》1936年第52期。

事项。在各县销售地及重要渡口，委派稽查员及查验员，检查进出口棉花的质量。对于违反棉业管理办法的行为，也作出了相应的规定。轻则处以1—1000元的罚金，重则交所在地司法机关依法办理。①

此外，为鼓励棉农重视提升棉花质量，山西省政府还规定，河东冀雁两区每年于秋收后各开棉作成品展览会后，另由棉业试验总分场会同所在地县政府负责举办一次棉花质量品评会，选出优质棉花种植户，上报省政府，由省政府给予奖励。②

为杜绝品评会可能出现的营私舞弊行为，山西省政府对棉业品评会的组织机构、品评办法进行了严格规定。首先，品评会地址及日期由棉业试验总分场随同筹开展览会时一并呈请实业厅临时核定；品评会行政机构由会长一人、理事长一人和干事若干人组成。会长由实业厅厅长担任，理事长由棉业试验总分场场长担任，干事由评议长及理事长临时指派；专业机构由评议长和评议员组成，评议长一人，评议员若干人，均由会长及理事长临时选定。③ 并从光泽度、颜色、强韧度、痂节、籽棉重量、纤维长度等方面，对棉花质量鉴定进行了详细的规定。

表5-4　　　　　　　棉业品评会棉花质量鉴定标准④　　　　　　　单位：分

	项目	评分标准	总分数
目测检定	光泽	以有绢丝光泽为标准，据明暗程度加减分数	20
	颜色	以洁白为标准，据颜色有无程度加减分数	20
	强韧度	以富于弹力且强韧为标准，据程度加减分数	20
	痂节	以每条纤维粗细均匀且无白点为标准，据白点多少加减分数	
以上四项不及60分，不进入器械检定项			

---

① 《山西省管理棉业办法》，《山西公报》1936年第52期。
② 山西省地方志编纂委员会编：《山西通志》第20卷，中华书局1999年版，第121—122页。
③ 《山西棉业品评会简章》，《山西公报》1934年第30期。
④ 《山西棉业品评会简章》，《山西公报》1934年第30期。

续表

	项目	评分标准	总分数
器械检定	棉蒴籽棉重量	以二钱为标准,据每个重量增减分数	20
	依分	以35%为标准,每递加或递减一分,应得分数以一分增减	20
	依指重量	以二钱为标准,每递加或递减一分,应得分数以一分增减	20
	籽指重量	以四钱为标准,每递加或递减一分,应得分数以一分增减	10
	纤维长度	以市尺一寸为标准,长度递加或递减一分,应得分数以一分增减	20

产品总分数由目测鉴定和器械检定各项分数加总后除以2后的分数为准。考虑到晋北自然条件较差,棉业推广时间不及临汾地区,因此规定"各项品评时,凡属冀雁区产品给分应较河东区从宽多增一成"。分数在60分以上均有奖励,其中,总分在60—80分之间的为中下等,80—90分为中等,90—100分为优等,并按等级给予奖章、奖状等不同奖励。①

二 引进棉花加工技术

第一次世界大战期间,世界棉花需求量增加,中国棉纺织业也由1914—1924年进入空前繁荣时期,甚至是盲目扩张时期。这个时期对针织、棉纺织业机器的进口值出现了第一次小高峰,1922年占全年机器进口的62.26%,仅这一类行业的机器设备进口值就超过全国机器设备进口值一半。过度扩张并没有结束棉纺织业这种刚性需求的生活基本用品,依然保持棉纺织业在这个时期成为中国最大的近代工业。

---

① 《山西棉业品评会简章》,《山西公报》1934年第30期。

表5-5　　1914—1931年全国棉纺织业机器进口值统计表[①]　　单位：海关两

年份	缝纫针织机类	棉纺织机类	各业进口总额	所占百分比（%）
1914	556965	2035644	8549527	30.32
1915	287485	1412842	4744919	35.83
1916	295306	1930657	6321530	35.21
1917	431915	1216153	5695878	28.93
1918	282335	1650074	7436851	25.98
1919	610112	3744011	14710551	29.60
1920	1015282	6903610	23281538	34.01
1921	647562	26723011	56295342	48.62
1922	769076	30480376	50192499	62.26
1923	701846	12316486	30166791	43.15
1924	771487	5510631	23059724	27.24
1925	404318	3406827	16208889	23.51
1926	650728	4057796	17737885	26.55
1927	767003	3709254	19218818	23.29
1928	1046713	4105157	20892251	24.66
1929	1515694	8931757	31674910	32.98
1930	796324	13994663	45294064	32.66
1931	644867	13800616	44505336	32.46

社会越进步，生产关系越复杂，生产力越增强，生产关系越复杂，所以社会的组织越要高级一点，社会的组织进步，就是它的分工越细密，所以近代资本主义的工业生产，其分工是很复杂的。一种工业很难独立建立，它需要各方面的合作，就好像从事一种生产工作，哪怕是一个螺丝钉的旋紧，一个齿轮的旋转，都要成为一个专门的技术支持。[②]这种工业分工的细化，加强了对棉花这种初级品加工技术的细化，也对棉花技术设备引进提出了要求。民国时期，在全国成立了大小不一的

---

① 参见中国社会科学经济研究所《上海民族机器工业》（上），中华书局1966年版，第434页。

② 司徒坪：《资源，资本和技术》，《中原》月刊1939年第1期。

第五章 斌记商行技术设备引进运作模式:以风陵渡棉花打包机厂为例

150余所科研机构,① 与棉纺织业相关科研成果十分有限,能够转化投产的更是凤毛麟角。由洋务运动带动的引进西方技术设备的潮流中,与棉纺织业相关的机器设备的引进成了各行业技术引进中的重头。

为了谋求自身棉纺织业的发展,提出了须先求技术②的观点。在实际的棉纺织工程中,逐渐增强对棉纺织业机器、技术、设备引进的重视。梳棉机正确地使用,③ 如何进行后期维护,④ 关于机器动力的技术介绍,⑤ 对棉纺织工人进行机械专业⑥和纺纱技术⑦的培训。山西也加入了发展棉业的潮流中来。因此,近代工业的发展依然以对外国机械设备的引进为主。与以往不同的是,从晚清开始中国坚持不懈培养科技人才的举措在民国时期见到了效果,随着科学技术水平的提高,民国在引进国外技术设备上已经开始摆脱洋务运动时期的盲目性,更加注重引入设备的先进程度和实用性,对技术溢出效应也有了一定的认识。

受地方风俗的影响,"人民衣被所需,多服用皮毛",山西对棉花的需求甚少,故生产出的棉花"多运销省外,计约二十万担,值七八百万元。其销场除天津为主外,在沪汉亦占有相当之地位"⑧。山西地处内陆,棉花生产并非传统优势项目,山西省国民政府之所以大力推广棉花种植,其中至关重要的原因在于,当时中国的出口中"负有盛名能行销国内外者,厥推纺织工业中之棉纱、棉布、呢绒、地毯"⑨。因此,高产量棉花通过为其他棉花加工业大省提供原材料以获取收益,

---

① 何志平、石东风:《中国科学技术团体》,上海科学普及出版社1990年版,第78页。
② 邓禹声:《纺织技术幼稚及其责任论》,《纺织》1933年第12—13期。
③ 孙启仁:《纺织染世界梳棉机技术问答》,《励进月刊》1933年第10期。
④ Philip, R. W.:《关于纺织技术几个问题》,《纺织周刊》1933年第3卷第27期。
⑤ 铁流:《机器技术讲座:一只或两只汽缸没有工作的能力》,《指南针》1948年第18期。
⑥ 雷锡璋:《技术座谈:纱厂工务员必具之机械常识(三)(附图表)》,《纺织世界》1936年第1卷第8—9期。
⑦ 姚炘:《纱厂女工技术训练的方法》,《农工商周刊》1929年第67期。
⑧ 实业部国际贸易局编:《中国实业志》(山西卷),实业部国际贸易局1937年版,第454页。
⑨ 实业部国际贸易局编:《中国实业志》(山西卷),实业部国际贸易局1937年版,第781页。

"抛去运费这种利润已经相当可观。这也促使了山西省内棉纺织厂的发展。1927年，山西通过正太铁路向外省输出的棉花为11979882斤，折合4640918元。同一时间，风陵渡棉花的输出量为249183斤，价值为79844元"①。

尽管在民国山西省政府的大力推广下棉花产量和质量大幅提高，但由于山西本地棉花加工业不发达，棉花运输不便，给山西棉业发展造成了较大的影响。实际上，19世纪末，内地通商口岸汉口就成立了棉花打包机厂，但多为英日商人所办，② 占全市营业的60%。③ 鉴于打包事业之发达，收入之惊人，④ 20世纪初，在陕西⑤、河南⑥、湖北⑦等地相继创办。陕西和河南因气候土壤适宜种棉，⑧ 湖北老河口因毗连陕豫，是棉花最大的集散市场，⑨ 因此建设棉花打包机厂本身同样有利可图。

第二节　斌记商行打包机引进过程

在高额利润的驱动下，为解决棉业发展存在的问题，山西省政府着手引进棉花加工机器设备。风陵渡隶属运城，位于山西、陕西和河南三省交会之处，是黄河上最大的渡口，依据自身优势为全省棉纺织业发展

---

① 山西省政府统计：《山西省第九次经济统计正集》民国十六年份，1927年，第163—198页。
② 《汉口新设棉花打包厂》，《纺织时报》1930年第749期第8版。
③ 汉口品芳照相馆：《棉花打包厂之一瞥：摄自汉口穗丰打包公司打包机［照片］》，《汉口商业月刊》1935年第2卷第4期。
④ 王惠康：《晋南设立棉花打包厂之调查及意见》，《中华实业月刊》1935年第2卷第8期。
⑤ 《陕西实业团体之建议：四、筹设棉花打包厂计划书》，《陕西省银行汇刊》1934年第1期。
⑥ 《豫省机器打包厂驻厂查验棉花工作报告表（二十六年三四月份）》，《全国棉花搀水搀杂取缔所通讯》1937年第23期。
⑦ 徐璞生：《鄂省木机棉花打包厂查验办法刍议》，《全国棉花搀水搀杂取缔所通讯》1937年第20期。
⑧ 《陕西实业团体之建议：四、筹设棉花打包厂计划书》，《陕西省银行汇刊》1934年第1期。
⑨ 徐璞生：《鄂省木机棉花打包厂查验办法刍议》，《全国棉花搀水搀杂取缔所通讯》1937年第20期。

第五章　斌记商行技术设备引进运作模式:以风陵渡棉花打包机厂为例

从原材料和地理环境上提供了有利的种植和交通运输环境。1936年，山西省政府责成铁垦监四银号实物十足准备库管理处，在山西省同蒲线沿线地方修建机械化棉花打包厂。四银号实物十足准备库即刻派员对中国棉花打包公司和中国棉衣打包公司的情况进行调查，并与各国在华洋行接洽，随即委托山西省人民公营事业董事会下设斌记商行负责具体承办。①

山西省公营事业董事会下设斌记商行负责与怡和、孔氏、禅臣、礼和、新民等五家英德洋行接洽购买棉花打包机及相关技术的事宜。该厂筹建之初，所需要的棉花打包机及相关大型机械设备的引进，以山西省人民公营事业董事会为购主，直接与外国洋行签订购买合同。正式签订合同之前，斌记商行根据山西省人民公营事业董事会和风陵渡棉花打包机厂提出的具体要求斌记商行作为中间协调者同外国洋行进行磋商，为双方最终签订合同提供前期服务。并在合同签立之后，监督并确保履行合同，以保证合同内容的具体实施。

一　机械设备引进中的博弈分析

1936年8月20日，山西省铁垦监四银号实物十足准备库发函知会山西省公营事业董事会，"本省设立棉花打包厂应由贵会出资订购，机械建筑厂房将来归敝库经理"②，并随函将礼和、雅利、禅臣、怡和与孔氏五家洋行的报价单及来往公函等交与公营事业董事会。8月21日，公营事业董事会复函四银号实物十足准备库，"本会业将送到各件一一检收"，并承诺照项办理。③

五家洋行中仅怡和为英国洋行，其余四家均为德国代理商，80%的

---

① 《山西人民公营事业董事会与德商新民洋行的合同》，山西省档案馆馆藏，山西省人民公营事业董事会档案，档案号 B30-5-113。
② 《山西省省铁垦监四银号实物十足准备库总管理处公函［实字第三十九号］》，山西省档案馆馆藏，山西省人民公营事业董事会档案，档案号 B30-5-113。
③ 《关于送棉花打包厂机械报价单图样及调查报告等件已检的公函》，山西省档案馆馆藏，山西省人民公营事业董事会档案，档案号 B30-5-113。

洋行①来自德国。实际上，从1870年起，德国就成为机械输出国。②德国发达机械技术也在此时期吸引了山西公营事业董事会的目光。现有材料显示，礼和洋行在山西省曾代理过的机械品牌有德国的克鲁伯。③由于各家所报机械型号不同，性能、马力各有差异，以致很难比较各家机器价格，公营事业董事会又将报价发回各洋行，重新将机器型号、部件等一一表明价格补报。④公营事业董事会下属斌记商行等着手负责与商行的谈判。⑤与此同时，选派专业人员对同蒲铁路沿线各地进行调查，以找到符合机器生产的水质及水源充足的地区。⑥

各洋行将具体型号、性能等重新报价后，10月3日，公营事业董事会董事长陆近礼发函至山西省主席、该项目首席督理委员称："着该行等分别补报去后，嗣据各该行先后补报前来，经再三磋商减价，已减至无可再减。"并将原实物准备库价格单、同蒲路各站水质调查报告一并提交。⑦经反复比照报价及技术参数，公营事业董事会报请首席督理委员阎锡山，决定先于德国孔氏洋行具体谈判，而确定在山西风陵渡建设棉花打包机厂当在1936年10月3日至11月21日之间。⑧

---

① 《关于送棉花打包厂机械报价单图样及调查报告等件请查收的公函》，山西省档案馆馆藏，山西省人民公营事业董事会档案，档案号B30-5-113。
② 赵祖华、李国光主编：《技术进步与社会发展技术史、技术政策、技术哲学国际学术会议论文集》，北京理工大学出版社1990年版，第330页。
③ 中国人民政治协商会议全国委员会文史资料研究委员会编：《文史资料选辑（合订本）》第17册第48辑，中国文史出版社1989年版，第59页。
④ 《关于将各行所减最低价格汇列一表并加具说明速准备库原表及同蒲路各站水质化验表一并送报请查照的公函》，山西省档案馆馆藏，山西省公营事业董事会档案，档案号B30-5-113。
⑤ 《关于棉花打包机究应用中国货还是德国货请指示的公函》，山西省档案馆馆藏，山西省人民公营事业董事会档案，档案号B30-5-113。
⑥ 《关于将各行所减最低价格汇列一表并加具说明速准备库原表及同蒲路各站水质化验表一并送报请查照的公函》，山西省档案馆馆藏，山西省人民公营事业董事会档案，档案号B30-5-113。
⑦ 《关于将各行所减最低价格汇列一表并加具说明速同准备库原表及同蒲路各站水质化验表一并送报请查照的公函》，山西省档案馆馆藏，山西省人民公营事业董事会档案，档案号B30-5-113。
⑧ 《关于速催棉花打包机速办洋行早日确定订购合同的公函》，山西省档案馆馆藏，山西省人民公营事业董事会档案，档案号B30-5-113，其中提及打包场急待计划兴工。

第五章　斌记商行技术设备引进运作模式：以风陵渡棉花打包机厂为例

公营事业董事会下属斌记商行，系与各洋行洽谈机器购买事宜的本地商行，该行自成立后，同禅臣、礼和两家德国洋行在业务上往来最多。① 而此次与孔氏洋行谈判进行得并不顺利。

建设棉花打包机厂所需机械主要分为动力系统、机械系统两个部分。动力系统主要由锅炉及锅驼机组成，而机械系统则主要是棉花打包机。孔氏洋行提供的棉花打包机为德国厂家生产，而动力系统则选择天津德利兴工厂制造的火管锅炉。② 根据德产打包机型号，要求锅炉气压达到12atm，③ 即每小时蒸汽量不低于1500公斤。而天津德利兴工厂声明不能保证所售锅炉气压及蒸汽量能够达到德国打包机要求的标准。无奈之下，孔氏洋行只得函告斌记商行称，锅炉无法保证能够达到打包机设计标准，但打包机"敝行担保到底"，希望除锅炉请斌记商行与其他厂商订购外，一切照原议定的条款办理。④

公营事业董事会也不断催促斌记商行速与孔氏洋行签订合同，为慎重起见，11月11日，斌记商行函请董事会展期，万一德利兴工厂对锅炉"不予担保，敝行为慎重计只有另向别厂订购，即请假以时日俾便办理，事属无奈，即希原谅"并继续敦促孔氏洋行，从速决定。⑤ 15日，公营事业董事会致函斌记商行，"因查打包机厂急待计划兴工建筑，所有前项机器订购合同，应速催促该洋行早日确定，以免延误"⑥。21日，再次催促斌记商行，"现在打包厂急待计划兴工，未便再事延宕，合再函催，希即将前项机器订购合同速催该洋行早日确定，以免贻误"⑦。26

---

① 山西省地方志编纂委员会编：《山西通志》第28卷，中华书局1999年版，第70页。
② 天津德利兴工厂兴建于1912年，主要从事修理胶皮车。
③ 1atm＝101325Pa，12atm＝1215900Pa。
④ 《关于棉花打包机究应用中国货还是德国货请指示的公函》，山西省档案馆馆藏，山西省人民公营事业董事会档案，档案号B30-5-113。
⑤ 《关于打包厂急待计划兴工建设将前项机器合同早日确定等因得原函附送请查照的公函》，山西省档案馆馆藏，山西省人民公营事业董事会档案，档案号B30-5-113。
⑥ 《关于催促打包机承办洋行早日订立合同的公函》，山西省档案馆馆藏，山西省人民公营事业董事会档案，档案号B30-5-113。
⑦ 《关于速催棉花打包机速办洋行早日确定订购合同的公函》，山西省档案馆馆藏，山西省人民公营事业董事会档案，档案号B30-5-113。

日，斌记商行随即去函公营事业董事会，汇报交涉情况，并告之孔氏洋行对中国锅炉厂家的调查结果。"据此查该行（孔氏洋行）所称担保锅炉气压 12atm 及每小时蒸汽量一千五百公斤一节，经商行向各方调查均谓若购中国造锅炉而担保有此能力绝难办到"，故建议仍购买德国锅炉为宜。①

由于史料阙如，起初选定孔氏作为谈判对象的具体原因现已不得而知，但报价较低肯定是其中的主要因素之一。孔氏洋行改用德国锅炉后，报价陡然增加了 858 英镑，引起了斌记商行和公营事业董事会的反感。由于孔氏洋行系首席督理委员阎锡山所定，为慎重起见，12 月 10 日，公营事业董事会呈函首席督理委员阎锡山，将孔氏最新报价，连同礼和、禅臣火管锅炉的报价，及水管锅炉、火管锅炉优劣及选定标准、同蒲铁路沿线各站水质调查报告一并重新提交，并称"本会原计划用火管锅炉之意，系恐水质不良，水管锅炉易于损坏。而据礼和工程师审查同蒲路各站水质化验表之结果，谓风陵渡站水质化验成分果系真确水管锅炉亦可使用"，② 隐晦提出另选洋行，及改用水管锅炉的意思。

确定孔士洋行不能对国产锅炉进行担保及所提供的德国锅炉报价过高后，又结合礼和洋行和禅臣洋行两家水管锅炉和火管锅炉的报价，山西省政府最终决定选择新的合作洋行。

新一轮的招标排除了孔氏洋行，怡和洋行也退出了竞争，原参与报价的洋行仅剩下礼和与禅臣两家，新加入的也是一家德国商家新民洋行。礼和洋行和禅臣洋行等都是民国时期在京津的洋行中规模和影响力较大的洋行，较之在华历史悠久的怡和、禅臣，新民洋行多少显得有些名不见经传。新民洋行开办于 1923 年，商标为黑红两色的太极图。主要经营进出口贸易，从开始进口小五金到经营大五金，以及

---

① 《关于棉花打包机究应用中国货还是德国货请指示的公函》，山西省档案馆馆藏，山西省人民公营事业董事会档案，档案号 B30-5-113。
② 《关于水管锅炉就应采用何种锅炉向何家订购请核示的呈文》，山西省档案馆馆藏，山西省人民公营事业董事会，档案号 B30-5-113。

第五章　斌记商行技术设备引进运作模式：以风陵渡棉花打包机厂为例

小型蒸汽机车。①

负责谈判的依然是斌记商行。1936年10月，斌记商行曾经与禅臣洋行订立购买机车和车皮等机械的合同，②也许正因为如此，在筹备风陵渡棉花打包厂时，斌记商行作为中介更倾向于与自己刚打过交道、能收取佣金的禅臣洋行，并向上一级管理机构山西公营事业董事会进行推荐。12月12日，斌记商行去函公营事业董事会，表示愿以4600英镑的价格承售火管锅炉、棉花打包机以及火管锅炉皮带、管道，并包括安装工程师的一切费用。"六个月天津码头交货，余悉照承办此机之禅臣洋行原报详细价单上开各节……即请赐予通知，以便缮送正式合同，俾资签订为荷。此上山西省人民公营事业董事会。"③然而，尽管有斌记商行的鼎力推荐，重新报价的结果，禅臣洋行的价格并不占优势。

表5-6　　　　　　洋行对不同型号锅炉报价　　　　　　单位：镑

洋行名称	锅炉报价		打包机报价⑤	打包机生产厂家⑥	总价⑦	锅炉担保⑧
	火管锅炉	水管锅炉④				
孔士洋行	德产高850⑨	未报价	—	—	—	孔士洋行
礼和洋行	4600	4375	4250	（德）克卢伯	8625	礼和洋行

---

① 天津市地方志编修委员会编：《天津通志》，天津社会科学院出版社1996年版，第218页。
② 《斌记商行送来山伯尔25年10月9日至采运处来函译文》，山西省档案馆藏，山西省人民公营事业董事会档案，档案号B30-1-660。
③ 《关于打包机愿按四千六百镑承办的公函》，山西省档案馆藏，山西省人民公营事业董事会档案，档案号B30-5-113。
④ 《关于水管锅炉就应采用何种锅炉向何家订购请核示的呈文》，山西省档案馆藏，山西省人民公营事业董事会档案，档案号B30-5-113。
⑤ 《关于报市二院二十四日各洋行打包机价格究宜采购何家机器请示的函》，山西省档案馆藏，山西省人民公营事业董事会档案，档案号B30-5-113。
⑥ 《关于报市二院二十四日各洋行打包机价格究宜采购何家机器请示的函》，山西省档案馆藏，山西省人民公营事业董事会档案，档案号B30-5-113。
⑦ 因最终采用水管锅炉，总价只计算水管锅炉与打包机价格。
⑧ 《关于水管锅炉就应采用何种锅炉向何家订购请核示的呈文》，山西省档案馆藏，山西省人民公营事业董事会档案，档案号B30-5-113。
⑨ 《关于水管锅炉就应采用何种锅炉向何家订购请核示的呈文》，山西省档案馆藏，山西省人民公营事业董事会档案，档案号B30-5-113。

续表

洋行名称	锅炉报价		打包机报价	打包机生产厂家	总价	锅炉担保
	火管锅炉	水管锅炉				
禅臣洋行	4600 – 85①	4785	4250	[德] 林德曼	9035	禅臣洋行
新民洋行			4000	[德] 林德曼		新民洋行

火管锅炉和棉花打包机的价格，禅臣洋行和礼和洋行相同，尽管存在禅臣洋行报价中包含85镑斌记商行佣金，实际价格低于礼和的情况，但由于同蒲路沿线水质调查的结果，风陵渡一带水质达到了水管锅炉要求，公营事业董事会在1936年12月初已经倾向使用水管锅炉。而在水管锅炉的报价上，禅臣洋行则高出礼和洋行415镑，加之不担保锅炉达到各项技术指标，在同为德国品牌、棉花打包机价格相同的情况下，禅臣洋行无法逃脱被淘汰的命运。

而礼和洋行随后对火管锅炉的报价也出现了反复，1936年12月7日致函公营事业董事会，"最近上海锅炉市价奇涨，敝行前报打包机内之火管锅炉价格不能继续有效，其他打包机及锅驼机等价，目前仍照旧不变"②。次日又来函说，再次电询上海，价格变化不大，因此可以继续按原报价格履行合同。③ 也许正是因为这种反复，礼和洋行最终也未能获得这次竞标的胜利。

实际上，中标的新民洋行早在1928年底就曾与阎锡山进行过军火交易，④ 从现有史料上看，新民洋行在棉花打包机上的报价较礼和洋行、禅臣洋行低250镑。山西省政府最终选定的动力系统主要设备为水管锅炉，尽管新民洋行水管锅炉的报价资料散佚，具体数额无从知晓，但从最终

---

① 所减85镑系禅臣给斌记商行的佣金。
② 《关于最近商行锅炉市价涨礼和洋行前报打包机内之火管锅炉价格不能继续有效其他打包机器及锅炉机等价目仍照旧不变的函》，山西省档案馆馆藏，山西省人民公营事业董事会档案，档案号B30 – 5 – 113。
③ 《关于顷接上海复电火管锅炉涨价数目不大故仍照前报之原价承售的函》，山西省档案馆馆藏，山西省人民公营事业董事会档案，档案号B30 – 5 – 113。
④ 天津市地方志编修委员会编：《天津通志》，天津社会科学院出版社1996年版，第218页。

第五章 斌记商行技术设备引进运作模式：以风陵渡棉花打包机厂为例

结果上看，新民洋行其他配套机械的价格也应相对较低，至少总报价少于其他洋行。由此选择名气较小的新民洋行作为合作伙伴并非出乎意料。

二 技术设备引进的原则与标准

山西公营事业董事会在对棉花打包机械的引进最重视的就是机械的技术质量和动力来源的选择以及对于机械成本的考虑。

(一) 选址的原则

风陵渡棉花打包机厂在建设之前，山西省政府曾在晋南地区进行棉花打包厂之调查及意见①，结合各方面的综合考虑，从选址的结果上看，主要靠近原材料产地、交通便捷、水源充足、水质条件达标等。

1. 靠近主要原料供给原则

清末山西巡抚胡聘之就曾试图在山西绛县建设机器纺纱厂，但因当时交通不便，"重大机器不能入晋，为计划不周之处。故建筑未半，竟至停顿。所购机件，遂零落沪、汉各口岸"②。事实上，清至民国初年，山西的棉花产量并不算高，"河东道输，虽有少数在赔，惟彼时民智闭塞，交通不便，收获不多，只供日常生活所需，并无余额外销"③。

直至1917年，山西省在临汾凌峰地区设立棉业试验场，引进美国棉种交予农民，棉花产量才逐渐有所起色。次年，仅山西临汾一地棉花种植增至面积20余万亩，皮棉产量达30余万担。1919年，增太谷、文水、高平、定襄、解县、临汾等县棉花试验场，棉花种植面积不断扩大，产量进一步增加。1927年，现临汾、晋南一带20个县的棉花产量6155505斤，价值1470467块银圆。以芮城为中心，以100公里为半径进行辐射，永济县、虞乡县、平陆县，四地的棉花输出量为721300斤。

---

① 王惠康：《晋南设立棉花打包厂之调查及意见》，《中华实业月刊》1935年第2卷第8期。
② 《三十年来之山西》，《晋阳日报三十周年纪念特刊》民国二十五年（1936），第71页。
③ 实业部国际贸易局编：《中国实业志》（山西卷），实业部国际贸易局1937年版，第447页。

以 200 公里为半径增加曲沃县、翼城县、汾城县、襄陵县、荣河县、万泉县、新绛县、稷山县、河津县 4763133 斤，占到山西全省总输出量的大约 62.6%。① 1935 年，山西产棉区域次于河北、江苏、湖北、山东、河南、陕西、四川在汾水流域，居全国第 8 位。②

图 5-2 显示，1927—1934 年间，河东道地区棉花总产量与全省棉花总产量基本持平。晋南提倡植棉，棉田年有增加。③ 1929—1932 年受旱灾影响棉花总产量整体降低，④ 河东道的棉产量依然占全省棉产量的 90% 左右。

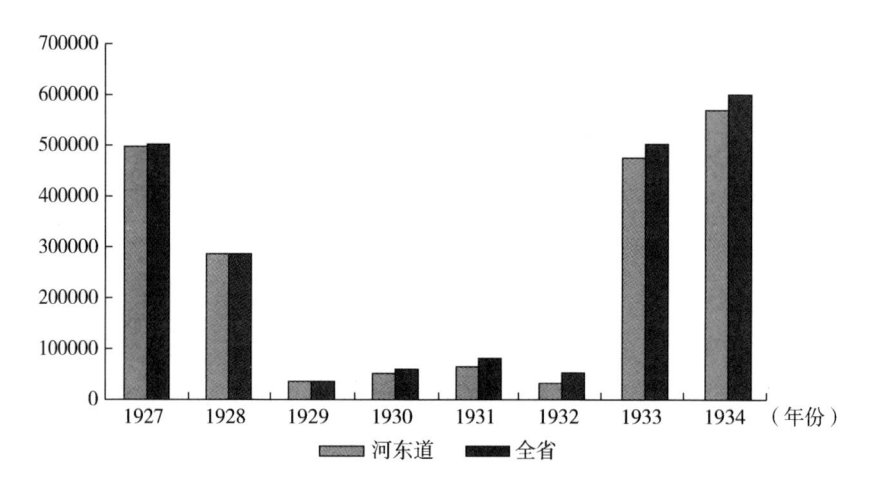

图 5-2　1927—1934 年河东道皮棉产量在山西省总产量所占份额⑤（单位：担）

2. 交通便利原则

棉花打包机所需要的资源主要是煤炭、电力和水，而最初将厂址定在同蒲路沿线正是基于资源需求和原料、产品的运输便捷。除临汾、运

---

① 山西省政府统计：《山西省第九次经济统计正集》民国十六年份，1930 年，第 163—198 页。
② 萧辅、张理文：《中国近代棉业问题》，《浙棉》1937 年第 5 期。
③ 铁道部业务司调查科：《大潼铁路经济调查报告书》，1933 年，第 86 页。
④ 实业部国际贸易局编：《中国实业志》（山西卷），实业部国际贸易局 1937 年版，第 449 页。
⑤ 实业部国际贸易局编：《中国实业志》（山西卷），实业部国际贸易局 1937 年版，第 454 页。

城一带本身就是山西省政府培育出的棉花生产基地外,同蒲路沿线棉花生产情况也比较丰富。据《铁道部大潼铁路经济调查报告书》统计,自榆次至潼关,此段路线较长,人口较密,物产较丰富,输出方面以棉花为主要之一,棉纱、布匹其次。① 其中,初级农产品棉花,主要输出县共 18 个,集中在山西的南部,包括有定襄、文水、汾阳、离石、平遥、灵石、霍县、赵城、洪洞、临汾、襄陵、曲沃、闻喜、夏县、安邑、解县、虞乡、永济。而棉花输入的县也共计 18 个,主要集中在山西的北部不产棉花之地。

山西境内同蒲沿线各地对棉花也有一定量的需求。1933 年铁道部业务司调查科对大潼铁路沿线经济调查的结果显示:西北地方为需要大宗布匹之区,而山西复盛产棉花,故纺织工业再次的确为易于发展之一种工业。全省有纺织厂四家,一家在榆次规模最大,有纺织机 4.2 万锭,一家在阳曲(当时的省会),有纺纱机 6 千锭……其余两家在新绛共有纺纱机 2.4 万锭……新式织机及自动织布机之厂,全省计有 15 家,皆在大潼铁路之沿线。②

表 5-7　　　　　1933 年大潼铁路沿线棉花生产及需求③

县别	原料棉花		织布业（布匹）			棉织业（棉纱、棉布、棉线等棉织物）		
	输出 出品 数量	输入 生产 价值	输出	输入	生产	输出 出品 数量	输入 生产 价值	生产
大同							√	
怀仁	√		√			√		
山阴	√		√			√		
朔县	√		√					

---

① 铁道部业务司调查科:《大潼铁路经济调查报告书》,1933 年,第 74 页。
② 铁道部业务司调查科:《大潼铁路经济调查报告书》,1933 年,第 27 页。
③ 铁道部业务司调查科:《大潼铁路经济调查报告书》,1933 年,附表大潼铁路沿线手工业一览表,其中每匹按平均 5 公斤计算,生产价值(估计)单位元。

续表

县别	原料棉花		织布业（布匹）				棉织业（棉纱、棉布、棉线等棉织物）			
	输出	输入	输出	输入	生产		输出	输入	生产	
					出品数量	生产价值			出品数量	生产价值
宁武		√		√						
代县		√		√						
崞县		√		√						
五台		√		√	—	12000	√			
定襄	√	√								
忻县		√		√	2000 匹	$8000				
阳曲		√	√	√	10000 匹	50000	√	√		
太原		√		√						
清源		√		√				√		
交城		√		√				√		
文水	√			√				√		
汾阳	√			√				√		
离石	√			√						
榆次		√	√	√	7000 匹	35000	√			
太谷		√	√	√	31000 匹	75000	√	√	27950 打	$50000
徐沟		√		√	2400 匹	5760		√		
祁县		√	√	√				√		
平遥	√				10000 匹	1300000		√		
介休			√	√	200000 匹	300000		√		
灵石	√			√	17000 匹	21900		√		
霍县	√			√				√		
赵城	√			√	300 匹	450		√	10000 条	1000
洪洞				√	10000 匹	15000		√	76500 条	8000
临汾	√			√				√		
襄陵	√			√	3000000 尺	120000		√		
曲沃	√			√				√		
新绛		√	√		130000 匹	728000	√	√	200000	240000

续表

县别	原料棉花		织布业（布匹）				棉织业（棉纱、棉布、棉线等棉织物）			
	输出	输入	输出	输入	生产		输出	输入	生产	
			出品数量	生产价值			出品数量	生产价值		
闻喜	√		√		2500000 尺	100000	√			
夏县	√		√				√			
安邑	√		√				√			
解县	√		√		1700 匹	12600	√	√	7000 打	7000
虞乡	√		√		800 匹	1300	√			
永济	√		√				√			
总计	18	18	6	34	24579600 公斤	3085010	7	26	289686 公斤	306000

根据1933年铁道部业务司调查科《大潼铁路经济调查报告书》显示，大潼铁路山西段沿线各县棉花生产及需求，其中大同到阳曲一段，定襄是雁门道①的主要棉花产地，除当地应用外即输往榆次②。其余县城所需原料棉花均为输入型。阳曲到潼关一段，包括阳曲，横跨位于山西中部冀宁道和南部的河东道。③ 铁路沿线长，几乎贯穿全省棉花种植区域，使16个县城有机会将原材料棉花运输出去。

山西本地人民需用布匹甚多，皆系由津、保、沪等地输入。④ 因此，布匹作为必需货物几乎出现在沿线每一个县。除阳曲、榆次、太谷、祁县、介休、新绛6个县外，其余35个县城是布匹输入型。还有部分输入型县城，也生产出品少量的布匹，按每匹平均5公斤计算，大潼铁路沿线每年大约出品2961100公斤，价值2785010元。⑤

---

① （清）王堉昌：《山西省道县沿革表》，1934年，附图。
② 铁道部业务司调查科：《大潼铁路经济调查报告书》，1933年，第18页。
③ （清）王堉昌：《山西省道县沿革表》，1934年，附图。
④ 铁道部业务司调查科：《大潼铁路经济调查报告书》，1933年，第76页。
⑤ 铁道部业务司调查科：《大潼铁路经济调查报告书》，1933年，附表。

新绛、阳曲、榆次三地各自有纺织工业①，盛产棉纱。但是作为最终产品的棉袜、毛巾、棉毛织物等棉织品，22 县城的生活日用棉织物主要依靠从外输入。而这些县主要集中在山西中南部地区。山西本地也有少量的棉织物出产，但生产的县城仅为 5 个，产量约 64290 公斤，价值 306000 元。②

综上所述，在风陵渡建厂不仅便于原材料的供给，降低了棉花打包机厂的来料运输成本，同时也为产品运销提供了便利。

3. 靠近水质达标、水源充分的原则

起初山西省公营事业董事会决定将价格较高的火管锅炉作为动力系统的首选，主要考虑到水管锅炉对水质要求较高，选择水管锅炉会给将来投产后的工厂带来隐患。经过礼和洋行工程师的鉴定，认为同蒲路沿线各地区中风陵渡的水质较好，能够满足水管锅炉的技术要求。尽管距风陵渡不远的临汾地区当时勘测的煤炭储量较为丰富，开采量也有所保障，但与水管锅炉的水压系统相比，火管锅炉煤炭消耗量大，而濒临黄河的风陵渡用水的成本远低于单纯靠异地运输满足煤炭需求的成本。

（二）设备技术标准的选择

棉花打包机的设备的引进在选择上主要倾向于德国洋行，是源于德国在机械设备历史悠久，实践经验丰富，设计理念超前，并且性能优越。正式合同中所附的带图说明书中有提到，"我们生产的半便携式单、双气缸使用过热蒸汽的蒸汽引擎已经 60 年，具有独家特色"。"所有柴油发动机均按照最先进的理论和实践经验设计和生产。"③

山西公营事业董事会与新民洋行购买的设备为德国（Assmann &

---

① 铁道部业务司调查科：《大潼铁路经济调查报告书》，1933 年，第 76 页。
② 铁道部业务司调查科：《大潼铁路经济调查报告书》，1933 年，附表。
③ 《山西人民公营事业董事会与德商新民洋行的合同》，山西省档案馆馆藏，山西省公营事业董事会档案，档案号 B30-5-113。

第五章　斌记商行技术设备引进运作模式:以风陵渡棉花打包机厂为例

Stockder)公司生产。该公司的前身是德国工程师古斯塔夫博士在 1872 年建立的,到了 1909 年后与工程师雨果在明斯特合作并将公司更名,公司的性质为德国法上的股份公司。[①] 山西公营事业董事会与新民洋行签订的合同中,所提供的固定复式蒸汽机附锅炉是 1872 年建立机器厂生产的蒸汽锅驼机,品牌为 Locomobile。原动力 80 匹马力,风陵渡棉花机打包厂购买的三转箱半压机及组合二转包室完压机,使用引擎为双缸和三缸两种,应使用蒸汽压力范围在 100—180 磅/寸^2 之间,[②] 实际风陵渡棉花打包机厂购买了原动力为 80 匹马力,压力 170 磅/寸^2 的蒸汽机,根据《用煤概算表》[③] 该蒸汽机的煤炭消耗量为每天大约 4000 斤,以每 1 万斤价格在 40—60 元之间波动,每年大约花费 4800—7200 元。

表 5-8　　风陵渡棉花打包机厂机械设备参数及构造特征[④]

设备名称	数量	基本参数	构造特征
三转箱半压机	1	3 缸	半压机压春为高等煅钢制,完压机压春为特别铸铁制,压春系由皮衬圈制紧顶体及底座,用螺旋钉连于三实体坚钢柱之上,为便利转箱及转包室转动,钢柱装有特制滚轴轴承,半压机箱系由高等钢板及加强之三角铁制成。附有全部底座阀门,水压机铜座压力表及带缘管子以接连于水压机与水泵之间距离约五公尺
二转包室完压机	1	2 缸	
水压机水泵	1	Lindermann 制,工作压力 2.5 吨/寸^2,转速 160/分钟	阀门为特别构造,由高等水压机青铜制成,极易更新坚固之湾轴,系由高等锻钢制成并正确湾制者,环油润轴承为最新式者,此水泵有不同之压力阶级,鞴鞴皆为特种合钢制成,全部磨光,泵身为高等特别钢制,通道系由实体钻成,故泵身特别坚固,每一压力阶有特制之击脱器,于到达最高压力时,即自动停止该阶,并备有自动中央加油器,又装有安全阀门以期安全无损

[①] [英]沃克编辑:《牛津法律大辞典》,北京社会与科技发展研究所译,光明日报出版社 1988 年版,第 376 页。
[②] 蒋乃镛:《纺织染工程手册》民国史料业刊续编本,大象出版社 2012 年版,第 328 页。
[③] 蒋乃镛:《纺织染工程手册》民国史料业刊续编本,大象出版社 2012 年版,第 326 页。书中以十小时为一日,三百日为一年。
[④] 《山西人民公营事业董事会与德商新民洋行的合同》,山西省档案馆馆藏,山西省人民公营事业董事会档案,档案号 B30-5-113。

续表

设备名称	数量	基本参数	构造特征
固定复式蒸汽机附锅炉	1	(Locomobile) Ashman and Stocker 制。原动力,80 匹马力;速度,240 转/分钟;压力 170 磅/寸^2	带反流装水加热器可换管式锅炉及 Schmidt 烟管过热器,二飞轮并带烟筒凝汽器,冷水塔所需水泵及相连水管二十公尺,以及带动皮带
电灯发电机设备		Schlüter wenke 制卧式柴油机 1 架,人工冷开 11 匹马力每分钟一千转;三相交流发电机 1 架,220—380 伏	卧式柴油机直连于三相交流发电机,附有开关闸以安全管理,此发电机带保险杆闸,电压表电流表等皆依工厂之标准

图 5-3 全钢打包机①

---

① 《关于民营事业董事会向新民洋行购买水力压棉机设备的合同书及产品简介》,山西省档案馆馆藏,山西省人民公营事业董事会档案,档案号 B30-5-113。

第五章 斌记商行技术设备引进运作模式:以风陵渡棉花打包机厂为例

另外，此次购买的蒸汽机的动力为 80 马力①，远远大于此品牌的蒸汽机在创造之时仅 2—15 马力②的动力。这种动力选择一方面基于对生产能力和能耗的预估，同时也考虑到国内同类工厂的竞争问题。1932 年，陕西省在距离风陵渡不足 90 千米的渭南创办了西安棉花机器打包厂，从德国礼和洋行进口的 50 马力的柴油机作动力的两斗推盘式打包机，聘请俄国人作技师，每天打包 600 多件，每件 250 公斤。③ 而筹办于 1936 年的风陵渡打包机厂的动力和生产能力如果低于西安棉花机器打包机厂，则从原料来源和市场辐射范围上很难与技术相对成熟的同类厂家竞争。因此，风陵渡打包机厂选择 80 马力发动机，每小时出 20 包，

图 5-4 固定复式蒸汽机附锅炉④

---

① 《山西人民公营事业董事会与德商新民洋行的合同》，山西省档案馆馆藏，山西省人民公营事业董事会档案，档案号 B30-5-113。
② Assmann & Stockder, Cannstatt a. N., http://de.wikipedia.org/wiki/Assmann_%26_Stockder, 2014 年 11 月 8 日。
③ 乌鲁木齐市民族宗教事务委员会编：《回族研究：第八次全国回族史讨论会论文集》，新疆人民出版社 1998 年版，第 194 页。
④ 《关于民营事业董事会向新民洋行购买水力压棉机设备的合同书及产品简介》，山西省档案馆馆藏，山西省人民公营事业董事会档案，档案号 B30-5-113。

每立方尺50磅①，每件约计435公斤，远远高于西安棉花机器打包厂的动力。

第三节　小结

1937年抗日战争后，从新民洋行购置的德国制造的打包机虽按时运至风陵渡，但因战争原因，机器没有安装运行。② 价值四千英镑的机器就此搁置。1940年风陵渡棉花打包机厂筹备处整理对收支款项进行清册，经济来源依靠公营事业董事会的供给和变卖木头铁屑等废料，③并没有因出售棉包获得收益，战后政府重建山西全省民营事业董事会，介绍战前所辖单位时，④ 也并没有出现风陵渡棉花打包机厂字样。山西全省民营事业董事会重建后，也没有资料显示继续筹建棉花机打包厂。究其原因有二：第一，战争期间，本地棉花难以外运，导致售卖价格偏低，而粮价因战争持续偏高，农民纷纷放弃种植棉花，改种粮食。第二，由政府倡导的全国范围的棉花种植试验场在1936年结束，山西省也不例外，从而导致棉花产量减少，工厂缺乏原材料。太原沦陷后，以太原为主，日本企业接收并经营太原纺织厂、榆次纺织厂等，引进英国、日本、德国等纺织设备，任用日本技术人员。⑤ 这一时期，山西棉纺织业主要把持在日本企业手中，本土企业在棉花种植和技术设备引进两方面都遭受战争影响。由此可知，棉花打包机厂在政府花费大量人力

---

① 《山西人民公营事业董事会与德商新民洋行的合同》，山西省档案馆馆藏，山西省人民公营事业董事会档案，档案号B30-5-113。
② 中国人民政治协商会议山西省平定县委员会编：《平定文史资料》第5辑，1989年版，第87页。
③ 《风陵渡棉花打包厂筹备处收支款项总清册》，山西省档案馆馆藏，山西省公营事业董事会档案，档案号B30-5-111。
④ 《山西全省民营事业的起源及现状》，山西省档案馆馆藏，山西省人民公营事业董事会档案，档案号B30-1-7。
⑤ 日本乙第三五零零部队特务部调查班：《山西主要工厂概要》，五零零部之内第189号，乙集参戊调第一三九号，第215—319页。

第五章　斌记商行技术设备引进运作模式：以风陵渡棉花打包机厂为例

和物力，调研考察、出资购买设备、引进技术后，最终销声匿迹于战争之中。

山西风陵渡棉花打包机厂技术设备引进对于山西甚至是中国而言，仅仅是整个近代化进程中对外技术交流微不足道的一个细节，但从技术参数、厂址的确定，价格磋商，到最终合同签订等一系列过程可以看出，民国时期山西省引进外国先进技术的严谨和审慎，以及在遵守国际惯例基础上的本土特征。

抛开外国先进技术引进本身的近代工业化性质，单就合同签订而言，此次与新民洋行的合作，也体现出近代对外贸易的特征。1937年1月13日，公营事业董事会与新民洋行正式签订购买合同。由于该合同是通过外国洋行订立的合同经过翻译形成中文，而外国洋行则是参照《国际货物买卖合同》的规范，因此，合同文本完全符合国际惯例。其中，条款第一至五条是买卖标的物的具体情况的描述。合同中付款条款、担保条款、定金条款一应俱全，同时在违约条款中的不可抗力、仲裁都得以体现。合同对担保款项往来函件商定尤多，在签订前，双方对关于担保银行及担保银行所承担的担保价格进行沟通，最终选定山西银行作为担保银行并承担担保价款。这些做法遵循了当时国际贸易惯例，在保障货物质量、交货时间等的基础上，明确担保条款，降低了贸易环节给买卖双方造成损失的风险。

事实上，至20世纪30年代末，山西对外技术设备引进已经形成一定的规模，尤其是纺织工业的发展，促进了山西近代企业的涌现，生产能力不断扩大。据1941年日本乙第三五零零部队特务部调查班的调查结果显示，山西主要的纺织工业主要作业机械设备以进口设备为主，进口国以英国为主。

表5-9显示，尽管仍以引进设备为主，但国产机械已经出现并在山西纺织厂使用机械中占有23.4%的份额，仅次于英国的38.4%。值得注意的是，山西本地也具备了一定的机械制造能力，榆次纺织厂所使用的129台纺织机中，有9台为山西组装或生产的。从这个意

上讲，在中国各行业处在技术设备引进风潮的情况下，开始逐渐将重心从技术引进向本土生产制造转移，如本文所述对棉花等初级产品的加工技术等，客观上促进了本国技术进步和现代装备制造业的兴起与发展。

表5-9　　　　1941年山西纺织厂机械设备情况一览表①　　　　单位：个

	太原纺织厂	榆次纺织厂	祁县染织厂	新绛纺织第一厂	新绛纺织第二厂	太原毛织厂
英国制造	25	66	3	40	25	
日本制造	14	26	5	8	4	28
德国制造	7		1			
中国制造	2	3	11	19	52	10
不明制造	9	25	2			9
自制制造		9				
美国制造			3		7	1
小计	57	129	25	67	88	48
合计	413					

① 日本乙第三五零零部队特务部调查班：《山西主要工厂概要》，五零零部之内第189号，乙集参戊调第一三九号。纺织工业被调查的工厂为山西太原纺织厂、榆次纺织厂、祁县染织厂、新绛纺织第一厂、新绛纺织第二厂和太原毛织厂。

第六章　结语

明代中后期，以地缘为纽带的商业群体组织逐渐发展壮大起来。商业的发达刺激了中国传统产业格局雏形的出现，不同区域间经济专门化趋势日渐显现出来。中国传统商业前店后厂和包买式经营模式，使得传统企业与商业之间存在着天然的联系，因此，商帮的崛兴在一定程度上代表着中国传统企业的发展。罗纳德·科斯在《企业的性质》中指出：企业与市场是资源配置的可相互替代的方式。① 企业是市场的另一种表现形式，企业信用制度在交易费用方面与市场信用制度一样，都会受到由于不同权利界定而导致的不同资源配置模式的影响。

明清时期，跨地域商业的蓬勃兴起，使得原本简单的交换日渐复杂化，简单商业信用演化成为复杂的、需要制度约束的信用体系。而这种复杂信用体系的构建，应该由具有强制力的政府来实现。然而，在传统社会体制下，法律进化迟滞于商业发展对其的需求。尽管重农抑商观念在清代已经从政治层面转移到经济层面，但对于经营范围日益扩大的商业而言，仅商人地位提高是远远不够的。全社会个体产权保障和商业信用制度完善，是商业是否能够为经济增长和技术创新提供动力的源泉。国家对制度需求反应迟缓对商业造成诸多恶性的影响。其中最为关键的是商业的扩大化，需要商业信用体系相应发生转变。在国家无法实现构

---

① ［美］奥利弗·E. 威廉姆森、西德尼·G. 温特编：《企业的性质》，姚海鑫、邢源源译，商务印书馆2010年版，第69页。

建新商业信用体系的情况下，商人便会主动承担起构建新体系的使命。

清代旅蒙商和四川自贡井盐等商业组织构建新的商业信用体系，东掌分离或曰委托代理的基础是商号具有奖与罚的权力，并据此形成商号内部组织机构的制度安排和利益分配机制。在内部结构无法应对违约风险时，商号间或以地缘为纽带或以业缘为基础，形成更大范围具有共同惩戒权力的商业组织。但应注意的是，这种奖惩权力并不是国家赋予的，而是商号自我实施的行为。

由于商人个体的理性和商业交易过程的千差万别，由商人或商人群体自我实施的信用体系会呈现出局部的有序性和整体无序性的矛盾，使个体商人、商业群体间贸易壁垒不断形成与扩大，制约了商业网络形成的速度和规模。从商人构建体系的过程来看，其交易费用必然是高昂的。因为商号间共同惩戒机制是建立在信息畅通基础上的，因此清代信息传递的成本与速度，决定了交易费用的高低。高昂的交易费用使得整个社会成本隐性升高，促使更多的资本进入流通领域，从而压迫生产者的生活生产费用，缩减社会可支配资金进入到技术创新领域中。

不同商人、商业群体为寻求产权保护所构建的信用体系千差万别，但基本模式是通过寻租与各地官府达成默契来实现的。这种模式替代国家作为权力机构所应承担的产权保护的职能，形成了制度层面低度化和同构化的低水平均衡。同构化意味着资源的重复配置，造成浪费。社会产业和商业是由若干个规模不等的个体组成的，如果这些个体或按不同标准划分的同类别个体与商帮、行会等均需要自我构建起产权保护制度，那么，难以想象这种制度在中国会有多么复杂。因此，公共裁判权的不可替代性是降低交易成本的根本路径。

清末民国时期，外国近代企业制度引入中国后，这种情况依然没有发生根本性改变。委托代理制和股份制在中国并不是新生事物，山西票号的东掌制和股俸制与之十分相似。唯一不同的是，由于国家对产权保护的缺失，中国企业无限责任制给委托人（股东）带来的风险远超过西方有限责任公司。因此，中国企业在选择代理人方面依然延续着明清

第六章　结语

以来的传统，用家族化和地缘化来降低投资方的风险，而西方对代理人的选择范围更加宽泛。

通过对家族企业和地缘型企业进行了较为深入的研究，提出了家族企业和地缘型企业的特征与优劣，从儒家思想对企业制度影响的角度，分析中国家族企业内部制度构架形成的原因及影响。总结晚清时期企业制度变迁，认为中国企业制度从传统到现代的转型是家国同构向公司—国家同构的转型。这种公司—国家同构的模式一直延续到民国后期内陆省份公司股份制改造的过程中，其中尤以山西为典型。与贵州等其他内地省份企业从"省营"向"省有"、私有两个方向转化，以及私营企业不断壮大的趋势不同，民国时期山西企业大多表现为从"省营"向"省有"的转化。

斌记商行的管理通过对其经营活动中人和物之间的统筹、组织、协调和控制，解决了企业内部问题，也处理与外部的关系。斌记商行经营的方式，在某种意义上虽然依靠了政府的力量，但是很大程度上由于受近代化企业的影响，建立了一套相对完善有效的管理制度和方法。雇佣人员的方式从传统的以血缘、地缘以及人情关系为主，逐渐向现代企业人力资源管理模式以注重员工个人素质为主的过渡。在保证企业利益最大化的情况下，达到雇员与岗位的匹配。

企业人力资源无论是受自主变革还是外来管理方式的影响，都会客观地引起企业内部其他与之相配套的管理方案的改变。1937年以前，山西省构建人民公营事业董事会作为省内各大型企业的管理机构，负责向其下公司委派总经理，设置企业机构，参与企业决策，派出监理监督公司运营。山西省人民公营事业董事会成为管理山西各大行业的垄断组织。1946年山西省人民公营事业董事会更名为山西全省民营事业董事会，同时山西多家企业开始实行股份制改革。省政府一度减少对企业经营的干预，只负责企业总理的任命。与其他内地省份企业不同，民营事业董事会依然凌驾于企业董事会之上，审核企业决算，制定盈余分配方案。尽管战后斌记商行重建时，曾试图成立私营股份有限公司，但山西省政府并未打算彻底放开对企业的控制，放弃对经营权的控制，通过投资行使部分董事长权力，参与企业盈利的分配中。

　　从企业性质上看，在股份制的过程中，国家资本向官营资本的转化，表现出不完全私有化的形态。这种官营资本表现在两个方面，公司股东的身份全部是山西省政府的高级公职人员。其余均在山西省政府任职，或有过任职经历。这种股份有限公司董事会的构架使公司带有浓厚的官方色彩，交叉持股的权力构架会保留了自清末以来"公司—国家同构"的模式，有导致公器私用的情况不断加剧，破坏市场对资源配置有效性的风险；但由于国家对私有产权保护依然不完善，这种变迁模式能使其在竞争中获得足够的信息，降低由于信息不对称所造成的风险。

　　从企业内部管理的角度上看，受企业性质影响，企业依赖政府力量，政府为了维护地方利益对企业提供相对应的保护。内地新兴的工业企业因起步较晚，受到一定程度外部性因素的影响，其管理体制呈现出传统与现代交织的二元性特征。政府与企业在产权划分中，产生了权力和利益交叉。企业发展初期，这种权力交叉，便于政府对公司操控的同时，降低了企业内部权利配置、企业与企业之间贸易所产生的交易费用，为"省有"企业的继续垄断奠定了组织基础，保证了制度变迁的绩效。但随着企业经营范围、种类的扩大，斌记商行这种权益交叉的垄断性管理导致山西五金同行业的发展式微，在一定程度上影响了正常的市场秩序，也使企业本身失去了真正竞争的能力。战后斌记商行虽然在第一时间在政府扶持下进行复业，但斌记商行并没有在艰难的经济环境中依靠企业自身力量恢复原有经营状况，更无须提及进一步的发展。

　　本书通过对民国时期经营三十年的从事对外贸易发展的斌记商行的发展脉络、组织结构、人力资源管理、经营状况、财务管理以及在技术引进中的个案研究，不仅对研究民国山西经济发展状况、人民生活水平等方面有所裨益，也通过一个微观视角折射出中国内地企业在民国时期的发展状况，体现出内地企业在近代化进程中的艰难曲折的发展历程。

囿于史料的欠缺，尤其是缺乏足够连续的统计资料，加之笔者学识所限，对微观企业深入研究不免产生一定影响，未来希望通过获得更多相关史料，进一步通过对斌记商行的研究透视出民国时期内地企业在利润分配、社会保障、企业清算等方面的近代化发展。

附 件

附件1 1936年8月至1937年8月斌记商行总行月计表

1936年8月斌记商行总行月计表

单位：元

收项		科目	付项	
总数	余额		余额	总数
		负债类		
		资本总额	1000000.000	1000000.000
		公积金	61664.104	61664.104
		股利	176364.603	176364.603
52909.381		职员红利		52909.381
		职员恤养金		
		呆账准备金	25000.000	25000.000
		房地产提存金	8884.493	8884.493
		器具提存金	1036.501	1036.501
311200.000		借入款	152700.000	463900.000
579040.254		各业存款	12488.141	591528.395
66825.304		机关存款		66825.304
60424.842		各户存款	11348.722	71773.564
377286.850		特别存款	924623.311	1301910.161
139543.320		暂时存款	1064254.078	1203797.398

续表

收项		科目	付项	
总数	余额		余额	总数
		汇交款项		
154670.000		期交款项		154670.000
368264.927		期卖商品	3854932.616	4223197.543
		未交商品		
8847.241		未交商品价	3638.760	12486.001
1446998.391		期交商品价	2765729.607	4212727.998
3872.050		代销商品价	22385.164	26257.214
		预收商品价		
		总分行		
0.949		盈余滚存	7.698	8.647
264545.955		前期损益		264545.955
839557.074		托交收项	278728.681	1118285.755
920456.260		托收期卖价	298269.135	1218725.395
		资产类		
368044.082	368044.082	未收资本		
3000.000		贷出款		3000.000
1282408.195	50544.901	各业欠款		1231863.294
		机关欠款		
41375.040	14647.033	各户欠款		26728.007
4546698.685	2147802.21	特别欠款		2398896.475
1304376.634	1008667.057	暂记欠款		295709.577
286000.000	40000.000	汇收款项		246000.000
		期收款项		
		催收款项		
928432.729	366793.552	商品		561639.177
4165822.190	3944728.465	期买商品		221093.725
23798.967	20759.239	代销商品		3039.728
		托售商品		
		未收商品		
226901.613	97128.822	未收商品价		129772.791

续表

收项		科目	付项	
总数	余额		余额	总数
3493354.072	1823499.837	期收商品价		1669854.235
		预交商品价		
		有价证券		
44422.466	44422.466	营业用房地产		
8624.803	8624.803	营业用器具		
2334.679	2334.679	开办费		
		总分行		
		前期损益		
24934548.800	13871.949	现金		24920676.850
1361241.525	298438.092	托收款项		1062803.433
1085008.862	278502.922	托交期买价		806505.940
		损益类		
2472.726	1413.763	商品损益		1058.963
65080.470	50956.682	货币开耗		14123.788
10262.621	8836.665	利息		1425.956
1617.000	1617.000	汇水		
1140.350		手续费	1037.071	2177.421
7170.581	7099.431	运输费		71.150
4936.680	4936.680	堆栈费		
287.076	141.630	杂损益		145.446
		呆账		
		证券损益		
		摊提开办费		
		摊提营业用房地产		
		摊提营业用器具		
22994.860	22994.860	营业费		
38427.148	36285.865	经常费		2141.283
49855225.650	10663092.690	合计	10663092.690	49855225.650

1936年9月斌记商行总行月计表

单位：元

收项		科目	付项	
总数	余额		余额	总数
		负债类		
		资本总额	1000000.000	1000000.000
		公积金	61664.104	61664.104
176364.603		股利		176364.603
52909.381		职员红利		52909.381
		职员抚恤金		
		呆账准备金	25000.000	25000.000
		房地产提存金	8884.493	8884.493
		器具提存金	1036.501	1036.501
427900.000		借入款	80600.000	508500.000
724247.675		各业存款	80720.236	804967.911
66825.304		机关存款		66825.304
76466.897		各户存款	10742.342	88209.239
384026.650		特别存款	941828.261	1325854.911
166411.578		暂时存款	1126331.312	1292742.890
		汇交款项		
154670.000		期交款项		154670.000
412497.131		期卖商品	3815379.041	4227876.172
		未交商品		
13572.094		未交商品价	924.500	14496.594
1650890.714		期交商品价	2562425.277	4213315.991
3872.050		代销商品价	22385.164	26257.214
		预收商品价		
		总分行		
0.949		盈余滚存	7.698	8.647
264545.955		前期损益		264545.955
1005648.282		托交款项	492256.323	1497904.605
1095825.322		托收期卖价	513653.543	1609478.865
		资产类		
368044.082	321679.479	未收资本		46364.603

续表

收项		科目	付项	
总数	余额		余额	总数
3000.000		贷出款		3000.000
1443365.037	22890.764	各业欠款		1420474.273
		机关欠款		
49915.722	17636.22	各户欠款		32279.502
4770158.377	2082961.700	特别欠款		2687196.677
1401824.824	1053493.267	暂记欠款		348331.557
316000.000	30000.000	汇收款项		286000.000
		期收款项		
		催收款项		
959281.224	283771.660	商品		675509.564
4167653.621	3932991.759	期买商品		234661.862
23798.967	20523.589	代销商品		3275.378
		托售商品		
		未收商品		
284989.233	74691.594	未收商品价		210297.639
3494776.654	1634715.015	期收商品价		1860061.639
		预交商品价		
		有价证券		
44422.466	44422.466	营业用房地产		
8664.803	8664.803	营业用器具		
2334.679	2334.679	开办费		
		总分行		
		前期损益		
27466475.490	13055.542	现金		27453419.950
1790059.995	549668.125	托收款项		1240391.870
1464511.712	492010.564	托交期买价		972501.148
		损益类		
5815.333	3512.932	商品损益		2302.401
65241.143	49952.959	货币开耗		15288.184
15087.351	13661.395	利息		1425.954

续表

收项		科目	付项	
总数	余额		余额	总数
7075.000	7075.000	汇水		
2155.850		手续费	57.071	2212.921
8968.106	8896.956	运输费		71.150
5601.440	5601.440	堆栈费		
2266.815	2121.369	杂损益		145.446
		呆账		
		证券损益		
		摊提开办费		
		摊提营业用房地产		
		摊提营业用器具		
29604.200	27765.153	营业费		1839.047
42128.729	39797.436	经常费		2331.293
54919895.440	10743895.870	合计	10743895.870	54919895.440

1936年10月斌记商行总行月计表

单位：元

收项		科目	付项	
总数	余额		余额	总数
		负债类		
		资本总额	1000000.000	1000000.000
		公积金	61664.104	61664.104
176344.603		股利		176364.603
52909.381		职员红利		52909.381
		职员抚恤金		
		呆账准备金	25000.000	25000.000
		房地产提存金	8884.493	8884.493
		器具提存金	1036.501	1036.501
472900.000		借入款	80600.000	553500.000
777118.385		各业存款	144520.636	921639.021
66825.304		机关存款		66825.304
78609.697		各户存款	10061.542	88671.239

续表

收项		科目	付项	
总数	余额		余额	总数
1464401.354		特别存款	305516.871	1769918.225
171524.868		暂时存款	1123595.480	1295120.351
		汇交款项		
154670.000		期交款项		154670.000
453221.969		期卖商品	6114961.390	6568183.362
		未交商品		
14082.094		未交商品价	624.500	14706.594
2414644.932		期交商品价	4661574.140	7076219.069
4111.450		代销商品价	22145.764	26257.214
		预收商品价		
		总分行		
0.949		盈余滚存	7.698	8.647
264545.955		前期损益		264545.955
1185882.746		托交款项	383651.737	1569534.483
1408327.730		托收期卖价	231551.867	1639879.597
		资产类		
368044.082	321679.479	未收资本		46364.603
3000.000		贷出款		3000.000
1679289.842	36650.759	各业欠款		1642639.083
		机关欠款		
52563.584	19127.954	各户欠款		33435.630
5243332.077	1633453.160	特别欠款		3609878.920
1411799.798	432887.778	暂记欠款		978912.020
421000.000	105000.000	汇收款项		316000.000
		期收款项		
		催收款项		
995743.258	196977.357	商品		798765.901
7030133.685	6783854.57	期买商品		246279.114
23798.967	20272.492	代销商品		3526.475
		托售商品		

· 170 ·

续表

收项		科目	付项	
总数	余额		余额	总数
		未收商品		
336510.193	100061.54	未收商品价		236448.653
5835083.844	3637998.58	期收商品价		2197085.263
		预交商品价		
		有价证券		
44422.466	44422.466	营业用房地产		
8664.803	8664.803	营业用器具		
2334.679	2334.679	开办费		
		总分行		
		前期损益		
36217693.110	8921.385	现金		36208771.72
1820847.751	229878.473	托收款项		1590969.278
1516045.590	363425.978	托交期买价		1152619.162
		损益类		
6347.678	3983.267	商品损益		2364.411
116452.721	101164.537	货币开耗		15288.184
16474.741	15048.785	利息		1425.956
14721.000	14721.000	汇水		
2155.850		手续费	152.074	2307.924
13604.876	13368.839	运输费		236.037
6154.950	6154.950	堆栈费		
2289.035	2143.585	杂损益		145.450
		呆账		
		证券损益		
		摊提开办费		
		摊提营业用房地产		
		摊提营业用器具		
30860.102	29021.055	营业费		1839.047
46954.734	44331.330	经常费		2623.404
72426464.830	14175548.800	合计	14175548.800	72426464.830

1936年11月斌记商行总行月计表　　　　　　　单位：元

收项		科目	付项	
总数	余额		余额	总数
		负债类		
		资本总额	1000000.000	1000000.000
		公积金	61664.104	61664.104
176364.603		股利		176364.603
52909.381		职员红利		52909.381
		职员抚恤金		
		呆账准备金	25000.000	25000.000
		房地产提存金	8884.493	8884.493
		器具提存金	1036.501	1036.501
504500.000		借入款	115600.000	620100.000
801155.225		各业存款	276145.496	1077696.721
66825.304		机关存款		66825.304
79958.405		各户存款	9636.575	89595.980
1472108.854		特别存款	309386.204	1781495.058
701270.318		暂时存款	952492.118	1653762.436
		汇交款项		
154670.000		期交款项	36990.000	191660.000
1249778.798		期卖商品	6119532.070	7369310.865
		未交商品		
17478.764		未交商品价	709.700	18188.464
3826403.937		期交商品价	3621469.390	7447873.330
4111.450		代销商品价	22145.764	26257.214
		预收商品价		
		总分行		
0.949		盈余滚存	7.698	8.647
264545.955		前期损益		264545.955
1314963.808		托交款项	1074380.450	2389344.257
1621016.933		托收期卖价	862190.012	2483206.945
		资产类		
368044.082	321679.479	未收资本		463646.603

续表

收项		科目	付项	
总数	余额		余额	总数
3000.000		贷出款		3000.000
2122402.307	35339.334	各业欠款		2087062.973
		机关欠款		
56246.916	21494.129	各户欠款		34752.787
5772127.980	676377.536	特别欠款		5095750.444
1493660.128	392445.888	暂记欠款		1101214.240
581000.000	160000.000	汇收款项		421000.000
		期收款项		
		催收款项		
1241623.818	199831.102	商品		1041792.716
7414728.757	6978737.580	期买商品		435991.181
23798.967	20203.242	代销商品		3595.725
		托售商品		
		未收商品		
381513.357	123125.461	未收商品价		258387.896
6636125.160	3438408.330	期收商品价		3197716.831
		预交商品价		
		有价证券		
44422.466	44422.466	营业用房地产		
8664.803	8664.803	营业用器具		
2334.679	2334.679	开办费		
		总分行		
		前期损益		
43611153.200	5983.433	现金		43605169.740
2664195.099	860486.618	托收款项		1803708.481
2185119.364	953514.690	托交期买价		1231606.674
		损益类		
6552.395	3469.393	商品损益		3083.002
133934.759	102927.55	货币开耗		31007.209
18438.916	16943.920	利息		1494.996

续表

收项		科目	付项	
总数	余额		余额	总数
18315.800	18302.800	汇水		13.000
3100.143	788.469	手续费		2311.674
17798.426	17562.389	运输费		236.037
7699.480	7699.680	堆栈费		
2334.436	2188.986	杂损益		145.450
		呆账		
		证券损益		
		摊提开办费		
		摊提营业用房地产		
		摊提营业用器具		
38047.122	36208.075	营业费		1839.047
51480.520	48130.547	经常费		3349.973
87216322.960	14497270.600	合计	14497270.600	87216322.960

1936年12月斌记商行年度决算实际报告表 单位：元

收项		科目	付项	
总数	余额		余额	总数
		负债类		
678320.521		资本总额	1000000.000	1678320.521
		公积金	61664.104	61664.104
176364.603		股利		176364.603
52909.381		职员红利		52909.381
		职员抚恤金		
		呆账准备金	75000.000	75000.000
		房地产提存金	8884.493	8884.493
		器具提存金	2374.096	2374.096
603500.000		借入款	290600.000	894100.000
967902.730		各业存款	208793.856	1176696.586
66825.304		机关存款		66825.304
99954.545		各户存款	5701.695	105656.240

续表

收项		科目	付项	
总数	余额		余额	总数
1554484.039		特别存款	284774.624	1839258.663
1536688.599		暂时存款	139702.509	1676391.108
		汇交款项		
191660.000		期交款项	10185.000	201845.000
4734907.921		期卖商品	3836634.911	8571542.832
		未交商品		
20964.484		未交商品价	9239.566	30204.050
5237740.742		期交商品价	2522105.119	7759845.861
4581.700		代销商品价	21675.515	26257.215
		预收商品价	513086.104	513086.104
		总分行		
0.949		盈余滚存	7.698	8.647
264545.955		前期损益		264545.955
2680528.793		托交款项	187752.090	2868280.883
2722564.522		托收期卖价	167519.218	2890083.740
		资产类		
368044.082		未收资本		368044.082
3000.000		贷出款		3000.000
2756709.887	62640.185	各业欠款		2694069.702
		机关欠款		
60773.344	1698.599	各户欠款		59074.747
7399356.102	572163.775	特别欠款		6827192.327
1590373.631	93765.857	暂记欠款		1496607.774
631000.000		汇收款项		631000.000
		期收款项		
		催收款项		
6415615.307	856147.113	商品		5559468.194
7642138.000	3850264.311	期买商品		3791873.689
23818.074	20113.205	代销商品		3704.869
		托售商品		

续表

收项		科目	付项	
总数	余额		余额	总数
63140.500	63140.500	未收商品		
422135.339	86241.017	未收商品价		335894.322
7761948.397	2890021.484	期收商品价		4871926.913
488617.000	488617.000	预交商品价		
320000.000	318752.000	有价证券		1248.000
44422.466	44422.466	营业用房地产		
8917.303	8917.303	营业用器具		
2331.679	1867.743	开办费		466.936
		总分行		
		前期损益		
63676256.033	15506.850	现金		63660749.183
3070983.324	165498.805	托收款项		2905484.519
2513057.114	75088.205	托交期买价		2437968.909
		损益类		
76593.966		商品损益	531046.858	607640.824
153529.784	25575.870	货币升耗		127953.914
28352.375	23527.228	利息		4825.147
18743.600	18730.600	汇水		13.000
3356.491	1037.406	手续费		2319.085
65657.250	65421.213	运输费		236.037
8980.120	8980.120	堆栈费		
2870.827	2193.550	杂损益		677.277
		呆账		
		证券损益		
466.936	466.936	摊提开办费		
		摊提营业用房地产		
1337.595	1337.595	摊提营业用器具		
50864.302	49025.255	营业费		1839.047
69166.598	65585.265	经常费		3581.333
127337005.200	9876747.456	合计	9876747.456	127337005.200

1937年1月斌记商行总行月计表

单位：元

收项		科目	付项	
总数	余额		余额	总数
		负债类		
		资本总额	1000000.000	1000000.000
		公积金	61664.104	61664.104
		股利		
		职员红利		
		职员抚恤金		
		呆账准备金	75000.000	75000.000
		房地产提存金	8884.493	8884.493
		器具提存金	2374.096	2374.096
35000.000		借入款	275600.000	310600.000
64305.460		各业存款	237698.226	302003.686
		机关存款		
14249.700		各户存款	8600.995	22850.695
3000.000		特别存款	286625.324	289625.324
114082.241		暂时存款	61818.480	175900.721
		汇交款项		
10185.000		期交款项		10185.000
3479214.001		期卖商品	4154116.323	7633330.324
		未交商品		
8490.166		未交商品价	749.400	9239.566
2528839.595		期交商品价	2598406.286	5127245.881
		代销商品价	21675.515	21675.515
492651.500		预收商品价	562351.254	1055002.754
		总分行		
		盈余滚存	7.698	7.698
		前期损益	269165.820	269165.820
187076.330		托交款项	780901.822	967978.152
148908.375		托收期卖价	565659.741	714568.116
		资产类		
		未收资本		

续表

收项		科目	付项	
总数	余额		余额	总数
		贷出款		
232148.630	101330.57	各业欠款		130818.060
		机关欠款		
20786.889	5672.889	各户欠款		15114.000
1009456.954	440806.964	特别欠款		568649.990
115027.882	42798.191	暂记欠款		72229.691
		汇收款项		
		期收款项		
		催收款项		
868679.049	868679.049	商品		
7833485.580	4211988.574	期买商品		3621497.006
20113.205	20113.205	代销商品		
		托售商品		
63140.500	63140.500	未收商品		
86241.017	71313.114	未收商品价		14927.903
5620797.439	3078599.999	期收商品价		2542197.44
1004723.937	535535.812	预交商品价		469188.125
319064.000	239064.000	有价证券		80000.000
44422.466	44422.466	营业用房地产		
8917.303	8917.303	营业用器具		
1867.743	1867.743	开办费		
		总分行		
		前期损益		
26519029.610	9511.936	现金		26509517.670
915445.203	766536.828	托收款项		148908.375
527551.230	453009.025	托交期买价		74542.205
		损益类		
166.558	41.583	商品损益		124.975
722840.325	2445.355	货币升耗		720394.97
1764.550		利息	480.916	2245.466

续表

收项		科目	付项	
总数	余额		余额	总数
0.300	0.300	汇水		
		手续费	15.000	15.000
1309.315	555.995	运输费		753.32
1025.690	1025.690	堆栈费		
153.661	44.523	杂损益		109.138
		呆账		
		证券损益		
		摊提开办费		
		摊提营业用房地产		
		摊提营业用器具		
513.120	501.120	营业费		12.000
3872.759	3872.759	经常费		
53028547.280	10971795.490	合计	10971795.490	53028547.280

1937年2月斌记商行总行月计表

单位：元

收项		科目	付项	
总数	余额		余额	总数
		负债类		
		资本总额	1000000.000	1000000.000
		公积金	97553.906	97553.906
		股利	179449.012	179449.012
		职员红利	53834.704	53834.704
		职员抚恤金		
		呆账准备金	75000.000	75000.000
		房地产提存金	8884.493	8884.493
		器具提存金	2374.096	2374.096
65000.000		借入款	275600.000	340600.000
97579.052		各业存款	204787.734	302366.786
		机关存款		
17497.329		各户存款	7325.366	24822.695

续表

收项		科目	付项	
总数	余额		余额	总数
4639.838		特别存款	291984.042	296623.880
114248.441		暂时存款	79724.480	193972.921
		汇交款项		
10185.000		期交款项		10185.000
3479214.001		期卖商品	4193656.665	7672870.666
		未交商品		
9037.336		未交商品价	205.230	9242.566
2549502.935		期交商品价	2622301.311	5171804.246
		代销商品价	21675.515	21675.515
492651.500		预收商品价	562351.254	1055002.754
		总分行		
7.698		盈余滚存		7.698
269165.820		前期损益		269165.820
187076.330		托交款项	1021749.780	1208826.110
148908.375		托收期卖价	699824.222	848732.597
		资产类		
		未收资本		
		贷出款		
279090.515	87116.995	各业欠款		191973.52
		机关欠款		
26328.700	10402.700	各户欠款		15926.000
1013665.949	439973.903	特别欠款		573692.066
129440.882	50953.654	暂记欠款		78487.228
		汇收款项		
		期收款项		
		催收款项		
871695.717	856679.68	商品		150160.037
7878039.945	4256365.078	期买商品		3621674.867
20113.205	20113.205	代销商品		
		托售商品		

续表

收项		科目	付项	
总数	余额		余额	总数
63140.500	63140.500	未收商品		
100920.554	67546.925	未收商品价		33373.629
5660337.781	3094519.041	期收商品价		2565818.74
1004723.937	535535.812	预交商品价		469188.125
319064.000	238104.000	有价证券		80960.000
44422.466	44422.466	营业用房地产		
8946.273	8946.273	营业用器具		
1867.743	1867.743	开办费		
		总分行		
		前期损益		
27438411.450	10179.595	现金		27428231.860
1135314.684	986406.309	托收款项		148908.375
682764.188	608221.983	托交期买价		74542.205
		损益类		
651.497	526.122	商品损益		125.375
722840.325	2438.466	货币升耗		720401.859
2532.550		利息	1625.428	4157.978
0.300	0.300	汇水		
		手续费	15.000	15.000
4691.765	3938.445	运输费		753.32
2031.995	2031.995	堆栈费		
208.976	98.119	杂损益		110.857
		呆账		
		证券损益		
		摊提开办费		
		摊提营业用房地产		
		摊提营业用器具		
1777.670	1765.670	营业费		12.000
8906.064	8627.259	经常费		278.805
54866643.310	11399922.240	合计	11399922.240	54866643.310

1937年3月斌记商行总行月计表

单位：元

收项		科目	付项	
总数	余额		余额	总数
		负债类		
		资本总额	1000000.000	1000000.000
		公积金	97553.906	97553.906
		股利	179449.012	179449.012
53834.704		职员红利		53834.704
		职员抚恤金		
		呆账准备金	75000.000	75000.000
		房地产提存金	8884.493	8884.493
		器具提存金	2374.096	2374.096
183600.000		借入款	272400.000	456000.000
143416.731		各业存款	276931.542	420348.273
		机关存款		
45285.831		各户存款	12855.905	58141.736
79906.328		特别存款	221817.428	301723.756
121310.354		暂时存款	73444.214	194754.568
		汇交款项		
10185.000		期交款项		10185.000
3479900.780		期卖商品	4567902.917	8047803.697
		未交商品		
9037.336		未交商品价	205.230	9242.566
2778061.047		期交商品价	2782525.100	5560586.147
		代销商品价	21675.515	21675.515
492651.500		预收商品价	562351.254	1055002.754
		总分行		
7.698		盈余滚存		7.698
269165.820		前期损益		269165.820
413802.361		托交款项	1159778.460	1573580.821
173860.362		托收期卖价	922214.266	1096074.628
		资产类		
		未收资本		

续表

收项		科目	付项	
总数	余额		余额	总数
		贷出款		
481587.484	123817.634	各业欠款		357769.850
		机关欠款		
32315.557	5594.795	各户欠款		26720.762
1343483.456	417769.676	特别欠款		925713.780
132458.383	30698.666	暂记欠款		101759.717
40000.000	40000.000	汇收款项		
		期收款项		
		催收款项		
873706.380	816872.589	商品		56833.791
8266821.846	4645146.979	期买商品		3621674.867
20113.205	20010.251	代销商品		102.954
		托售商品		
63140.500	63140.500	未收商品		
121694.009	73723.579	未收商品价		47970.430
6035270.883	3362152.273	期收商品价		2673118.610
1004723.937	535535.812	预交商品价		469188.125
319064.000	237120.000	有价证券		81944.000
44422.466	44422.466	营业用房地产		
9035.633	9035.633	营业用器具		
1867.743	1867.743	开办费		
		总分行		
		前期损益		
30262325.220	7186.230	现金		30255138.990
1510944.958	1134877.096	托收款项		376067.862
934647.762	634197.526	托交期买价		30045.236
		损益类		
773.947	648.572	商品损益		125.375
722986.715	1731.363	货币升耗		721255.352
7499.530	1166.720	利息		6332.810

续表

收项		科目	付项	
总数	余额		余额	总数
26.700	26.700	汇水		
15.300		手续费	38.296	53.596
7768.550	6860.850	运输费		907.700
3270.385	3270.385	堆栈费		
223.142		杂损益	2237.787	2460.929
		呆账		
		证券损益		
		摊提开办费		
		摊提营业用房地产		
		摊提营业用器具		
9019.699	9007.699	营业费		12
14230.964	13757.684	经常费		473.28
60517464.200	12239638.420	合计	12239639.420	60517464.200

1937年4月斌记商行总行月计表

单位：元

收项		科目	付项	
总数	余额		余额	总数
		负债类		
		资本总额	1000000.000	1000000.000
		公积金	97553.906	97553.906
		股利	179449.012	179449.012
53834.704		职员红利		53834.704
		职员抚恤金		
		呆账准备金	75000.000	75000.000
		房地产提存金	8884.493	8884.493
		器具提存金	2374.096	2374.096
243600.000		借入款	287100.000	530700.000
403564.701		各业存款	80219.987	483784.688
		机关存款		
48481.493		各户存款	13869.139	62350.632

续表

收项		科目	付项	
总数	余额		余额	总数
206724.460		特别存款	615545.669	822270.129
142751.470		暂时存款	63830.014	206581.484
		汇交款项		
10185.000		期交款项		10185.000
3522669.129		期卖商品	4697468.868	8220137.997
		未交商品		
9037.336		未交商品价	917.730	9955.066
3428084.904		期交商品价	2263933.768	5692018.672
1546.415		代销商品价	20129.100	21675.515
492651.500		预收商品价	562351.254	1055002.754
		总分行		
7.698		盈余滚存		7.698
269165.820		前期损益		269165.820
1441616.500		托交款项	610798.654	2052415.154
1058587.338		托收期卖价	340808.469	1399395.807
		资产类		
		未收资本		
		贷出款		
913295.350	122902.017	各业欠款		790393.333
		机关欠款		
34760.549	7412.427	各户欠款		27348.122
3251207.210	752760.215	特别欠款		2498446.995
133953.043	21286.706	暂记欠款		112666.337
140000.000	50000.000	汇收款项		90000.000
		期收款项		
		催收款项		
944994.893	767873.671	商品		177121.222
8398254.371	4756224.996	期买商品		3642029.375
20113.205	19190.566	代销商品		922.639
		托售商品		

续表

收项		科目	付项	
总数	余额		余额	总数
63140.500	19180.620	未收商品		43959.880
186094.062	92181.251	未收商品价		93912.811
6207641.379	2569060.460	期收商品价		3638580.919
1004723.937	535535.812	预交商品价		469188.125
319064.000	236112.000	有价证券		82952.000
44422.466	44422.466	营业用房地产		
9096.203	9096.203	营业用器具		
1867.743	1867.743	开办费		
		总分行		
		前期损益		
1996474.693	485373.025	托收款项		1511101.668
1229566.456	426574.255	托交期买价		802992.201
37035920.460	7818.199	现金		37028102.260
		损益类		
796.949	371.574	商品损益		425.375
732297.152	1604.600	货币升耗		730692.552
11450.203	3207.283	利息		8242.920
108.400	108.400	汇水		
82.161		手续费	57727.083	57809.244
10392.068	9404.368	运输费		987.700
3895.415	3895.415	堆栈费		
223.142		杂损益	2276.851	2499.993
		呆账		
		证券损益		
		摊提开办费		
		摊提营业用房地产		
		摊提营业用器具		
18499.073	18487.073	营业费		12.000
19179.172	18286.748	经常费		892.424
74064022.730	10980238.090	合计	10980238.090	74064022.730

1937年5月斌记商行总行月计表

单位：元

收项		科目	付项	
总数	余额		余额	总数
		负债类		
		资本总额	1000000.000	1000000.000
		公积金	97553.906	97553.906
		股利	179449.012	179449.012
53834.704		职员红利		53834.704
		职员抚恤金		
		呆账准备金	75000.000	75000.000
		房地产提存金	8884.493	8884.493
		器具提存金	2374.096	2374.096
313600.000		借入款	262100.000	575700.000
495565.778		各业存款	138498.780	634064.558
		机关存款		
63167.058		各户存款	12769.174	75936.232
310841.460		特别存款	582534.419	893375.879
158534.112		暂时存款	55131.699	213665.811
		汇交款项		
10185.000		期交款项		10185.000
3539458.634		期卖商品	4936070.105	8475528.739
		未交商品		
9037.336		未交商品价	917.730	9955.066
3651270.151		期交商品价	2160040.346	5811310.497
1546.415		代销商品价	20129.100	21675.515
492651.500		预收商品价	562351.254	1055002.754
		总分行		
7.698		盈余滚存		7.698
269165.820		前期损益		269165.820
1588115.069		托交款项	1110636.405	2698751.474
1060277.338		托收期卖价	928523.683	1988801.021
		资产类		
		未收资本		

续表

收项		科目	付项	
总数	余额		余额	总数
		贷出款		
1279863.470	65745.192	各业欠款		1214118.278
		机关欠款		
37071.460	8561.938	各户欠款		28509.522
3450145.475	745751.238	特别欠款		2704394.237
134554.818	18988.481	暂记欠款		115566.337
230000.000	90000.000	汇收款项		140000.000
		期收款项		
		催收款项		
946591.920	688293.726	商品		258298.194
8517546.196	4875516.821	期买商品		3642029.375
20126.204	19165.566	代销商品		960.639
		托售商品		
63140.500	19180.620	未收商品		43959.880
239173.014	116078.187	未收商品价		123094.827
6463032.121	2787404.628	期收商品价		3675627.493
1004723.937	535535.812	预交商品价		469188.125
319064.000	235080.000	有价证券		83984.000
44422.466	44422.466	营业用房地产		
9113.503	9113.503	营业用器具		
1867.743	1867.743	开办费		
		总分行		
		前期损益		
2686399.757	1027203.320	托收款项		1659196.437
1777813.926	828417.156	托交期买价		949396.770
40063426.190	6164.731	现金		40057261.460
		损益类		
833.211	407.836	商品损益		425.375
735207.952	4474.826	货币升耗		730733.126
16474.663	6322.843	利息		10151.820

续表

收项		科目	付项	
总数	余额		余额	总数
149.600	149.600	汇水		
148.111		手续费	58664.633	58812.744
13127.896	12140.196	运输费		987.700
4812.029	4812.029	堆栈费		
300.942		杂损益	2199.051	2499.993
		呆账		
		证券损益		
		摊提开办费		
		摊提营业用房地产		
		摊提营业用器具		
19614.273	19602.273	营业费		12.000
24684.201	23427.155	经常费		1257.046
80120687.660	12193827.890	合计	12193827.890	80120687.660

1937年6月斌记商行总行月计表

单位：元

收项		科目	付项	
总数	余额		余额	总数
		负债类		
		资本总额	1000000.000	1000000.000
		公积金	97553.906	97553.906
		股利	179449.012	179449.012
53834.704		职员红利		53834.704
		职员抚恤金		
		呆账准备金	75000.000	75000.000
		房地产提存金	8884.493	8884.493
		器具提存金	2374.096	2374.096
399200.000		借入款	242100.000	641300.000
698272.096		各业存款	378736.941	1077009.037
		机关存款		
63740.398		各户存款	13112.234	76852.632

续表

收项		科目	付项	
总数	余额		余额	总数
329928.935		特别存款	582843.454	912772.389
163545.412		暂时存款	83097.469	246642.881
		汇交款项		
10185.000		期交款项		10185.000
3555467.174		期卖商品	5035406.758	8590873.932
		未交商品		
9037.336		未交商品价	917.730	9955.066
3788571.379		期交商品价	2095116.928	5883688.307
1546.415		代销商品价	20129.100	21675.515
492651.500		预收商品价	562351.254	1055002.754
		总分行		
7.698		盈余滚存		7.698
269165.820		前期损益		269165.820
1701548.738		托交款项	1078213.856	2779762.594
1093483.588		托收期卖价	960892.952	2054376.540
		资产类		
		未收资本		
		贷出款		
1901560.986	28394.125	各业欠款		1873166.861
		机关欠款		
50748.350	16596.828	各户欠款		34151.522
3693371.818	853956.701	特别欠款		2839415.117
166054.818	49516.656	暂记欠款		116538.162
520000.000	280000.000	汇收款项		240000.000
		期收款项		
		催收款项		
955909.343	652895.905	商品		303013.438
8589924.006	4947894.631	期买商品		3642029.375
20126.205	19165.566	代销商品		960.639
		托售商品		

续表

收项		科目	付项	
总数	余额		余额	总数
63140.500	19180.620	未收商品		43959.880
263476.477	101313.930	未收商品价		162162.547
6583111.333	2818877.365	期收商品价		3764233.968
1004723.937	535535.812	预交商品价		469188.125
319064.000	234024.000	有价证券		85040.000
44422.466	44422.466	营业用房地产		
9113.503	9113.503	营业用器具		
1867.743	1867.743	开办费		
		总分行		
		前期损益		
2773965.026	983672.539	托收款项		1790292.487
1836593.846	773857.407	托交期买价		1062736.439
42280480.990	5360.726	现金		42275120.270
		损益类		
1401.218	975.843	商品损益		425.375
743431.812	14463.713	货币升耗		730968.099
20092.213	8021.743	利息		12070.470
304.600	304.600	汇水		
148.111		手续费	58664.633	58812.744
16105.695	15045.515	运输费		1060.180
6178.779	6178.779	堆栈费		
302.609		杂损益	2197.397	2500.006
		呆账		
		证券损益		
		摊提开办费		
		摊提营业用房地产		
		摊提营业用器具		
26790.312	26778.312	营业费		12.000
31004.366	29627.185	经常费		1377.181
84555601.260	12477042.210	合计	12477042.210	84555601.260

1937年7月斌记商行总行月计表

单位：元

收项		科目	付项	
总数	余额		余额	总数
		负债类		
		资本总额	1000000.000	1000000.000
		公积金	97553.906	97553.906
96600.000		股利	82849.012	179449.012
53834.704		职员红利		53834.704
		职员抚恤金		
		呆账准备金	75000.000	75000.000
		房地产提存金	8884.493	8884.493
		器具提存金	2374.096	2374.096
419200.000		借入款	302100.000	721300.000
833822.672		各业存款	384103.781	1217926.453
		机关存款		
69360.486		各户存款	19237.546	88598.032
389758.325		特别存款	547232.814	936991.139
171727.392		暂时存款	105577.399	277304.791
		汇交款项		
10185.000		期交款项		10185.000
3646082.882		期卖商品	5244740.670	8890823.552
		未交商品		
9337.336		未交商品价	2518.225	11855.561
3893928.461		期交商品价	2510056.627	6403985.088
1554.965		代销商品价	20129.050	21684.015
492651.500		预收商品价	562351.254	1055002.754
		总分行		
7.698		盈余滚存		7.698
269165.820		前期损益		269165.82
1723472.238		托交款项	1168786.518	2892258.756
1093483.588		托收期卖价	1019380.398	2112863.986
		资产类		
		未收资本		

续表

收项		科目	付项	
总数	余额		余额	总数
		贷出款		
2119997.061	36491.450	各业欠款		2083505.611
		机关欠款		
51869.010	16084.508	各户欠款		35784.502
3790659.804	793350.040	特别欠款		2997309.764
174433.728	57195.566	暂记欠款		117238.162
600000.000	290000.000	汇收款项		310000.000
		期收款项		
		催收款项		
998842.183	620046.374	商品		378795.809
9110220.787	5397931.213	期买商品		3712289.574
20134.705	19129.966	代销商品		1004.739
		托售商品		
63140.500	18866.670	未收商品		44273.830
312903.758	132859.498	未收商品价		180044.260
6883344.237	3069407.321	期收商品价		3813936.916
1004723.937	535535.812	预交商品价		469188.125
319064.000	136344.000	有价证券		182720.000
44422.466	44422.466	营业用房地产		
9113.503	9113.503	营业用器具		
1867.743	1867.743	开办费		
		总分行		
		前期损益		
2865031.853	1051909.666	托收款项		1813122.187
1927489.108	842923.169	托交期买价		1084565.939
44364967.570	9627.700	现金		44355339.870
		损益类		
1412.475		商品损益	3028.048	4440.523
750329.070	19084.795	货币升耗		731244.275
27252.353	13020.113	利息		14232.240

续表

收项		科目	付项	
总数	余额		余额	总数
345.200	345.200	汇水		
148.111		手续费	58665.633	58813.744
26907.002	25844.722	运输费		1062.280
7378.646	7378.646	堆栈费		
609.986		杂损益	1890.046	25000.032
		呆账		
		证券损益		
		摊提开办费		
		摊提营业用房地产		
		摊提营业用器具		
30755.012	30742.860	营业费		12.152
38770.568	36936.515	经常费		1834.053
88720307.450	13216459.520	合计	13216459.520	88720307.450

1937年8月斌记商行总行月计表　　　　单位：元

收项		科目	付项	
总数	余额		余额	总数
		负债类		
		资本总额	1000000.000	1000000.000
		公积金	97553.906	975539.906
96600.000		股利	82849.012	179449.012
53834.704		职员红利		53834.704
		职员抚恤金		
		呆账准备金	75000.000	75000.000
		房地产提存金	8884.493	8884.493
		器具提存金	2374.096	2374.096
464200.000		借入款	324100.000	788300.000
845854.032		各业存款	383607.915	1229461.947
		机关存款		
82836.374		各户存款	13466.721	96303.095

续表

收项		科目	付项	
总数	余额		余额	总数
417730.080		特别存款	554258.153	971988.233
171865.278		暂时存款	105719.899	277585.177
		汇交款项		
10185.000		期交款项		10185.000
3750086.980		期卖商品	5228683.438	8978770.418
		未交商品		
9337.336		未交商品价	2518.225	11855.561
3900181.953		期交商品价	2534026.541	6434208.494
1554.965		代销商品价	20129.050	21684.015
492651.500		预收商品价	562351.254	1055002.754
		总分行		
7.698		盈余滚存		7.698
269165.820		前期损益		269165.820
1723566.238		托交款项	1191042.518	2914608.754
1093483.588		托收期卖价	1020989.148	2114472.736
		资产类		
		未收资本		
		贷出款		
2196950.801	93326.422	各业欠款		2103624.379
		机关欠款		
57356.810	13545.101	各户欠款		43811.709
3814267.485	812184.863	特别欠款		3002082.622
178657.728	58719.566	暂记欠款		119938.162
600000.000	290000.000	汇收款项		310000.000
		期收款项		
		催收款项		
1003567.485	593649.183	商品		409918.302
9140444.193	5341182.943	期买商品		3799261.250
20134.705	19129.966	代销商品		1004.739
		托售商品		

续表

收项		科目	付项	
总数	余额		余额	总数
63140.500	18866.670	未收商品		44273.830
322168.469	127115.586	未收商品价		195052.883
6961734.316	3129605.525	期收商品价		3832128.791
1004723.937	535535.812	预交商品价		469188.125
319064.000	135240.000	有价证券		183824.000
44422.466	44422.466	营业用房地产		
9113.503	9113.503	营业用器具		
1867.743	1867.743	开办费		
		总分行		
		前期损益		
2866640.853	1032076.335	托收款项		1834564.518
1949566.108	865000.169	托交期买价		1084565.939
44844566.050	8501.734	现金		44836064.320
		损益类		
1436.804		商品损益	7037.504	8474.308
751478.369	20214.249	货币升耗		731264.120
31222.903	15127.111	利息		16095.792
345.700	345.700	汇水		
148.111		手续费	58665.633	58813.744
27108.502	26046.222	运输费		1062.280
9752.084	9752.084	堆栈费		
1140.986		杂损益	1360.916	2501.902
		呆账		
		证券损益		
		摊提开办费		
		摊提营业用房地产		
		摊提营业用器具		
31479.164	31467.012	营业费		12.152
44989.046	42582.457	经常费		2406.589
89680630.370	13274618.420	合计	13274618.420	89680630.370

附件2　1946—1948年斌记商行薪资等级统计表

1946年斌记商行薪资等级统计表

单位：元

阶级	级	1—4月 文官给与 薪俸	副食费	合计	5—6月 文官给与 薪俸	副食费	合计	7—8月 文官给与 薪俸	副食费	合计	9月 文官给与 薪俸	副食费	合计	总计 文官给与 薪俸	副食费	总计	薪酬级差
特任		560000.00	24000.00	80000.00	352000.00	75000.00	80000.00	352000.00	75000.00	80000.00	352000.00	75000.00	427000.00	1616000.00	249000.00	1865000.00	372200.00
简任	1	47000.00	24000.00	71000.00	299200.00	75000.00	374200.00	299200.00	75000.00	374200.00	299200.00	75000.00	374200.00	944600.00	548200.00	1492800.00	112600.00
简任	2	44800.00	24000.00	68800.00	271600.00	75000.00	346600.00	271600.00	75000.00	346600.00	271600.00	75000.00	346600.00	859600.00	520600.00	1380200.00	33200.00
简任	3	42000.00	24000.00	66000.00	264000.00	75000.00	339000.00	264000.00	75000.00	339000.00	264000.00	75000.00	339000.00	834000.00	513000.00	1347000.00	73400.00
简任	4	39000.00	24000.00	63000.00	246400.00	75000.00	321400.00	246400.00	75000.00	321400.00	246400.00	75000.00	321400.00	778200.00	495400.00	1273600.00	73000.00
简任	5	36400.00	24000.00	60400.00	228800.00	75000.00	303800.00	228800.00	75000.00	303800.00	228800.00	75000.00	303800.00	722800.00	477800.00	1200600.00	54900.00
简任	6	34300.00	24000.00	58300.00	215600.00	75000.00	290600.00	215600.00	75000.00	290600.00	215600.00	75000.00	290600.00	681100.00	464600.00	1145700.00	54900.00
简任	7	32200.00	24000.00	56200.00	202400.00	75000.00	277400.00	202400.00	75000.00	277400.00	202400.00	75000.00	277400.00	639400.00	451400.00	1090800.00	54900.00
简任	8	30100.00	24000.00	54100.00	189200.00	75000.00	264200.00	189200.00	75000.00	264200.00	189200.00	75000.00	264200.00	597700.00	438200.00	1035900.00	54900.00
荐任	1	28000.00	24000.00	52000.00	176000.00	75000.00	251000.00	176000.00	75000.00	251000.00	176000.00	75000.00	251000.00	556000.00	425000.00	981000.00	36600.00
荐任	2	26600.00	24000.00	50600.00	167200.00	75000.00	242200.00	167200.00	75000.00	242200.00	167200.00	75000.00	242200.00	528200.00	416200.00	944400.00	36600.00
荐任	3	25200.00	24000.00	49200.00	158400.00	75000.00	233400.00	158400.00	75000.00	233400.00	158400.00	75000.00	233400.00	500400.00	407400.00	907800.00	36600.00
荐任	4	23800.00	24000.00	47800.00	149600.00	75000.00	224600.00	149600.00	75000.00	224600.00	149600.00	75000.00	224600.00	472600.00	398600.00	871200.00	36600.00
荐任	5	22400.00	24000.00	46400.00	140800.00	75000.00	215800.00	140800.00	75000.00	215800.00	140800.00	75000.00	215800.00	444800.00	389800.00	834600.00	36600.00
荐任	6	21000.00	24000.00	45000.00	132000.00	75000.00	207000.00	132000.00	75000.00	207000.00	132000.00	75000.00	207000.00	417000.00	381000.00	798000.00	36600.00

续表

阶级		1—4月 文官给与			5—6月 文官给与			7—8月 文官给与			9月 文官给与			总计 文官给与			薪酬级差
		薪俸	副食费	合计	薪俸	副食费	合计	薪俸	副食费	合计	薪俸	副食费	合计	薪俸	副食费	总计	
荐任	7	19600.00	24000.00	43600.00	123200.00	75000.00	198200.00	123200.00	75000.00	198200.00	123200.00	198200.00	198200.00	389200.00	372200.00	761400.00	36600.00
	8	18200.00	24000.00	42200.00	114400.00	75000.00	189400.00	114400.00	75000.00	189400.00	114400.00	189400.00	189400.00	361400.00	363400.00	724800.00	36600.00
	9	16800.00	24000.00	40800.00	105600.00	75000.00	180600.00	105600.00	75000.00	180600.00	105600.00	180600.00	180600.00	333600.00	354600.00	688200.00	36600.00
	10	15400.00	24000.00	39400.00	96800.00	75000.00	171800.00	96800.00	75000.00	171800.00	96800.00	171800.00	171800.00	305800.00	345800.00	651600.00	36600.00
	11	14000.00	24000.00	38000.00	88000.00	75000.00	163000.00	88000.00	75000.00	163000.00	88000.00	163000.00	163000.00	278000.00	337000.00	615000.00	36600.00
	12	12600.00	24000.00	36600.00	79200.00	75000.00	154200.00	79200.00	75000.00	154200.00	79200.00	154200.00	154200.00	250200.00	328200.00	578400.00	-36600.00
委任	1	14000.00	24000.00	38000.00	88000.00	75000.00	163000.00	88000.00	75000.00	163000.00	88000.00	163000.00	163000.00	278000.00	337000.00	615000.00	36600.00
	2	12600.00	24000.00	36600.00	79200.00	75000.00	154200.00	79200.00	75000.00	154200.00	79200.00	154200.00	154200.00	250200.00	328200.00	578400.00	36600.00
	3	11200.00	24000.00	35200.00	70400.00	75000.00	145400.00	70400.00	75000.00	145400.00	70400.00	145400.00	145400.00	222400.00	319400.00	541800.00	18300.00
	4	9800.00	24000.00	33800.00	61600.00	75000.00	136600.00	61600.00	75000.00	136600.00	61600.00	136600.00	136600.00	194600.00	310600.00	505200.00	18300.00
	5	9100.00	24000.00	33100.00	57200.00	75000.00	132200.00	57200.00	75000.00	132200.00	57200.00	132200.00	132200.00	180700.00	306200.00	486900.00	18300.00
	6	8400.00	24000.00	32400.00	52800.00	75000.00	127800.00	52800.00	75000.00	127800.00	52800.00	127800.00	127800.00	166800.00	301800.00	468600.00	18300.00
	7	7700.00	24000.00	31700.00	48400.00	75000.00	123400.00	48400.00	75000.00	123400.00	48400.00	123400.00	123400.00	152900.00	297400.00	450300.00	18300.00
	8	7000.00	24000.00	31000.00	44000.00	75000.00	119000.00	44000.00	75000.00	119000.00	44000.00	119000.00	119000.00	139000.00	293000.00	432000.00	18300.00
	9	6300.00	24000.00	30300.00	39600.00	75000.00	114600.00	39600.00	75000.00	114600.00	39600.00	114600.00	114600.00	125100.00	288600.00	413700.00	9150.00
	10	5950.00	24000.00	29950.00	37400.00	75000.00	112400.00	37400.00	75000.00	112400.00	37400.00	112400.00	112400.00	118150.00	286400.00	404550.00	9150.00
	11	5600.00	24000.00	29600.00	35200.00	75000.00	110200.00	35200.00	75000.00	110200.00	35200.00	110200.00	110200.00	111200.00	284200.00	395400.00	9150.00
	12	5250.00	24000.00	29250.00	33000.00	75000.00	108000.00	33000.00	75000.00	108000.00	33000.00	108000.00	108000.00	104250.00	282000.00	386250.00	9150.00
	13	4900.00	24000.00	28900.00	30800.00	75000.00	105800.00	30800.00	75000.00	105800.00	30800.00	105800.00	105800.00	97300.00	279800.00	377100.00	9150.00
	14	4550.00	24000.00	28550.00	28600.00	75000.00	103600.00	28600.00	75000.00	103600.00	28600.00	103600.00	103600.00	90350.00	277600.00	367950.00	9150.00

续表

阶级		1—4月 文官给与			5—6月 文官给与			7—8月 文官给与			9月 文官给与			总计 文官给与			薪酬级差
		薪俸	副食费	合计	薪俸	副食费	合计	薪俸	副食费	合计	薪俸	副食费	合计	薪俸	副食费	总计	
委任	15	4200.00	24000.00	28200.00	26400.00	75000.00	101400.00	26400.00	75000.00	101400.00	26400.00	75000.00	101400.00	83400.00	275400.00	358800.00	9150.00
	16	3850.00	24000.00	27850.00	24200.00	75000.00	99200.00	24200.00	75000.00	99200.00	24200.00	75000.00	99200.00	76450.00	273200.00	349650.00	—

阶级	武官给与			武官给与			武官给与			武官给与			武官给与			薪酬级差
	薪饷	副食费	合计	薪饷	副食费	合计	薪饷	副食费	合计	薪饷	副食费	合计	薪饷	副食费	总计	
上将	50000.00	3000.00	53000.00	120000.00	5000.00	125000.00	120000.00	5000.00	125000.00	250000.00	5000.00	255000.00	470000.00	16000.00	486000.00	60000.00
中将	45000.00	3000.00	48000.00	110000.00	5000.00	115000.00	110000.00	5000.00	115000.00	210000.00	5000.00	215000.00	410000.00	16000.00	426000.00	40000.00
少将	40000.00	3000.00	43000.00	100000.00	5000.00	105000.00	100000.00	5000.00	105000.00	190000.00	5000.00	195000.00	370000.00	16000.00	386000.00	40000.00
上校	35000.00	3000.00	38000.00	90000.00	5000.00	95000.00	90000.00	5000.00	95000.00	170000.00	5000.00	175000.00	330000.00	16000.00	346000.00	40000.00
中校	30000.00	3000.00	33000.00	80000.00	5000.00	85000.00	80000.00	5000.00	85000.00	150000.00	5000.00	155000.00	290000.00	16000.00	306000.00	40000.00
少校	25000.00	3000.00	28000.00	70000.00	5000.00	75000.00	70000.00	5000.00	75000.00	130000.00	5000.00	135000.00	250000.00	16000.00	266000.00	40000.00
上尉	20000.00	3000.00	23000.00	60000.00	5000.00	65000.00	60000.00	5000.00	65000.00	110000.00	5000.00	115000.00	210000.00	16000.00	226000.00	35000.00
中尉	15000.00	3000.00	18000.00	50000.00	5000.00	55000.00	50000.00	5000.00	55000.00	95000.00	5000.00	100000.00	175000.00	16000.00	191000.00	26000.00
少尉	12000.00	3000.00	15000.00	45000.00	5000.00	50000.00	45000.00	5000.00	50000.00	80000.00	5000.00	85000.00	149000.00	16000.00	165000.00	29000.00

薪级	产业机构给与			产业机构给与			产业机构给与			产业机构给与			产业机构给与			薪酬级差
	薪津	副食费	合计	薪津	副食费	合计	薪津	副食费	合计	薪津	副食费	合计	薪津	副食费	总计	
1	36400.00	4000.00	40400.00	—	—	—	—	—	—	—	—	—	36400.00	4000.00	40400.00	—
2	355490.00	4000.00	39490.00	110000.00	4000.00	114000.00	2100000.00	5000.00	2105000.00	360000.00	9000.00	369000.00	2605490.00	22000.00	2627490.00	1902910.00
3	35580.00	4000.00	39580.00	109000.00	4000.00	113000.00	208000.00	5000.00	213000.00	350000.00	9000.00	359000.00	702580.00	22000.00	724580.00	15680.00
4	32900.00	4000.00	36900.00	108000.00	4000.00	112000.00	206000.00	5000.00	211000.00	340000.00	9000.00	349000.00	686900.00	22000.00	708900.00	14050.00
5	31850.00	4000.00	35850.00	107000.00	4000.00	111000.00	204000.00	5000.00	209000.00	330000.00	9000.00	339000.00	672850.00	22000.00	694850.00	32120.00

续表

薪级	1—4月			5—6月			7—8月			9月			总计			薪酬级差
	薪津	副食费	合计	薪津	副食费	合计	薪津	副食费	合计	薪津	副食费	合计	薪津	副食费	总计	
6	30730.00	4000.00	34730.00	100000.00	4000.00	104000.00	190000.00	5000.00	195000.00	320000.00	9000.00	329000.00	640730.00	22000.00	662730.00	14330.00
7	29400.00	4000.00	33400.00	99000.00	4000.00	103000.00	188000.00	5000.00	193000.00	310000.00	9000.00	319000.00	626400.00	22000.00	648400.00	14400.00
8	28000.00	4000.00	32000.00	98000.00	4000.00	102000.00	186000.00	5000.00	191000.00	300000.00	9000.00	309000.00	612000.00	22000.00	634000.00	14470.00
9	26530.00	4000.00	30530.00	97000.00	4000.00	101000.00	184000.00	5000.00	189000.00	290000.00	9000.00	299000.00	597530.00	22000.00	619530.00	31630.00
10	25900.00	4000.00	29900.00	90000.00	4000.00	94000.00	170000.00	5000.00	175000.00	280000.00	9000.00	289000.00	565900.00	22000.00	587900.00	17260.00
11	24640.00	4000.00	28640.00	88000.00	4000.00	92000.00	166000.00	5000.00	171000.00	270000.00	9000.00	279000.00	548640.00	22000.00	570640.00	17260.00
12	23380.00	4000.00	27380.00	86000.00	4000.00	90000.00	162000.00	5000.00	167000.00	260000.00	9000.00	269000.00	531380.00	22000.00	553380.00	38980.00
13	22400.00	4000.00	26400.00	80000.00	4000.00	84000.00	150000.00	5000.00	155000.00	240000.00	9000.00	249000.00	492400.00	22000.00	514400.00	17400.00
14	21000.00	4000.00	25000.00	78000.00	4000.00	82000.00	146000.00	5000.00	151000.00	230000.00	9000.00	239000.00	475000.00	22000.00	497000.00	17400.00
15	19600.00	4000.00	23600.00	76000.00	4000.00	80000.00	142000.00	5000.00	147000.00	220000.00	9000.00	229000.00	457600.00	22000.00	479600.00	38700.00
16	18900.00	4000.00	22900.00	70000.00	4000.00	74000.00	130000.00	5000.00	135000.00	200000.00	9000.00	209000.00	418900.00	22000.00	440900.00	17500.00
17	17400.00	4000.00	21400.00	68000.00	4000.00	72000.00	126000.00	5000.00	131000.00	190000.00	9000.00	199000.00	401400.00	22000.00	423400.00	17440.00
18	15960.00	4000.00	19960.00	66000.00	4000.00	70000.00	122000.00	5000.00	127000.00	180000.00	9000.00	189000.00	383960.00	22000.00	405960.00	38560.00
19	15400.00	4000.00	19400.00	60000.00	4000.00	64000.00	110000.00	5000.00	115000.00	160000.00	9000.00	169000.00	345400.00	22000.00	367400.00	17330.00
20	14070.00	4000.00	18070.00	58000.00	4000.00	62000.00	106000.00	5000.00	111000.00	150000.00	9000.00	159000.00	328070.00	22000.00	350070.00	12260.00
21	12810.00	4000.00	16810.00	56000.00	4000.00	60000.00	102000.00	5000.00	107000.00	145000.00	9000.00	154000.00	315810.00	22000.00	337810.00	18910.00
22	11900.00	4000.00	15900.00	50000.00	4000.00	54000.00	95000.00	5000.00	100000.00	140000.00	9000.00	149000.00	296900.00	22000.00	318900.00	16700.00
23	11200.00	4000.00	15200.00	48000.00	4000.00	52000.00	91000.00	5000.00	96000.00	130000.00	9000.00	139000.00	280200.00	22000.00	302200.00	11630.00
24	10570.00	4000.00	14570.00	46000.00	4000.00	50000.00	87000.00	5000.00	92000.00	125000.00	9000.00	134000.00	268570.00	22000.00	290570.00	13420.00
25	10150.00	4000.00	14150.00	45000.00	4000.00	49000.00	80000.00	5000.00	85000.00	120000.00	9000.00	129000.00	255150.00	22000.00	277150.00	16700.00

附　件

续表

阶级	1—4月 薪俸	1—4月 产业机构给与	1—4月 合计	5—6月 薪俸	5—6月 产业机构给与	5—6月 合计	7—8月 薪俸	7—8月 产业机构给与	7—8月 合计	9月 薪俸	9月 产业机构给与	9月 合计	总计 薪俸	总计 产业机构给与	总计 合计	薪酬级差
26	9450.00	4000.00	13450.00	43000.00	4000.00	47000.00	76000.00	5000.00	81000.00	110000.00	9000.00	119000.00	238450.00	22000.00	260450.00	11735.00
27	8715.00	4000.00	12715.00	41000.00	4000.00	45000.00	72000.00	5000.00	77000.00	105000.00	9000.00	114000.00	226715.00	22000.00	248715.00	18315.00
28	8400.00	4000.00	12400.00	40000.00	4000.00	44000.00	60000.00	5000.00	65000.00	100000.00	9000.00	109000.00	208400.00	22000.00	230400.00	16735.00
29	7665.00	4000.00	11665.00	38000.00	4000.00	42000.00	56000.00	5000.00	61000.00	90000.00	9000.00	99000.00	191665.00	22000.00	213665.00	16725.00
30	6940.00	4000.00	10940.00	36000.00	4000.00	40000.00	52000.00	5000.00	57000.00	80000.00	9000.00	89000.00	174940.00	22000.00	196940.00	16940.00
31	6000.00	4000.00	10000.00	34000.00	4000.00	38000.00	48000.00	5000.00	53000.00	70000.00	9000.00	79000.00	158000.00	22000.00	180000.00	17000.00
32	5000.00	4000.00	9000.00	32000.00	4000.00	36000.00	44000.00	5000.00	49000.00	60000.00	9000.00	69000.00	141000.00	22000.00	163000.00	—

1947年苏北记商行薪资等级统计表

单位：元

阶级	1947年2月 薪俸	1947年2月 副食费	1947年2月 合计	1947年5月 薪俸	1947年5月 副食费	1947年5月 合计	1947年8月 薪俸	1947年8月 副食费	1947年8月 合计	1947年10月 薪俸	1947年10月 副食费	1947年10月 合计	总计 薪俸	总计 副食费	总计 总计	薪酬级差
1	—	—	—	—	—	—	—	—	—	—	—	—	—	—	—	—
2	450000.00	10000.00	460000.00	630000.00	14000.00	644000.00	1320000.00	35000.00	1355000.00	3180000.00	—	3180000.00	5580000.00	59000.00	2459000.00	80000.00
3	440000.00	10000.00	450000.00	620000.00	14000.00	634000.00	1300000.00	35000.00	1335000.00	3140000.00	—	3140000.00	5500000.00	59000.00	2419000.00	80000.00
4	430000.00	10000.00	440000.00	610000.00	14000.00	624000.00	1280000.00	35000.00	1315000.00	3100000.00	—	3100000.00	5420000.00	59000.00	2379000.00	80000.00
5	420000.00	10000.00	430000.00	600000.00	14000.00	614000.00	1260000.00	35000.00	1295000.00	3060000.00	—	3060000.00	5340000.00	59000.00	2339000.00	400000.00
6	400000.00	10000.00	410000.00	560000.00	14000.00	574000.00	1160000.00	35000.00	1195000.00	2820000.00	—	2820000.00	4940000.00	59000.00	2179000.00	80000.00
7	390000.00	10000.00	400000.00	550000.00	14000.00	564000.00	1140000.00	35000.00	1175000.00	2780000.00	—	2780000.00	4860000.00	59000.00	2139000.00	80000.00
8	380000.00	10000.00	390000.00	540000.00	14000.00	554000.00	1120000.00	35000.00	1155000.00	2740000.00	—	2740000.00	4780000.00	59000.00	2099000.00	80000.00
9	370000.00	10000.00	380000.00	530000.00	14000.00	544000.00	1100000.00	35000.00	1135000.00	2700000.00	—	2700000.00	4700000.00	59000.00	2059000.00	400000.00
10	350000.00	10000.00	360000.00	490000.00	14000.00	504000.00	1000000.00	35000.00	1035000.00	2460000.00	—	2460000.00	4300000.00	59000.00	1899000.00	80000.00

续表

阶级	1947年2月			1947年5月			1947年8月			1947年10月			总计			薪酬级差
	薪棒	副食费	合计	薪棒	副食费	合计	薪棒	副食费	合计	薪棒	副食费	合计	薪棒	副食费	总计	
11	340000.00	10000.00	350000.00	480000.00	14000.00	494000.00	980000.00	35000.00	1015000.00	2420000.00	—	2420000.00	4220000.00	59000.00	1859000.00	80000.00
12	330000.00	10000.00	340000.00	470000.00	14000.00	484000.00	960000.00	35000.00	995000.00	2380000.00	—	2380000.00	4140000.00	59000.00	1819000.00	536000.00
13	300000.00	10000.00	310000.00	420000.00	14000.00	434000.00	824000.00	35000.00	859000.00	2060000.00	—	2060000.00	3604000.00	59000.00	1603000.00	80000.00
14	290000.00	10000.00	300000.00	410000.00	14000.00	424000.00	804000.00	35000.00	839000.00	2020000.00	—	2020000.00	3524000.00	59000.00	1563000.00	80000.00
15	280000.00	10000.00	290000.00	400000.00	14000.00	414000.00	784000.00	35000.00	819000.00	1980000.00	—	1980000.00	3444000.00	59000.00	1523000.00	562000.00
16	260000.00	10000.00	270000.00	360000.00	14000.00	374000.00	632000.00	35000.00	667000.00	1630000.00	—	1630000.00	2882000.00	59000.00	1311000.00	80000.00
17	250000.00	10000.00	260000.00	350000.00	14000.00	364000.00	612000.00	35000.00	647000.00	1590000.00	—	1590000.00	2802000.00	59000.00	1271000.00	80000.00
18	240000.00	10000.00	250000.00	340000.00	14000.00	354000.00	592000.00	35000.00	627000.00	1550000.00	—	1550000.00	2722000.00	59000.00	1231000.00	276000.00
19	210000.00	10000.00	220000.00	290000.00	14000.00	304000.00	536000.00	35000.00	571000.00	1410000.00	—	1410000.00	2446000.00	59000.00	1095000.00	50000.00
20	200000.00	10000.00	210000.00	280000.00	14000.00	294000.00	526000.00	35000.00	561000.00	1390000.00	—	1390000.00	2396000.00	59000.00	1065000.00	50000.00
21	190000.00	10000.00	200000.00	270000.00	14000.00	284000.00	516000.00	35000.00	551000.00	1370000.00	—	1370000.00	2346000.00	59000.00	1035000.00	243000.00
22	185000.00	10000.00	195000.00	260000.00	14000.00	274000.00	448000.00	35000.00	483000.00	1210000.00	—	1210000.00	2103000.00	59000.00	952000.00	45000.00
23	180000.00	10000.00	190000.00	250000.00	14000.00	264000.00	438000.00	35000.00	473000.00	1190000.00	—	1190000.00	2058000.00	59000.00	927000.00	55000.00
24	170000.00	10000.00	180000.00	240000.00	14000.00	254000.00	423000.00	35000.00	458000.00	1170000.00	—	1170000.00	2003000.00	59000.00	892000.00	127000.00
25	160000.00	10000.00	170000.00	220000.00	14000.00	234000.00	396000.00	35000.00	431000.00	1100000.00	—	1100000.00	1876000.00	59000.00	835000.00	50000.00
26	150000.00	10000.00	160000.00	210000.00	14000.00	224000.00	386000.00	35000.00	421000.00	1080000.00	—	1080000.00	1826000.00	59000.00	805000.00	50000.00
27	140000.00	10000.00	150000.00	200000.00	14000.00	214000.00	376000.00	35000.00	411000.00	1060000.00	—	1060000.00	1776000.00	59000.00	775000.00	67000.00
28	135000.00	10000.00	145000.00	190000.00	14000.00	204000.00	364000.00	35000.00	399000.00	1020000.00	—	1020000.00	1709000.00	59000.00	748000.00	45000.00
29	130000.00	10000.00	140000.00	180000.00	14000.00	194000.00	354000.00	35000.00	389000.00	1000000.00	—	1000000.00	1664000.00	59000.00	723000.00	45000.00
30	125000.00	10000.00	135000.00	170000.00	14000.00	184000.00	344000.00	35000.00	379000.00	980000.00	—	980000.00	1619000.00	59000.00	698000.00	45000.00
31	120000.00	10000.00	130000.00	160000.00	14000.00	174000.00	334000.00	35000.00	369000.00	960000.00	—	960000.00	1574000.00	59000.00	673000.00	45000.00

续表

单位：元

阶级	1947年2月 薪俸	1947年2月 副食费	1947年2月 合计	1947年5月 薪俸	1947年5月 副食费	1947年5月 合计	1947年8月 薪俸	1947年8月 副食费	1947年8月 合计	1947年10月 薪俸	1947年10月 副食费	1947年10月 合计	总计 薪俸	总计 副食费	总计 总计	薪酬级差
32	115000.00	10000.00	125000.00	150000.00	14000.00	164000.00	324000.00	35000.00	359000.00	940000.00	—	940000.00	1529000.00	59000.00	648000.00	—

1948年斌记商行薪资等级统计表

单位：元

阶级	1948年1月 薪金	1948年1月 副食费	1948年1月 合计	1948年4月 薪金	1948年4月 副食费	1948年4月 合计	1948年5月 薪金	1948年5月 副食费	1948年5月 合计	1948年6月 薪金	1948年6月 副食费	1948年6月 合计	1948年7月 薪金	1948年7月 副食费	1948年7月 合计	总计 薪金	总计 副食费	总计 合计	薪酬差额
1	—	—	—	—	—	—	—	—	—	—	—	—	—	—	—	—	—	—	—
2	8070000.00	—	—	18600000.00	—	—	28830000.00	—	—	39600000.00	—	—	148800000.00	—	—	243360000.00	—	—	5160000.00
3	7970000.00	—	—	18200000.00	—	—	28210000.00	—	—	38220000.00	—	—	145600000.00	—	—	238220000.00	—	—	5160000.00
4	7870000.00	—	—	17800000.00	—	—	27590000.00	—	—	37380000.00	—	—	142400000.00	—	—	233040000.00	—	—	5160000.00
5	7770000.00	—	—	17400000.00	—	—	26970000.00	—	—	36540000.00	—	—	139280000.00	—	—	227880000.00	—	—	10840000.00
6	7050000.00	—	—	16600000.00	—	—	25730000.00	—	—	34860000.00	—	—	132800000.00	—	—	217040000.00	—	—	5160000.00
7	6950000.00	—	—	16200000.00	—	—	25110000.00	—	—	34020000.00	—	—	129600000.00	—	—	211880000.00	—	—	5160000.00
8	6850000.00	—	—	15800000.00	—	—	24490000.00	—	—	33180000.00	—	—	126400000.00	—	—	206720000.00	—	—	10670000.00
9	6750000.00	—	—	15400000.00	—	—	23870000.00	—	—	32340000.00	—	—	123200000.00	—	—	201560000.00	—	—	5160000.00
10	6200000.00	—	—	14600000.00	—	—	22630000.00	—	—	30660000.00	—	—	116800000.00	—	—	198690000.00	—	—	5160000.00
11	6100000.00	—	—	14200000.00	—	—	22010000.00	—	—	29820000.00	—	—	113600000.00	—	—	185730000.00	—	—	5160000.00
12	6000000.00	—	—	13800000.00	—	—	21390000.00	—	—	28980000.00	—	—	110400000.00	—	—	180570000.00	—	—	18420000.00
13	5290000.00	—	—	12400000.00	—	—	19220000.00	—	—	26040000.00	—	—	99200000.00	—	—	162150000.00	—	—	5180000.00
14	5170000.00	—	—	12000000.00	—	—	18600000.00	—	—	25200000.00	—	—	96000000.00	—	—	156970000.00	—	—	5160000.00
15	5070000.00	—	—	11600000.00	—	—	17980000.00	—	—	24360000.00	—	—	92800000.00	—	—	151810000.00	—	—	21060000.00

续表

阶级	1948年1月			1948年4月			1948年5月			1948年6月			1948年7月			总计			薪酬差额
	薪金	副食费	合计	薪金	副食费	合计	薪金	副食费	合计	薪金	副食费	合计	薪金	副食费	合计	薪金	副食费	合计	
16	4250000.00	—	—	10000000.00	—	—	15500000.00	—	—	21000000.00	—	—	80000000.00	—	—	130750000.00	—	—	5160000.00
17	4150000.00	—	—	9600000.00	—	—	14880000.00	—	—	20160000.00	—	—	76800000.00	—	—	125590000.00	—	—	5160000.00
18	4050000.00	—	—	9200000.00	—	—	14260000.00	—	—	19320000.00	—	—	73600000.00	—	—	120430000.00	—	—	5370000.00
19	3740000.00	—	—	8800000.00	—	—	13640000.00	—	—	18480000.00	—	—	70400000.00	—	—	115060000.00	—	—	5110000.00
20	3690000.00	—	—	8400000.00	—	—	13020000.00	—	—	17640000.00	—	—	67200000.00	—	—	109950000.00	—	—	5110000.00
21	3640000.00	—	—	8000000.00	—	—	12400000.00	—	—	16800000.00	—	—	64000000.00	—	—	104840000.00	—	—	4160000.00
22	3270000.00	—	—	7700000.00	—	—	11940000.00	—	—	16170000.00	—	—	61600000.00	—	—	100680000.00	—	—	2580000.00
23	3220000.00	—	—	7500000.00	—	—	11630000.00	—	—	15750000.00	—	—	60000000.00	—	—	98100000.00	—	—	2580000.00
24	3170000.00	—	—	7300000.00	—	—	11320000.00	—	—	15330000.00	—	—	58400000.00	—	—	95520000.00	—	—	3400000.00
25	3000000.00	—	—	7050000.00	—	—	10940000.00	—	—	14810000.00	—	—	56320000.00	—	—	92120000.00	—	—	1840000.00
26	2950000.00	—	—	6950000.00	—	—	10780000.00	—	—	14600000.00	—	—	55000000.00	—	—	90280000.00	—	—	720000.00
27	2900000.00	—	—	6850000.00	—	—	10620000.00	—	—	14390000.00	—	—	54800000.00	—	—	89560000.00	—	—	2620000.00
28	2830000.00	—	—	6650000.00	—	—	10290000.00	—	—	13970000.00	—	—	53200000.00	—	—	86940000.00	—	—	1290000.00
29	2780000.00	—	—	6550000.00	—	—	10160000.00	—	—	13760000.00	—	—	52400000.00	—	—	85650000.00	—	—	1320000.00
30	2730000.00	—	—	6450000.00	—	—	10000000.00	—	—	13550000.00	—	—	51600000.00	—	—	84330000.00	—	—	1310000.00
31	2680000.00	—	—	6350000.00	—	—	9850000.00	—	—	13340000.00	—	—	50800000.00	—	—	83020000.00	—	—	1320000.00
32	2630000.00	—	—	6250000.00	—	—	9690000.00	—	—	13130000.00	—	—	50000000.00	—	—	81700000.00	—	—	—

附件 3 斌记商行所有员工信息统计

姓名	年龄	教育经历	教育等级	籍贯	担任职务	来行时间
阎志欣	56 岁	初中	初	山西五台河边村	斌记公司经理	1927 年
赵行庵	50 岁	19 岁本村两级学校毕业	中	山西忻县安邑村	斌记公司职员	1947 年 12 月下旬
韩同陶	35 岁	7 岁入学 13 岁岳会庄小学毕业，考入天津育才高级普通商科职业学校 17 岁考入天津法商学院附属高中三年级 18 岁考入法商学院商学系，23 岁毕业	高	河北丰润县岳会庄	营业股股长	
卢芜武	35 岁	15 岁本村国民学校 16 岁入豆村镇高小学校	初	山西五台东茹村	斌记公司职员	推测 1947 年
刘宝玺	31 岁	13 岁本村私塾 14 岁太原友仁中学初中第六班 17 岁考入山西大学附属高中第六班	中	山西代县上瓦窑头村	斌记公司职员	
曲韶庭	51 岁	13—23 岁卒业河边村川至学校	中	山西五台河边村	斌记公司职员	
郭春成	49 岁	13 岁就读私塾	初	山西定襄智村	庶务股股长	1933 年斌记工作；1947 年 12 月重回
张盛宗	46 岁	8 岁上小学，12 岁毕业 13 岁考入本镇高级小学，16 岁毕业 17 岁考人省立第二职业学校	中	山西五台豆村镇	科长	1947 年 12 月

续表

姓名	年龄	教育经历	教育等级	籍贯	担任职务	来行时间
乔子昂	48岁	13岁阳曲两等小学毕业 14岁考阳曲高等小学肄业	初	山西阳曲太原市	斌记公司职员	1947年6月
薄以孝	42岁	14岁本村小学校毕业 15岁入河边村川至中学	中	山西定襄青石村	斌记公司职员	1925年
徐美敬	25岁	13—14岁本村上学 15岁入东冶镇陀阳高小学校	初	山西五台东冶镇	业务股股员	1948年
曲联秀	26岁	15岁本村川至中学	中	山西五台河边村	斌记职员	
王宗俊	26岁	13岁入徐沟县立两级高级小学校，15岁毕业	初	山西晋源王家堡村	会计股股员	
李培威	26岁	14岁高小毕业，考入崞县县立中学肄业	中	山西崞县北社村	斌记公司职员	
白承业	34岁	13—17岁在晋祠镇高校肄业 17岁入太原私立平民中学校肄业；20岁初中毕业 20—22岁高中肄业 22岁转学北平私立高中，23岁毕业	中	山西晋源晋祠镇	斌记职员	1946年
杨金声	48岁	13—16岁本县高小毕业，当年考入县立中学	中	山西平定县城十字街	斌记公司职员	
曲隆元	39岁	13—15岁太原国民师范附属小学高小毕业，本年考入川至中学	中	山西五台河边村	斌记公司职员	
郝子诚	24岁	13—17岁太原市外五区东社镇阳曲县立高小毕业	初	山西太原市西流村	斌记公司职员	
李清善	34岁	13岁本村小学入学；16岁毕业	初	河北定县四家庄村	斌记公司职员	

续表

姓名	年龄	教育经历	教育等级	籍贯	担任职务	来行时间
杨山林	51岁	不识字	不识字	山西祁县城内	斌记公司工人	
温方宝	50岁	不识字	不识字	山西祁县韩家庄	斌记公司工人、伙夫	32岁到太原斌记任厨夫
贾元宝	39岁	不识字	不识字	山西祁县义合莊	斌记公司工人	
赵泽荣	24岁	17岁县第五区国民学校高小科肄业	初	山西忻县奇县	斌记公司工人	
王先隆	20岁	13岁小学毕业 15岁高小学校半工半读	初	山西五台东冶镇	斌记公司工人	
郭希先	34岁	民国十九年，平遥段村国民小学校肄业	初	山西平遥段村	董事会伙夫	
刘培清	50岁	13岁上小学；16岁毕业	初	山西五台东岗村	斌记公司工人	
郑双泉	17岁	8岁五台县国民小学肄业；13岁退学	初	山西五台河东村	斌记公司工人	
郝金万	33岁	14岁东冶镇国民小学校肄业	初	山西五台东冶镇	斌记公司工人	
姚长江	33岁	14岁大屯村国民小学肄业	初	河北深县大屯村	斌记公司工人	
梁允中	38岁	不识字	不识字	山西平遥武坊村	斌记公司车夫	
宋芝忠	32岁	9岁入学七年，至16岁	初	山西沁源关东	斌记公司职员	
曲象务	51岁	初小毕业	初	山西五台河边村	斌记一分库库长	
徐培德	51岁	13岁初小 15岁高小三年	初	山西五台东冶镇	斌记公司职员	
徐志选	39岁	13岁在校念书 15岁下学	初	山西五台东冶镇	斌记一分库职员	1948年正月初旬

续表

姓名	年龄	教育经历	教育等级	籍贯	担任职务	来行时间
曲昔祥	64岁	13岁私塾念书	初	山西五台河边村	斌记一分库职员	1948年阴正月
李国选	31岁	13岁小学念书 14—16岁高小念书三年	初	山西崞县李家庄	斌记公司职员	
郭之杰	25岁	7岁入小学四年 11岁入高小二年 13岁入并州中学一年	中	山西定襄贾家庄	斌记公司职员	
杨福奇	57岁	12岁入小学六年	初	山西五台北阴村	斌记公司职员	
赵子范	53岁	13岁私塾二年 15—18岁，在镇立高级小学毕业	初	山西五台东冶镇	斌记公司秘书	1929年任斌记五金行职员，1934年驻上海办事处主任
曲象禹	58岁	13岁本村私塾三年	初	山西五台河边村	斌记公司职员	
张励之	29岁	13岁本村私塾三年 16岁考入太原私立明原中学，初中肄业二年	中	山西代县五里村	斌记公司职员	
邱鸣岐	56岁	私塾小学	初	山西五台圃城村	斌记公司司机	
常志忠	25岁	13岁本村初小卒业	初	山西阳曲秋村	斌记公司技工	
李文增	42岁	民国四年，上学六年	初	河北北平大兴县	斌记公司厨夫	
梁致荣	62岁	13岁私塾三年	初	山西文水思贤村	斌记公司电锯工匠	26岁在晋胜银号，然后改斌记金行
陈顺喜	24岁	—	—	山西五台苏子坡		

· 208 ·

续表

姓名	年龄	教育经历	教育等级	籍贯	担任职务	来行时间
米明祥	26岁	13岁本村国民小学 15岁辍学	初	山西忻县樊野家场	斌记公司工人	
张庆顺	33岁	—	—	河北南宫县邓家庄	第一分库铁工厂工人	
王伯和	26岁	13岁上学二年	初	山西五台东冶镇	斌记公司工人	
李宝生	18岁	—	—	山西五台苏子坡	斌记公司职员	
李殿文	30岁	9岁入本村小学	初	山西五台河边村	斌记公司木匠	
张子恒	26岁	—	—	山西五台西天和村	斌记公司卫兵班长	
曲隆生	26岁	10岁入学五年	初	山西五台河边村	斌记公司工人	
齐贵财	21岁	9岁入学五年	初	山西五台东冶镇	斌记公司工人	
王福玉	42岁	—	—	山西五台东茹村	斌记公司车夫	
张铁槐	—	小学	初	山西五台柳沟村	斌记公司工人	
殷辅祥	46岁	—	—	山西定襄李家庄	斌记公司卫兵	
郭喜生	16岁	8岁入学至14岁，共六年	初	山西五台河边村	斌记公司第一分库工人	1948年，16岁来
郭喜槐	32岁	9岁入学五年 14岁下学	初	山西五台河边村	斌记公司工人	
梁启荣	21岁	10岁入学两年	初	山西定襄北林木村	斌记公司卫兵	1947年4月
张成元	37岁	—	—	山西祁县下社村	斌记公司车夫	

续表

姓名	年龄	教育经历	教育等级	籍贯	担任职务	来行时间
刘有福	51岁	初小肄业	初	山西五台安家村	斌记公司车夫	1947年10月
张万森	51岁	7岁入学八岁	初	山西阳曲黄寨镇	斌记公司工人	1947年12日
赵春祥	14岁	9岁入学至11岁农忙时，帮助务农，冬季又上学	初	山西平遥东凤落村	斌记公司第一分库工人	
阎金全	24岁	9岁入学二年	初	山西定襄小王村	斌记公司第一分库工人	
康富生	51岁	—	—	山西五台河边村	斌记公司车夫	
张仁二	29岁	—	—	山西五台南月村	砖厂工人	
曲能联	50岁	10岁私塾念书三年13岁下学	初	山西五台河边村	斌记公司工人	
杨建兴	23岁	9岁入学 17岁上学九年 18岁下学	中	山西崞县小库狄村	斌记公司第一分库卫兵	
史秉桂	16岁	8岁入学11岁下学	初	山西阳曲秋村	斌记公司做工	
郑海治	37岁	9岁入学	初	山西五台河边村	斌记公司车夫	
范茂林	52岁	—	—	山西祁县九角村	斌记公司第一分库	
曲仁明	14岁	在家上学一年	初	山西五台河边村	斌记公司工人	

续表

姓名	年龄	教育经历	教育等级	籍贯	担任职务	来行时间
张昂	33岁	7岁入学 13岁在家私塾，曾祖父教书 15岁入本县第一高等小学 17岁毕业升入太原市立友仁中学 18岁转入代县中学 19岁因病废学	中	山西定襄北林木村	斌记公司卫兵	
刘尚登	47岁	10岁入学，共六年 16岁下学	初	山西五台河边村	斌记公司第一分库工人	1948年正月
张三海	56岁	—	—	山西介休	斌记公司第一分库工人	
张长贵	19岁	9岁入学两年	初	山西定襄神山村	斌记公司第一分库工人	
冯成周	48岁	9岁入学两年下学	初	山西阳曲黄寨镇	斌记公司第一分库工人	
赵寿山	—	10岁上学五年	—	山西平遥东凤落村	斌记公司工人	
杨贵奇	26岁	—	—	山西五台北阳村	斌记公司工人	1947年11月1日
王生财	49岁	—	—	山西定襄东河头村	斌记公司伙夫	
梁来富	26岁	9岁入学六年	初	山西定襄东留村	斌记公司车夫	1947年10月28日
张存良	23岁	10岁入学五年	初	山西忻县樊家野场	斌记公司一分库卫兵	
康文常	13岁	民国三十四年入学一年 11岁下学	初	山西五台河边村	斌记公司工人	

续表

姓名	年龄	教育经历 教育等级	籍贯	担任职务	来行时间
刘发金	54岁	—	山西寿阳西口村	斌记公司一分库伙夫	
崔立勋	48岁	—	河南安阳县李家庄	斌记公司种菜	
李林旦	48岁	—	河南安阳县西楼村	斌记公司种菜	
郭庆保	34岁	—	河南安阳县曲沟村	斌记公司种菜	
董存和	49岁	—	山西五台陶家寨	斌记砖厂	1948年3月3日
李庆福	50岁	—	山西寿阳皮苏村	斌记砖厂	1948年
张三	50岁	—	山西五台东茹村	斌记砖厂工人	
张太和	51岁	—	山西五台东茹村	斌记砖厂	
石顺保	31岁	—	山西盂县小胡村	斌记砖厂	
赵海云	27岁	—	山西阳曲向阳镇	斌记砖厂	
张金德	38岁	—	山西盂县进圭社村	斌记砖厂	
智海荣	50岁	—	山西五台蒋坊村	斌记砖厂	
李栓林	26岁	—	山西五台两新村	斌记砖厂	
王富金	51岁	—	山西五台石岭村	斌记砖厂	
杜计长	51岁	—	山西五台薄家房村	斌记第一分库	
陶良才	36岁	—	山西五台陶家寨	斌记砖厂	
郑三民	56岁	—	山西五台松林村	斌记砖厂	

续表

姓名	年龄	教育经历	教育等级	籍贯	担任职务	来行时间
阎能富	15岁	—	—	山西五台阎家寨	斌记砖厂	
阎春玉	50岁	—	—	山西五台阎家寨	斌记砖厂	1948年3月
李喜庆	50岁	—	—	山西孟县高庄村	斌记砖厂	1948年2月
杨贵红	50岁	—	—	山西五台龙池村	斌记砖厂	1947年3月
—	34岁	—	—	山西五台永兴村	斌记砖厂	1948年正月
安光祥	20岁	—	—	山西寿阳殷家脂村	斌记砖厂	1948年2月初十
郭根科	27岁	—	—	河南林县井沟村	斌记砖厂	1947年2月
刘福生	27岁	—	—	河南孟县东与村	斌记砖厂	1948年2月初十
阎富元	26岁	—	—	山西五台阎家寨	斌记砖厂第一分库	1948年
杨聚成	32岁	—	—	河北沙河县苏府村	斌记砖厂第一分库	1948年
石命狗	46岁	—	—	山西五台天河村	斌记砖厂	1948年2月
刘双喜	26岁	—	—	山西阳曲阿河张村	斌记砖厂	1948年
刘礼	36岁	民国八年上学 民国十四年下学	初	山西太原市黑村	斌记砖厂	1947年至1948年
胡補清	50岁	—	—	山西五台七里沟	斌记砖厂	
刘保全	48岁	—	—	河北新乐南张村	斌记砖厂	1948年
候正北	38岁	—	—	山西孟县长池村	斌记砖厂	
金福锁	25岁	—	—	山西五台东茹村	斌记砖厂	1948年2月

续表

姓名	年龄	教育经历	教育等级	籍贯	担任职务	来行时间
白拴第	31岁	—	—	山西交城左文镇	斌记砖厂	1948年2月
张计栳	49岁	—	—	山西五台北大贤村	斌记砖厂	
刘明海	41岁	—	—	山西五台西坡村	斌记砖厂	1948年3月
祁映麟	31岁	—	—	山西孟县西方山村	斌记砖厂	1948年2月初一
王成礼	27岁	—	—	山西阳曲河西土屹村	斌记砖厂	1948年3月5日
陈牛小	30岁	—	—	山西寿阳三纪村	斌记砖厂	
张米贵	—	—	—	山西长原书店正村	斌记砖厂	1948年3月
简近武	40岁	—	—	山西五台西简家寨	斌记砖厂	1948年3月
张二梅	19岁	—	—	山西孟县西冶镇	斌记砖厂	1948年3月
刘玉明	27岁	—	—	山西孟县南头村	斌记砖厂	
王爵	30岁	太原贫民高级小学 太原平民中学	中	山西清原县南云枝村	斌记公司科员	1949年2—4月
李凤鸣	28岁	平定县立中学初中肄业	初	山西平定县胡家庄村	斌记公司科员	1949年2—4月
简厚	40岁	本县高小、太原私立成中、进山、北平私立北方高中、黄埔军校	高	山西晋源县桃园堡村	斌记公司总务课长	1948年11月
刘志茂	52岁	私塾	初	山西五台河边村	斌记公司科员	1948年中秋节
曲前甫	62岁	私学校	初	山西五台河边村	斌记公司库长	1948年8月
吴德甫	37岁	九年入学经历	初	山西寿阳县峪口村	斌记公司第一分库工人	1948年11月

续表

姓名	年龄	教育经历	教育等级	籍贯	担任职务	来行时间
曲致化	41岁	—	—	山西五台河边村	斌记公司职员	1947年1月
简彰甫	62岁	比国东方维城工业专门学校毕业	高	山西忻县安邑村	斌记公司职员	1948年8月
武树潘	26岁	五台陀阳小学毕业	初	山西五台	斌记公司职员	1947年5月
张子和	42岁	山西政法专门学校	高	山西五台茹村	斌记公司职员	1947年1月
刘智全	50岁	小学毕业	初	山西五台	斌记公司工人	1946年6月
王国明	54岁	小学毕业	初	山西祁县	斌记公司工人	1948年4月
樊治均	74岁	—	—	山西崞县	斌记公司职员	1947年1月
郭振纲	34岁	天津市政府药学校	高	山西襄陵赵曲镇	斌记公司职员	1947年1月
高瑞生	31岁	高小毕业	初	山西晋源	斌记公司职员	1947年1月
张云聚	50岁	—	—	山西寿阳	斌记公司工人	—
宋耀汾	25岁	太原中学校	中	山西榆次大张义	斌记公司职员	1947年6月
常志襄	24岁	肄业太原中学高中部	中	山西怀仁赵麻寨	斌记公司职员	1947年4月
王郁生	30岁	—	—	河北昌平县	斌记公司职员	1947年3月
李贵民	24岁	北平职称中学	中	安徽寿县	斌记公司职员	1947年3月
郭春生	16岁	—	—	—	斌记公司工人	—

参考文献

一 中文文献

(一) 档案和统计资料

《民国物价 生活费 工资史料汇编》第 7 册,长沙商情导报社 1949 年版。

孔祥毅主编:《民国山西金融史料》,中国金融出版社 2013 年版。

山西省档案馆馆藏,晋绥边区第十、十一专署档案,档案号 A127-5-95、A127-5-99、A127-5-102。

山西省档案馆馆藏,契约汇集档案,档案号 B33-1-20。

山西省档案馆馆藏,山西省工业厅档案,档案号 C6-4-1578。

山西省档案馆馆藏,山西省人民公营事业董事会档案,档案号 B30-1-7、B30-1-12、B30-1-13、B30-1-68、B30-1-209、B30-1-308、B30-1-350、B30-1-353、B30-1-418、B30-1-468、B30-1-518、B30-1-660、B30-1-1166、B30-2-137、B30-2-138、B30-2-139、B30-2-140、B30-2-141、B30-3-268、B30-3-286、B30-3-369、B30-5-102、B30-5-111、B30-5-113、B30-10-1、B30-10-3、B30-10-4、B30-10-7、B30-10-8、B30-10-11、B30-10-12、B30-10-52。

山西省档案馆馆藏,西北实业公司档案,档案号 B31-3-148、B31-3-

314。

山西省地方志编纂委员会编：《山西大事记（1840—1985）》，山西人民出版社1987年版。

山西省政府统计：《山西省第九次经济统计正集》民国十六年份，1927年。

山西省政府统计：《山西省第六次经济统计正集》民国十三年份，1924年。

山西省政府统计：《山西省第三次经济统计正集》民国十年份，1921年。

山西省政府统计：《山西省第四次经济统计正集》民国十一年份，1922年。

山西省政府统计：《山西省第五次经济统计正集》民国十二年份，1923年。

山西省政府统计：《山西省第一次经济统计续集》民国八年份，1919年。

实业部中国经济年鉴编辑委员会编：《中国经济年鉴（1936）》，商务印书馆1937年版。

孙毓棠：《中国近代工业史资料》第1辑，科学出版社1957年版。

太原市档案馆馆藏，山西全省民营事业董事会档案，档案号J6-1-151、J6-1-240。

天津市档案馆馆藏，太原斌记商行档案，档案号J0161-1-0010198-00085、J0204-1-001477、J0204-1-001478、J0204-1-001486。

严中平、徐义生、姚贤镐、孙毓棠、汪敬虞、李一诚、宓汝成、聂宝璋、李文治、章有义、罗尔纲：《中国近代经济史统计资料选辑》第一种，科学出版社1955年版。

中共山西省委调查研究室：《山西省经济资料》第4分册，山西人民出版社1963年版。

中国第二历史档案馆编：《中华民国史档案资料汇编》第3辑教育，江苏古籍出版社1991年版。

中国第二历史档案馆编：《中华民国史档案资料汇编》第3辑金融1，江苏古籍出版社1991年版。

（二）清、民国史料

陈希周：《山西调查记（上卷）》，南京共和书局1923年版。

［日］渡赖成美：《山西省西北事业公司概况》，内部资料。

蒋乃镛：《纺织染工程手册》民国史料业刊续编本，大象出版社 2012 年版。

全国经济委员会编辑：《山西考察报告书》，全国经济委员会，1936 年。

山西民社：《太原指南》，北平民社，1935 年 5 月 1 日。

山西省经济管理局编：《山西平民经济辑要》，山西省经济管理局，1947 年。

实业部国际贸易局编：《中国实业志》（山西卷），实业部国际贸易局 1937 年版。

孙嘉淦：《孙文定公奏疏》卷三《请开籴楚省疏》，出自四库未收书辑刊编纂委员会《四库未收书辑刊》第 1 辑，北京出版社 2000 年版。

铁道部业务司调查科：《大潼铁路经济调查报告书》，1933 年。

中国社会科学院近代史研究所，中华民国史研究室：《中华民国史资料丛稿——阎锡山和山西省银行》，中国社会科学出版社 1980 年版。

（三）报刊、杂志

财政部指令：《指令山西晋胜银行监理官呈报晋胜银行停业日期仰将结束详情随时呈报办理文（三月二十六日）》，《财政月刊》1927 年第 14 卷第 160 期。

常识：《在华外侨和商行的数目》（从民元起到民十八止），《民众旬刊》1931 年第 7 期。

邓禹声：《纺织技术幼稚及其责任论》，《纺织》1933 年第 12—13 期。

汉口品芳照相馆：《棉花打包厂之一瞥：摄自汉口穗丰打包公司打包机［照片］》，《汉口商业月刊》1935 年第 2 卷第 4 期。

晋阳日报：《三十年来之山西》之《晋阳日报三十周年纪念特刊》，晋阳日报出版社 1936 年版。

雷锡璋：《技术座谈：纱厂工务员必具之机械常识（三）（附图表）》，《纺织世界》1936 年第 1 卷第 8—9 期。

刘仲廉：《论国营工业让售民营问题》，《商业月报》第 23 卷第 4 号（1947

年 4 月）。

彭士弘：《西北实业公司一年来之工作》，《西北实业月刊》1947 年第 1 卷第 6 期。

沈光沛：《论出口商行》，《国际贸易导报》1932 年第 4 卷。

司徒坪：《资源，资本和技术》，《中原》月刊 1939 年第 1 期。

孙启仁：《纺织染世界梳棉机技术问答》，《励进月刊》1933 年第 10 期。

铁流：《机器技术讲座：一只或两只汽缸没有工作的能力》，《指南针》1948 年第 18 期。

汪中：《述评：所谓洋行贸易》，《钱业月报》1932 年第 12 卷第 7 期。

王惠康：《晋南设立棉花打包厂之调查及意见》，《中华实业月刊》1935 年第 2 卷第 8 期。

萧辅、张理文：《中国近代棉业问题》，《浙棉》1937 年第 5 期。

徐璞生：《鄂省木机棉花打包厂查验办法刍议》，《全国棉花搀水搀杂取缔所通讯》1937 年第 20 期。

许性初：《民生主义的经济政策》，《星期评论：上海民国日报附刊》1929 年第 3 卷第 24 期。

姚溥荪：《农村金融与商行》，《农行月刊》1937 年第 2 期。

姚忻：《纱厂女工技术训练的方法》，《农工商周刊》1929 年第 67 期。

《春旱种棉法》，《山西公报》1937 年第 18 期。

《广西企业公司》，《实业之友》1943 年第 1 卷第 1 期。

《汉口新设棉花打包厂》，《纺织时报》1930 年第 749 期。

《临汾之棉业试验场》，《实业要闻》1918 年第 1 期。

《山西棉业品评会简章》，《山西公报》1934 年第 30 期。

《山西省各县棉业检查所职员服务规则》，《山西省公报》1936 年第 52 期。

《山西省各县农商棉业人员训练办法》，《山西公报》1937 年第 16 期。

《山西省管理棉业办法》，《山西公报》1936 年第 52 期。

《山西省棉产改进所农村棉产调查员须知》，《山西省公报》1937 年第 15 期。

《山西省棉业试验分场二十四年份实施办法》，《山西公报》1935年第38期。

《山西省政府训令（建农字第103号）》，《山西公报》1937年第10期。

《山西省政府训令（建农字第132号）》，《山西省公报》1937年第13期。

《山西省政府训令（建农字第13号）》，《山西公报》1937年第3期。

《山西省政府训令（建农字第253号）》，《山西公报》1937年第27期。

《山西省政府训令（建农字第64号）》，《山西公报》1937年第7期。

《山西省政府训令（建商字第105号）》，《山西省公报》1937年第11期。

《山西省政府指令（建农字第645号）》，《山西公报》1937年第13期。

《山西省政十年建设第七次报告（推广棉业进行情形）》，《山西建设》1935年第6期。

《山西省政十年建设计划棉业专案》，《山西建设》1935年第10期。

《陕西实业团体之建议：四、筹设棉花打包厂计划书》，《陕西省银行汇刊》1934年第1期。

《商行中三种人（广州通信）》，《礼拜六》1946年第49期。

《上海颐中烟草公司发给工人临时津贴》，《国际劳工通讯》1939年第6卷第6期。

《统计资料：广西企业公司董事会职别人数统计表（民国三十一年十月制）》，《广西企业季刊》1942年创刊号。

《西北电影》，西北电影公司，1935年12月15日创刊号。

《豫省机器打包厂驻厂查验棉花工作报告表（二十六年三四月份）》，《全国棉花搀水搀杂取缔所通讯》1937年第23期。

《在华英商行名录》，《国际贸易周报》1932年第12期。

《中华民国教育宗旨及其实施方针》，《陕西教育周刊》1929年第78期。

Philip，R. W.：《关于纺织技术几个问题》，《纺织周刊》1933年第3卷第27期。

（四）方志、文史资料

马留堂、梁建国、王中庆主编：《沁县志》，中华书局1999年版。

渠绍淼、庞义才，山西省地方志编纂委员会办公室：《山西外贸志》上（初稿），1984 年。

山西省档案馆编：《山西省档案馆指南》，中国档案出版社 1996 年版。

山西省地方志编纂委员会编：《山西通志》第 1 卷，中华书局 1999 年版。

山西省地方志编纂委员会编：《山西通志》第 20 卷，中华书局 1999 年版。

山西省地方志编纂委员会编：《山西通志》第 26 卷，中华书局 1999 年版。

山西省地方志编纂委员会编：《山西通志》第 27 卷，中华书局 1999 年版。

山西省地方志编纂委员会编：《山西通志》第 28 卷，中华书局 1999 年版。

山西省地方志编纂委员会编：《山西通志》第 30 卷，中华书局 1999 年版。

山西省地方志编纂委员会编：《山西通志》第 31 卷，中华书局 1999 年版。

山西省地方志编纂委员会编：《山西通志》第 48 卷，中华书局 1999 年版。

山西省榆次市志编纂委员会编：《榆次市志》，中华书局 1996 年版。

山西省政协《晋商史料全览》编辑委员会，晋中市政协《晋商史料全览·晋中卷》编辑委员会编：《晋商史料全览·晋中卷》，山西人民出版社 2006 年版。

《山西文史资料》编辑部：《山西文史资料全编》第 2 卷，1999 年。

天津市档案馆编：《天津市档案馆指南》，中国档案出版社 1996 年版。

天津市地方志编修委员会编：《天津通志》，天津社会科学院出版社 1996 年版。

王若愚主编，太原市南城区地方志编纂委员会编：《太原市南城区志》，红旗出版社 2000 年版。

王埇昌：《山西省道县沿革表》，1934 年，附图。

徐继畬：《五台新志》卷 2《生计》，光绪九年至十年，凤凰出版社 1990 年影印版。

云浮市地方志编纂委员会编：《云浮市志》，广东人民出版社 2012 年版。

中国人民政治协商会议全国委员会文史资料研究委员会编：《文史资料选辑（合订本）》第 17 册，中国文史出版社 1986 年版。

中国人民政治协商会议山西省平定县委员会编：《平定文史资料》第 5 辑，1989 年。

中国人民政治协商会议山西省委员会文史资料研究委员会编：《山西文史资料》第 60 辑，1988 年。

中国人民政治协商会议天津市委员会文史资料委员会编：《天津文史资料选辑》第 4 辑，天津人民出版社 2001 年版。

《中华文史资料文库》第 8 卷中《政治军事编》，中国文史出版社 1996 年版。

（五）中文著作

白寿彝总主编，王桧林、郭大钧、鲁振祥主编：《中国通史》第 12 卷《近代后编（1919—1949）下》第 2 版，上海人民出版社 2013 年版。

蔡玉麟：《琐记杂忆》，莆田晚报印刷厂 2002 年版。

杜深如著，丁方明主编：《杜深如烈士日记 1938.1—1939.8》，中国文联出版社 2002 年版。

杜恂诚：《民族资本主义与旧中国政府（1840—1937）》，上海社会科学院出版社 1991 年版。

高春平：《国外珍藏晋商资料汇编》第 1 辑，商务印书馆 2013 年版。

何志平、石东风：《中国科学技术团体》，上海科学普及出版社 1990 年版。

江满情：《中国近代股份有限公司形态的演变——刘鸿生企业组织发展史研究》，华中师范大学出版社 2007 年版。

姜建清编：《近代中国银行业机构人名大辞典》，上海古籍出版社 2014 年版。

姜明喜：《20 世纪 30 年代山西省的公营体系与国防经济建设》，中国社会科学院近代史研究所民国史研究室、四川师范大学历史文化学院编：《1930 年代的中国》，社会科学文献出版社 2006 年版。

景占魁：《阎锡山传》，中国社会出版社 2008 年版。

景占魁：《阎锡山与同蒲铁路》，山西人民出版社 2003 年版。

李赐平：《我国近现代教育立法的探索与实践》，中国社会科学出版社 2013 年版。

李茂盛：《阎锡山大传》（上），山西人民出版社 2010 年版。

李茂盛主编：《民国山西史》，山西人民出版社 2011 年版。

林毅夫等：《中国经济改革与发展》，联经出版事业股份有限公司 2000 年版。

刘存善：《辛亥革命在山西》，山西人民出版社 1981 年版。

刘存善、刘大明、刘晓光：《阎锡山的经济谋略与诀窍》，山西经济出版社 1994 年版。

刘建生、刘鹏生：《晋商研究》，山西省人民出版社 2005 年版。

刘建生、刘鹏生：《山西近代经济史（1840—1949）》，山西经济出版社 1995 年版。

刘建生等：《晋商信用制度变迁研究》，山西经济出版社 2008 年版。

刘泽民等主编，雒春普、景占魁等著，山西省史志研究院编：《山西通史》卷 7《辛亥革命至第二次国内革命战争卷》，山西人民出版社 2001 年版。

雒春普：《阎锡山和他的幕僚们》，团结出版社 2013 年版。

马夏民：《寻访乡贤》，山西人民出版社 2013 年版。

马志正、万淑贞、许赤民、张毓庄：《自然·环境与农业》，海洋出版社 1991 年版。

莫子刚：《贵州企业公司研究（1939—1949）》，贵州人民出版社 2005 年版。

史法根、许来明、董维民：《民国时期山西省各种组织机构简编》，山西省地方志编纂委员会办公室1983年版。

汪朝光：《1945—1949：国共政争与中国命运》，社会科学文献出版社2010年版。

汪敬虞：《外国资本在近代中国的金融活动》，人民出版社1999年版。

乌鲁木齐市民族宗教事务委员会编：《回族研究：第八次全国回族史讨论会论文集》，新疆人民出版社1998年版。

相从智：《中外学者论张学良杨虎城和阎锡山》，人民出版社1995年版。

熊尚厚：《民国工商巨擘》，团结出版社2011年版。

徐月文主编，张郑生等撰：《山西经济开发史》，山西经济出版社1992年版。

阎元锁主编，景占魁、刘欣（卷）主编：《山西财政史·近现代卷》，山西人民出版社2005年版。

杨道武等：《电化学与电力设备的腐蚀与防护》，中国电力出版社2004年版。

于新娟：《长江三角洲棉业外贸研究（1912—1936）》，上海人民出版社2010年版。

张辉锋：《传媒经济学：理论、历史与实务》，人民日报出版社2012年版。

张启耀：《民生维艰：田赋负担与乡村社会变迁——以二十世纪前期的山西为范围》，山西人民出版社2013年版。

张玉勤：《山西史》，中国广播电视出版社1992年版。

张忠民：《艰难的变迁：近代中国公司制度研究》，上海社会科学院出版社2002年版。

赵清明：《山西大学与山西近代教育》，高等教育出版社2011年版。

赵祖华、李国光主编：《技术进步与社会发展技术史、技术政策、技术哲学国际学术会议论文集》，北京理工大学出版社1990年版。

郑宏泰、黄绍伦：《商城记：香港家族企业纵横谈》，中华书局2014年版。

中国人民银行金融研究所编:《中国农民银行》,中国财政经济出版社1980年版。

朱新轩、陈敬全:《上海科学技术发展简史》,上海社会科学院出版社1999年版。

朱荫贵:《试论近代中国国家资本股份制企业的三种形式》,刘兰兮主编:《中国现代化过程中的企业发展》,福建人民出版社2006年版。

《〈纵横〉精品丛书》编委会编:《民国政要百志》,中国文史出版社2003年版。

(六) 中文论文

陈纪遥:《十九世纪中德贸易往来》,《中国社会经济史研究》1985年第2期。

陈明:《洋行的管理制度和推销网络》,《武汉文史资料》1997年第4期。

戴一峰:《旅日华商泰益号经营网络结构剖析》,《中国社会经济史研究》1997年第4期。

贺水金:《从供给、需求曲线变动看1914—1925年中国棉纺织业的繁荣与萧条》,《上海社会科学院学术季刊》2001年第4期。

胡铁球:《"歇家牙行"经营模式在近代西北地区的沿袭与嬗变》,《史林》2008年第1期。

李晓英:《近代天津洋行在西北地区的运行机制——以羊毛贸易为中心的考察》,《思想战线》2010年第36卷。

李延祥:《中国通邮地方物产志》,《有色金属》2004年第3期。

李玉:《中国近代企业史研究概述》,《史学月刊》2004年第4期。

梁颖:《关于中国国家的几个理论问题的探讨》,《史学理论研究》1993年第3期。

林庆元、黄国盛:《鸦片战争前广州英商洋行的起源与演变》,《中国社会经济史研究》1993年第1期。

刘翔:《近代天津的洋行——一份有关美孚洋行的文献考释》,《近现代史与文物史研究》2012 年第 1 期。

刘志成、吴能全：《中国企业家行为过程研究——来自近代中国企业家的考察》，《管理世界》2012 年第 6 期。

卢忠民：《近代北京商业店铺中的人力股制度》，《中国经济史研究》2008 年第 3 期。

聂宝璋：《十九世纪中叶在华洋行势力的扩张与暴力掠夺》，《近代史研究》1981 年第 2 期。

彭雨新：《抗日战争前汉口的洋行和买办》，《江汉论坛》1959 年第 2 期。

孙毓棠：《中日甲午战争前外国资本在中国经营的近代工业》，《历史研究》1954 年第 5 期。

汪熙：《关于买办和买办制度》，《近代史研究》1980 年第 2 期。

魏淑君：《中国公司法史上的〈特种股份有限公司条例〉》，《理论学刊》2013 年第 6 期。

许涤新、吴承明主编：《中国资本主义发展史》第 2 卷，社会科学文献出版社 2007 年版。

张复纪：《北洋时期官办企业透视》，《学术月刊》1994 年第 2 期。

张寿彭：《试论中国近代民族资本主义商业的产生与特点》，《兰州大学学报》（社会科学版）1986 年第 3 期。

张文绮：《福建民族资本经营的近代工业》，《中国社会经济史研究》1987 年第 2 期。

郑会欣：《战后中国的"官办商行"》，《民国档案》2014 年第 1 期。

（七）中译著作

［丹麦］白慕申：《和平与友谊——丹麦与中国的官方关系（1674—2000）》，林桦英译，亚洲研究所出版部 2000 年版。

［德］费迪南·冯·李希霍芬：《来自河南和山西的报告》，见《1870 年 6 月李希霍芬致上海商会主席书》。

［法］白吉尔：《中国资产阶级的黄金时代（1911—1937）》，张富强、

许世芬译，上海人民出版社 1994 年版。

[法] 谢和耐：《中国社会史》，耿昇译，江苏人民出版社 1995 年版。

[美] 奥利弗·E. 威廉姆森、西德尼·G. 温特编：《企业的性质》，姚海鑫、邢源源译，商务印书馆 2010 年版。

[美] 卞历南著/译：《制度变迁的逻辑：中国现代国营企业制度之形成》，浙江大学出版社 2011 年版。

[美] 费维恺：《中国早期工业化　盛宣怀 1844—1916 和官督商办企业》，虞和平译，中国社会科学出版社 1990 年版。

[美] 费正清、赖肖尔：《中国：传统与变革》，陈仲丹等译，江苏人民出版社 1992 年版。

[美] 弗雷德里克·莱希赫尔德：《忠诚的价值增长、利润与持久价值背后的力量》，常玉田译，华夏出版社 2001 年版。

[美] 柯伟林：《德国与中华民国》，陈谦平等译，江苏人民出版社 2006 年版。

[美] 雷麦：《外人在华投资》，蒋学楷等译，商务印书馆 1959 年版。

[美] 彭慕兰：《大分流　欧洲、中国及现代世界经济的发展》，江苏人民出版社 2010 年版。

[美] 托马斯·罗斯基：《战前中国经济的增长》，唐巧天、毛立坤、姜修宪译，浙江大学出版社 2009 年版。

[日] 大冢久雄：《股份公司发展史论》，胡企林等译，中国人民大学出版社 2002 年版。

[日] 张忠民：《近代中国公司制度研究的回顾与展望——有关文献介绍和评述》，中国企业史研究会主编：《中国企业史研究的成果与课题》，日本汲古书院 2007 年版。

日本乙第三五零零部队特务部调查班：《山西主要工厂概要》，五零零部之内第 189 号，乙集参戊调第一三九号。

[苏] В. И. 毕连斯莱金：《苏联资产负债表新条例》，纪洪天、邹斯济译，立信会计图书用品社 1952 年版。

［意］乔瓦尼·费德里科:《养活世界——农业经济史（1800—2000）》，何秀荣译，中国农业大学出版社2011年版。

二　外文文献

Cheng, Y., *Foreign Trade and Industrial Development of China*, Washington, D. C.: University Press of Washington, D. C., 1956.

Chi, H. S., *Warlord Politics in China, 1916 – 1928*, Stanford University Pr., 1976.

Gardner, J. W., "How to Prevent Organizational Dry Rot", *Harper's Magazine*, No. 231, 1965.

后　　记

民国初，中国近代企业发展进入较为繁盛时期。近年来，近代企业的研究主要集中在资料保存相对完整的上海、天津、江浙、香港和台湾等沿海地带。内陆城市受地域环境所限，新兴的工业企业起步较晚，但表现出与众不同的特点。本书的问世是建立在我的博士论文基础上的拓展、修改和完善，对山西独具特色的省属企业的代表斌记商行的系统梳理和总结。

人的一生中有很多值得回忆的时光，求学生涯是我人生中非常重要的阶段，在此我要感谢导师李茂盛教授和石涛教授，也感谢在本书写作过程中曾经一起讨论和交流过的老师、师兄、师姐、师弟和师妹。感谢山西财经大学各位领导给予我的帮助和支持，是你们的共同努力使本书得以出版。

最后，特别要感谢我的父母和老公。本书出版之即，正值我的女儿出生，是你们给了我最大的支持和无穷的力量，让我一边哺乳一边在电脑前对书稿进行最后的修正。每当回首看着床上熟睡的孩子，突然感慨生活就像视频播放器中的快进模式一样，白天黑夜交替往复，一帧一帧的出现在眼前，记录着过往的一切，有欢乐、有泪水，这其中的苦与乐只有亲身经历过的人才能真正体会。

本书中一些想法还不成熟，某些问题尚待继续讨论与深化，请各位同仁提出宝贵的意见。联系邮箱 naliang2017@163.com。